中国轻工业“十三五”规划教材
广东省产教融合促进会跨境电商专业委员会产教融合型教材

通关实务操作

主　编　邓志虹　缪晨刚
副主编　罗　艳　潘春宇　刘世明　冯　佳
　　　　曾凡静　王晓玥　高智锋

中国轻工业出版社

图书在版编目（CIP）数据

通关实务操作/邓志虹，缪晨刚主编. —北京：中国轻工业出版社，2025. 7
中国轻工业“十三五”规划教材
广东省产教融合促进会跨境电商专业委员会产教融合型教材
ISBN 978-7-5184-3582-1

Ⅰ. ①通… Ⅱ. ①邓… ②缪… Ⅲ. ①海关 - 业务 - 中国-高等学校-教材 Ⅳ. ①F752.5

中国版本图书馆CIP数据核字（2021）第130996号

责任编辑：张文佳
文字编辑：姜瑞雪　　责任终审：李建华　　封面设计：锋尚设计
版式设计：砚祥志远　　责任校对：吴大朋　　责任监印：张京华

出版发行：中国轻工业出版社（北京鲁谷东街5号，邮编：100040）
印　　刷：三河市国英印务有限公司
经　　销：各地新华书店
版　　次：2025年7月第1版第3次印刷
开　　本：787 × 1092　1/16　印张：14.75
字　　数：390千字
书　　号：ISBN 978-7-5184-3582-1　定价：48.00元
邮购电话：010-85119873
发行电话：010-85119832　　010-85119912
网　　址：http：//www.chlip.com.cn
Email：club@chlip.com.cn

251193J2C103ZBQ

前言

在当今外贸业务实践中，顺利开展进出口业务、履行外贸合同订单、交付跨境电子商务商品等都离不开进出口报关报检工作，只有做到规范申报，才能顺利通关。随着我国对外贸易的发展，报关公司、国际货代公司、进出口贸易公司、跨境电子商务公司等需要大量熟悉关务操作、具有合法合规意识的专业人员。为适应这一需求，我们编写了这本《通关实务操作》。

本教材的编写思路是力求突破传统的以知识讲解为主的教材内容。打破传统章节，在教学设计上加以改进，以项目实现在课堂教学中模拟企业环境，模拟关务操作与处理的真实场景，强化学生的动手操作能力以及增强学生的可持续发展能力。同时，有利于教师运用任务驱动教学法等教改思路与手段，提高老师的教学实践教学水平，促进教学相长。

本教材注重理论与实践的结合。落实"工作中学习"的教学理念，学习即工作，采用基于工作过程为导向的教材开发方法，从相关工作过程中提取典型工作任务，并在此基础上完成教材教学设计和实训内容的确定，力求原理清晰、实务突出，有利于培养学生的综合应用能力和实际操作能力。在教学内容设计中，每一个项目下面将具体分解为若干个任务，每个"任务"的结构为：任务导入→相关知识→知识巩固等模块。培养学生熟悉进出口货物通关基本运作流程，能够掌握报关报检业务流程中所涉及的各种单证，根据"新海关"（关检融合）监管要求，办理、制作相应的通关单据，提高对各种单据的处理能力。学生通过真实的项目实践和大量的模拟仿真实训，掌握通关单证基本知识、关务操作与管理，熟练掌握商品归类、报关报检的技能和技巧等。

结合海关改革背景及行业动态，更新教学情境设计。在通关一体化改革、关检融合、跨境电商业务蓬勃发展背景下，结合最新实际业务的通关流程安排课程内容，强化通关系统操作训练。通关业务情境主要包括"一般贸易法检货物"通关、"保税加工货物"通关、"特定减免税货物"通关、"暂时进出境货物"通关、"跨境电商货物"通关等。知识内容力求与报关企业的实际业务紧密相连，强调分析通关流程、单证操作、操作通关系统完成实际货物进出境关务操作。

探索"课程思政"，实现立德与树人、育人与育才的有机结合。通过教材中的"思政园地"学习，学生能理解报关程序和法律法规制度设计背后的价值导向，遵守诚信守法、爱岗敬业、务实创新的职业规范，具有一定的实践创新能力和精益求精的工匠精神，增强自我管理、团队合作与沟通能力，具有社会责任意识和爱国情怀，进一步提升对中国特色社会主义的道路自信、理论自信、制度自信、文化自信，培养学生将实现“两个一百年”奋斗目标和实现中华民族伟大复兴中国梦的历史使命化为自觉的担当和实际的行动，成为有理想、有本领、有担当又心系社会的时代新人。

实用性强，密切联系“1+X”证书。书中有大量的实训练习题，实训题均以目前我国关务水平测试、全国职业技能大赛关务技能赛项的题型为基础，对学生获取关务职业教育“1+X”证书将有很大的帮助。

本教材单证齐全，业务流程清晰。单证及案例素材的来源主要是：广东轻工职业技术学院校企合作单位广州国翔报关有限公司。在此要说明的是，该教材在采用这些原始资料和案例的过程中都做了一些修改，已不存在泄露商业秘密的问题，请对本教材的编写有过帮助的有关人士放心，在此一并向你们表示衷心的谢意。

本教材项目二、项目五、项目八由广东轻工职业技术学院邓志虹和缪晨刚负责编写，项目一由广东外语艺术职业学院罗艳负责编写，项目三由广东女子职业技术学院潘春宇负责编写，项目四由番禺职业技术学院刘世明负责编写，项目六和项目七由广东农工商职业技术学院冯佳、中山火炬职业技术学院曾凡静、广东生态工程职业技术学院王晓玥、广州国翔报关有限公司副总经理高智锋共同编写。本书在编辑和出版过程中，得到了中国轻工业出版社的大力支持，在此表示衷心的感谢！

本教材是中国轻工业“十三五”规划教材，也是广东省产教融合促进会跨境电商专业委员会产教融合型系列教材之一。

限于时间和水平，书中难免有纰漏，恳请同行、专家、读者批评指正。

编者

目录

项目一

走进海关

知识目标

- 理解海关的性质和任务、海关权力、海关管理的对象和范围、海关管理的法律依据
- 掌握全国通关一体化改革后的进出境通关的作业机制与作业模式
- 掌握通关“一次申报、分布处置”的作业程序和关务要求
- 掌握通关“两步申报”的作业程序和关务要求
- 理解通关制度适用原理、进出口货物申报通关合规要素的构成
- 理解报关单位的注册登记制度、海关企业信用管理制度
- 理解报关人员的权利、义务、法律责任
- 熟悉我国贸易主要管理措施及报关规范

能力目标

- 能够准确描述全国通关一体化改革后的进出境通关作业过程及相应海关管理措施
- 能够判断通关合规要素，正确合理选择适用的海关程序性管理制度
- 能够完成报关企业注册登记手续，查询企业AEO认证及相关海关公示信用情况
- 能够准确描述报关员岗位职责、工作成果要求
- 能够完成各项进出口许可证的网上申领手续

素质目标

- 理解报关程序和法律法规制度设计背后的价值导向
- 遵守诚信守法、爱岗敬业、务实创新的职业规范
- 具有一定实践创新能力和精益求精的工匠精神，增强自我管理、团队合作与沟通能力

任务一　海关通关一体化改革

任务导入

四通物流报关有限公司新入职报关员李铭同，在公司参加岗前培训，培训主题是“通关一体化作业改革下的通关制度适用”，培训后梳理全国海关通关一体化作业流程，总结通关制度的适用以及货物通关的基本工作步骤。

相关知识

一、海关概述

1. 海关的性质与任务

《中华人民共和国海关法》（以下简称《海关法》）以立法的形式明确表述了中国海关的性质与任务。《海关法》第二条规定："中华人民共和国海关是国家的进出关境（以下简称进出境）监督管理机关。海关依照本法和其他有关法律、行政法规，监管进出境的运输工具、货物、行李物品、邮递物品和其他物品（以下简称进出境运输工具、货物、物品），征收关税和其他税、费，查缉走私，并编制海关统计和办理其他海关业务。"

依据上述法律条款，海关的四项基本任务包括监管、征税、查私、统计。监管是海关最基本的任务，是海关运用国家赋予的权力，通过一系列管理制度与管理程序，依法对进出境运输工具、货物、物品及相关人员的进出境活动所实施的一种行政管理。

2. 海关管理的对象与范围

随着对外贸易品种范围的不断扩大，跨境电商的快速发展，海关管理的对象不仅包括传统的进出境运输工具、货物和物品，还扩展到了知识产权和进出口企业（含跨境电子商务企业）。为了保证任务的完成，《海关法》赋予海关行政许可权、税费征收权、行政监督权（检查权；查验权；查阅、复制权；查问权；查询权；稽查权）、行政强制权（扣留权；滞报、滞纳金征收权；提取货样、施加封志权；提取货物变卖、先行变卖权；强制扣缴和变价抵缴关税权；税收保全；抵缴、变卖抵缴罚款权；海关事务担保）；佩戴和使用武器权；行政处罚权；其他行政处理权（行政裁定权、行政命令权、行政奖励权、对与进出境货物有关的知识产权实施保护）等权力；同时，海关作为国家行政机关，在执法过程中必须以行政法律、行政法规、行政规章、我国同其他国家签订的条约或已经承认和加入的国际公约等为依据，做到依法行政。

海关的管理范围也称海关监管的适用效力范围，包括地域效力范围、对人的效力范围、时间效力范围。海关管理的地域效力范围主要为海关监管区。《海关法》规定："海关监管区，是指设立海关的港口、车站、机场、国界孔道、国际邮件互换局（交换站）和其他有海关监管业务的场所，以及虽未设立海关，但是经国务院批准的进出境地点。"

凡是进出我国关境的人，不论是中国人、外国人还是无国籍人，都无例外地适用我国海关监管法规，主要包括下列几类人（包括自然人和法人）：进口货物的收货人、出口货物的发货人；进出口收发货人的代理人（主要是指代理进出口收发货的报关企业）；保税货物的经营人及其代理人；运载进出境货物运输工具的负责人；运载过境、转运、通运货物的运输工具负责人；转关运输货物的承运人。

海关监管的时间范围，在《海关法》和有关海关监管法规中有明确规定，在实际监管活动中，必须依法进行不得随意变更。进口货物自进境起到办结海关手续止，出口货物自向海关申报起到出境止，过境、转运和通运货物自进境起到出境止，应当接受海关监管。自进出口货物放行之日起三年内或者在保税货物、减免税进口货物的海关监管期限内及其后的三年内，海关可以对与进出口货物直接有关的企业、单位的会计账簿、会计凭证、报关单证以及其他有关资料和有关进出口货物实施稽查。

小贴士

关境的概念涉及《海关法》的适用领域，也称“税境”“海关境域”“关税境域”或“关税领域”，指一国海关法规可以全面实施的领域。《海关法》中没有对“关境”进行解释，但该法中的“境”都应当理解为关境。《关税及贸易总协定》对关境定义为：在对外贸易方面独立实行关税和贸易管理制度的地区，即所谓的单独关境。

关境的范围主要有以下几种情况：第一种情况，关境大于国境，如欧盟；第二种情况，关境与其国境（包括领陆、领水、领空）的范围是一致的；第三种情况，关境小于国境，如在境内设有自由贸易区、自由港、单独关税区的国家。我国香港特别行政区、澳门特别行政区以及台湾地区，这三个单独关境内，各自实行单独的海关制度。2020年6月国务院公布《海南自由贸易港建设总体方案》，海南将建设成为自由贸易港，实施单独关税政策。

货物通关监管时效如表1-1所示。

表1-1 货物通关监管时效

货物通关类型	海关监管时效	备注
一般进口货物	自进境起到办结海关手续止	放行之日起3年内，海关可以实施稽查
一般出口货物	自向海关申报起到出境止	
过境、转运和通运货物	自进境起到出境止	
暂时进出境货物	暂时进出境货物应当在进出境之日起6个月内复运出境或者复运进境 因特殊情况需要延长期限的，持证人、收发货人应当向主管地海关办理延期手续，延期最多不超过3次，每次延长期限不超过6个月。延长期届满应当复运出境、复运进境或者办理进出口手续	国家重点工程、国家科研项目使用的暂时进出境货物以及参加展期在24个月以上展览会的展览品，在延长期届满后仍需要延期的，由主管地直属海关批准。海关总署令第233号（关于公布《中华人民共和国海关暂时进出境货物管理办法》的令）
减免税进口货物	1. 船舶、飞机：8年 2. 机动车辆：6年 3. 其他货物：3年	监管年限自货物进口放行之日起计算。《海关总署关于调整进口减免税货物监管年限的公告》〔2017〕51号
保税物流货物	保税仓储、物流中心（A型）内货物存储期限均为1年；物流中心（B型）内货物保税存储期限为2年；确有正当理由的，经海关同意可予以延期；除特殊情况外，延期不得超过1年；出口监管仓库所存货物存储期限为6个月，经主管海关同意可以延期，但延期不得超过6个月	《中华人民共和国海关对保税仓库及所存货物的管理规定》《中华人民共和国海关对保税物流中心（A型）的暂行管理办法》《中华人民共和国海关对保税物流中心（B型）的暂行管理办法》《中华人民共和国海关对出口监管仓库及所存货物的管理办法》
保税加工货物	自保税货物进境（或结转转入）之日起，到加工成品复运出境（或结转转出）并由海关予以核销，或向海关补办正式进口的补证、纳税手续止	加工贸易货物的手册设立和核销单证自加工贸易手册核销结案之日起留存3年。《中华人民共和国海关加工贸易货物监管办法》

3. 海关管理体制与机构

中华人民共和国海关是国家的进出关境监督管理机关，实行集中统一管理的垂直领导体制。我国海关在机构设置上分为三个层次：第一层次是海关总署；第二层次是广东分署，天津、上海两个特派员办事处，42个直属海关和两所海关学校；第三层次是各直属海关下辖的742个隶属海关机构和办事处。中国海关现有关员（含海关缉私警察）近6万人。

二、全国海关通关一体化作业流程

1. 全国海关通关一体化改革

通关一体化指报关企业受进出口货物收发货人的委托，自主选择申报、纳税、验放地点，在一个海关办理海关手续的通关模式。为了破除部门、关区、业务条线之间的藩篱，以优化三级事权、整合机构职能、再造通关流程为核心的通关管理改革牵引海关监管管理体制改革，以落实信息互换、监管互认、执法互助推动口岸管理相关部门通关协作，形成集约高效、协调统一的一体化通关管理格局，海关总署决定推进全国海关通关一体化改革（详见海关总署公告2017年第25号《关于推进全国海关通关一体化改革的公告》）。全国海关通关一体化改革以“两中心、三制度”为结构支撑，实现海关监管管理体制改革。

（1）两中心。两中心指的是全国海关的风险防控中心和税收征管中心，均采用“1+N”的机构设置，实现全国海关风险防控、税收征管等关键业务集中、统一、智能处置。

风险防控中心机构设置中的“1+N”“1”代表海关总署风险防控中心，“N”代表海关总署风险防控中心（上海）、海关总署风险防控中心（青岛）、海关总署风险防控中心（黄埔），分别负责空运、水运、陆运等不同运输方式下海关的风险防控管理工作。

税收征管中心机构设置中的“1+N”“1”代表海关总署税收征管中心办公室，“N”代表海关总署税收征管中心（上海）、海关总署税收征管中心（广州）、海关总署税收征管中心（京津）。主要按照商品和行业分工，对涉税申报要素的准确性进行验证和处置，重点防控涉及归类、价格、原产地等税收征管要素的税收风险（图1-1）。

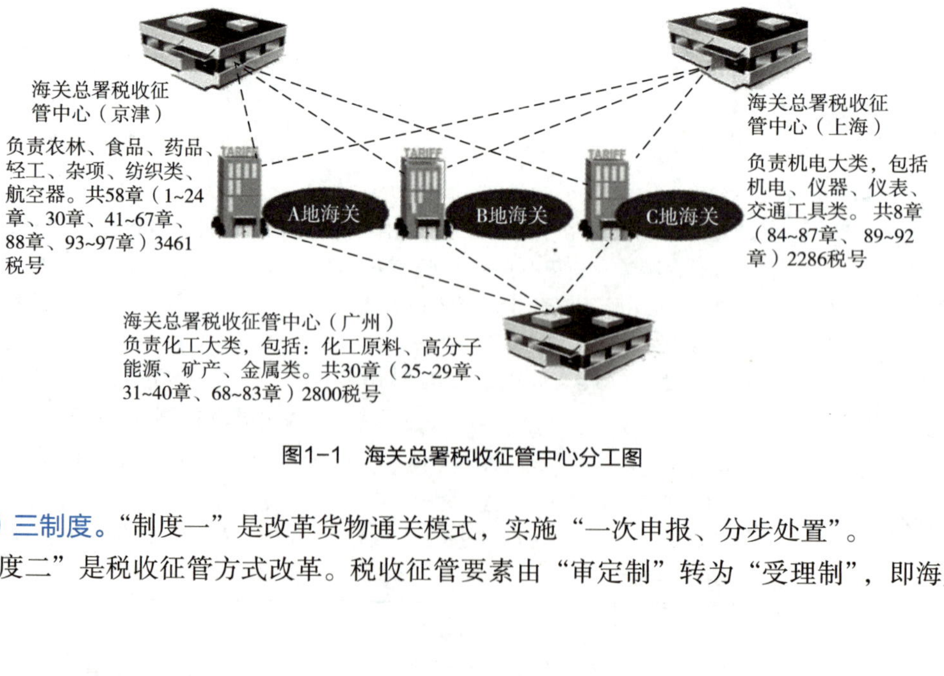

图1-1 海关总署税收征管中心分工图

（2）三制度。“制度一”是改革货物通关模式，实施“一次申报、分步处置”。

“制度二”是税收征管方式改革。税收征管要素由“审定制”转为“受理制”，即海关审查确定企业申报税收要素（审价、归类、计征税收）、核定企业应缴税款，转为企业自行申报税收要素、自行计算并缴纳税款，海关实行批量审核和税收稽查方式，监督税收入库。

“制度三”是监管服务改革，实施协同监管。由以关区为区块的监管模式（42个直属海关，各关区自成体系，所有通关业务在一个关区内完成），转变为不同功能型海关协同监管。口岸型海关主要负责运输工具检查、货物查验和验估、海关监管场所管理；属地型海关主要负责属地企业管理、稽查、加工贸易保税监管。同时，企业可以选择任意地点进行报关，消除了申报的关区限制。

通过海关的改革，简化企业通关手续、降低通关成本、提高通关速度［改革后海关不再在通关环节逐票确定税收征管要素，而改为采用货物放行后批量审核或稽（核）查等抽查方式］，同时海关的执法也更加统一（同一商品由同一税收征管中心进行价格、归类、原产地等要素的集约化处理）。

2. 改革后的通关模式

“一次申报、分步处置”，即企业只需申报一次完成税收自报自缴，海关进行分布处置，第一步由风险防控中心对货物安全准入、合法进出口等要素进行甄别，少数高风险的报关单在通关过程中审核单证或查验，大多数报关单在企业自报自缴后放行；第二步放行后海关税收征管中心再进行批量审核，完成验估、核查、稽查等工作（图1-2）。

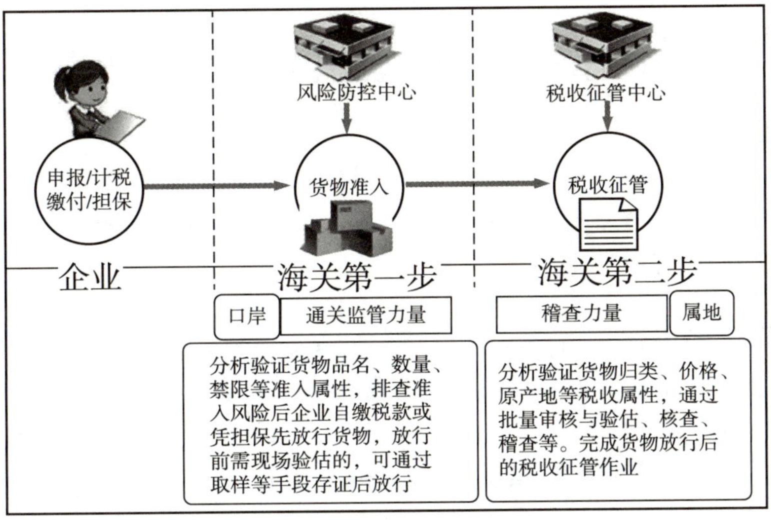

图1-2 “一次申报、分步处置”操作流程图

（1）“一次申报、分步处置”通关模式。海关原通关流程是接受申报、审单、查验、征税、放行的“串联式”作业流程。全国海关通关一体化改革后，采用“一次申报、分步处置”的新型通关管理模式，在企业完成报关和税款自报自缴手续后，安全准入风险主要在口岸通关现场处置，税收征管要素风险主要在货物放行后处置。

海关在“分步处置”模式下：一是风险防控中心分析货物是否存在禁限管制、侵权、品名规格数量伪瞒报等安全准入风险并下达布控指令，由现场查验人员实施查验。对于存在重大税收风险且放行后难以有效稽（核）查或追补税的，由税管中心实施货物放行前的税收征管要素风险排查处置；需要在放行前验核有关单证，留存相关单证、图像等资料的，由现场验估岗进行放行前处置；需要实施实货验估的，由现场查验人员根据实货验估指令要求实施放行前实货验估处置。货物经风险处置后符合放行条件的可予放行。二是税收征管中心在货物放行后对报关单税收征管要素实施批量审核，筛选风险目标，统筹实施放行后验估、稽（核）查等作业。

区域一体化的通关流程及全国通关一体化的海关流程如图1-3、图1-4所示。

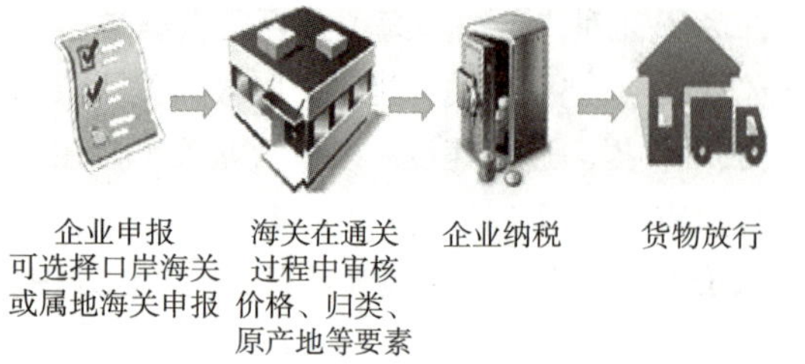

图1-3　区域通关一体化的通关流程

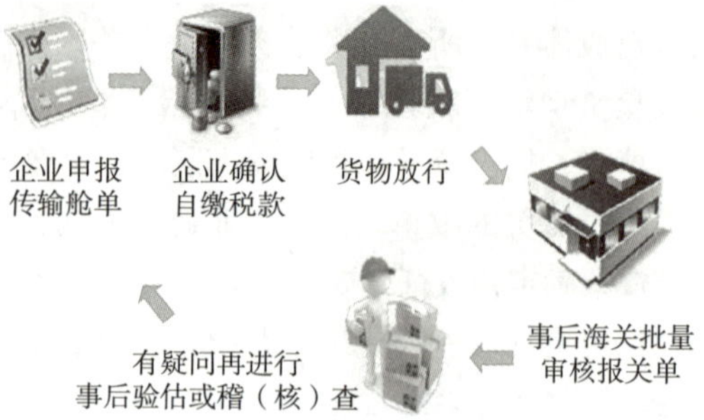

图1-4　全国通关一体化的通关流程

小贴士

1. 全国通关一体化模式，如何判断我的报关单是否申报成功？

对于符合条件的，海关接受申报，向企业发送“接受申报”回执；对于不符合条件的，系统自动退单，发送“退单”回执。

2. 为什么货物都放行了，还被海关通知申报商品税号有误，要求补税？

根据“一次申报、分步处置”通关流程，海关对企业申报的价格、归类、原产地等税收征管要素的抽查审核主要在货物放行后进行。相关进口企业、单位应当根据海关要求，配合海关做好税收征管工作。

3. 报关单是在上海申报的，为什么京津税管中心开展核查？

全国通关一体化模式下，税管中心（京津）将负责全国范围内进口的第1~24章、30章、41~67章、88章、93~97章，共58章的商品。如果申报的报关单为上述章节商品，则属于税管中心（京津）管理涉税申报要素的范围。

4. 放行后的报关单（申报地海关：首都机场海关），上海税管中心要求进一步补充资料，如何提交资料？

及时与上海税管中心进行联系，并根据其具体要求（包括途径）补充提供材料。

若上海税管中心认为需由首都机场海关协助联系企业补充提交相关单证资料，上海税管中心会下达验估指令至首都机场海关，首都机场海关接收指令后会及时与企业进行联系，届时企业则需按照首都机场海关要求补充提供相关材料。

（2）“两步申报”进口通关模式。为贯彻落实国务院“放管服”改革要求，进一步优化营商环境、促进贸易便利化，海关总署决定全面推广进口货物“两步申报”改革试点（详见海关总署公告2019年第216号《关于全面推广“两步申报”改革的公告》）。

“两步申报”即企业不需要一次性填报所有申报项目，可分为“概要申报”和“完整申报”两步进行分别申报。在这种通关模式下，企业不需要一次性提交所有的申报信息及单证，整个申报过程可以分成两步走：第一步概要申报，企业凭提单信息，提交满足口岸安全准入监管需要的必要信息进行概要申报，无须查验的货物即可提离，涉税货物需提供有效税款担保；第二步完整申报，企业自运输工具申报进境起14日内，补充提交满足税收征管、合格评定、海关统计等整体监管需要的全面信息及单证。

在现有“一次申报”通关模式下，企业在货物申报环节需要一次性完成105个项目的申报，时间紧、任务重。实施“两步申报”改革，企业无须一次性向海关提交全部申报信息及单证，完成概要申报后，经过海关口岸国门安全准入风险查验合格，货物就可以提离口岸了。选择“两步申报”最少仅需输入9项就可以完成货物的概要申报。就海关监管而言，“两步申报”有效缓解了口岸海关监管部门的压力，将监管查验部分后移，大大提高了口岸通关放行时效。

推广“两步申报”改革的同时，保留现有“一次申报”模式，企业可自行选择一种模式进行申报。

三、通关制度的适用

1. 货物通关制度

进出口企业根据进出境货物的经营目标及所具备的通关条件，选择某一适用的海关制度来办理进出境手续。各项海关制度在实体与程序管理上存在的差异，皆因关税征管政策的差别所致，而关税征管政策的制定又受货物在进出境活动中的经济或贸易的目的（经济用途）左右。货物进出境的经济用途及跨境流向直接影响了关税差别政策的制定及贸易管制制度的实施，这成为海关制定程序性管理制度内在的经济和行政的主要因素。在企业报关准备阶段的接单环节，为准确适用海关程序性管理制度及正确填报与海关税收征管、贸易管制相关的进出口报关单栏目，可采用下列方法先确认报关货物的进出境属性，然后以此为基础去对应税收征管的状态，并借助“关税轴心”派生海关制度的规律，选择确定本次报关货物适用的海关程序性管理制度。

（1）确定进出境经济用途属性。在报关实践中若以经济用途作为确认货物进出境属性的标准，在获取与申报货物相关的信息后，大致可将进出境货物划分为以下四类：

① 实际进出口货物。商品成交后由境外输入境内或由境内输往境外，其流转呈现单向状态，进口或出口后即投入消费使用，不再复出口或复进口的货物，即狭义的“进出口货物”。这类货物通常以一般贸易方式对外成交。

② 临时进出口货物。这类货物有以下三种状态：

a. 暂时进出口加工的货物，衡量此类货物的性质，可以按国际通行的实质性加工原则来确定，对外成交的方式主要有加工装配、进料加工、出料加工。

b. 暂时进出口储存的货物，即因转口贸易、加工贸易备料及进口缓税的需要，进口后暂存于保税仓库或特殊区域，或在保税状态下展示、交易等，待按贸易经营需要复运出口或用于加工贸易或正式进口的货物，又称保税暂存货物或保税物流货物。

c. 暂时进出口使用的货物，即因贸易或科技文化交流的需要，暂时进口或暂时出口使用，并按原状（允许正常损耗）复运出口或复运进口的货物，又称暂准进出口货物。

③ 通过关境货物。通过关境货物即因地理位置或航线的原因，必须经过我国关境才能运达境外目的地的由甲国（地区）向乙国（地区）运送的货物，包括过境、转运、通运三种具体货物。这类货物，并非由我国经营单位对外成交，在通过我国关境时也不为商业目的储存或使用。

④ 特殊进出境货物。如溢卸、误卸、退运、无代价抵偿及服务贸易项下进出境的货物等，在这类货物中，一些货物在进出境时会按其最终的经济或贸易的目的（经济用途），重新归属上

述与实际进出口或临时进出口货物相关的类别。

（2）确定税费适用状态。目前我国海关对进出境货物的征税状态，大致包括以下几种，分别适用于前述按进出境经济用途分类的不同性质的货物。

① 法定征税或免税：适用于不享受特定减免税优惠的进口或出口货物。

② 特定减免税：适用于国务院特别规定可享受减免税的进口货物。

③ 暂予免税（也称暂缓办理纳税手续）：适用于暂时进出口加工、储存或使用的货物。

④ 不予征税：适用于通过我国关境的货物。

（3）确定通关合规要素。在进出口货物申报前，正确、合理地选择本批货物适用的海关程序性管理制度，有助于进出口企业实现既定的贸易经营目标，有助于提前筹划获取国家的进出口贸易许可和商品检验检疫的品质认同，核算应缴进出口税费，并为准确填报报关单上监管方式、征免性质等涉及海关管理程序与管理方式的关键栏目提供依据。

选择本批货物适用的海关程序性管理制度后，可以按下列顺序进行税、证的申报准备和报关单相关栏目的填报：

第一步：核实确认拟申报货物适用的海关程序性管理制度。

① 确认货物的属性。

② 以货物属性确认税收征管状况。

③ 视税收征管状况确认适用的海关程序性管理制度。

④ 确定监管方式、征免方式、备案号等报关单栏目的填制内容。

第二步：核实确认拟申报货物的商品编码。

① 核实确认货物的报验状态。

② 确认待申报货物的商品编码。

③ 确定与商品申报要素有关的报关单栏目的填制内容。

第三步：核实确认拟申报货物贸易的管制状况。

① 按商品编码确定进出口货物是否涉及监管证件管理。

② 按监管方式确定进出口货物是否涉及监管证件管理。

③ 按货物起运或运抵国家（地区）确定进出口货物是否涉及监管证件管理。

④ 确定与贸易管制有关的报关单栏目的填制内容。

第四步：核实确认拟申报货物的价格。

① 核定成交价格。

② 核定完税价格中应当包含或扣除的费用。

③ 有疑问时要求委托报关人提供相关资料或价格证明。

④ 必要时依次使用估价方法核定申报价格。

⑤ 确定与商品价格有关的报关单栏目的填制内容。

2. 物品通关制度

个人携带进出境的行李物品、邮寄进出境的物品，应当以自用、合理数量为限，并接受海关监管。进出境物品的所有人应当向海关如实申报，并接受海关查验。进出境邮袋的装卸、转运和过境，应当接受海关监管。邮政企业应当向海关递交邮件路单。邮政企业应当将开拆及封发国际邮袋的时间事先通知海关，海关应当按时派员到场监管查验。邮运进出境的物品，经海关查验放行后，有关经营单位方可投递或者交付。

经海关登记准予暂时免税进境或者暂时免税出境的物品，应当由本人复带出境或者复带进境。过境人员未经海关批准，不得将其所带物品留在境内。

进出境物品所有人声明放弃的物品、在海关规定期限内未办理海关手续或者无人认领的物品，以及无法投递又无法退回的进境邮递物品，由海关提取依法变卖处理，所得价款在扣除运输、装卸、储存等费用和税款后，尚有余款的，自货物依法变卖之日起一年内，经收货人申请，予以发还；其中属于国家对进口有限制性规定，应当提交许可证件而不能提供的，不予发还。逾期无人申请或者不予发还的，上缴国库。

空姐代购案

进出境货物通关与进出境物品通关比较如表1-2所示。

表1-2 进出境货物通关与进出境物品通关比较

区别	进出境货物	进出境物品
监管的重点	关税及进口环节代征税（税收政策）、监管证件（贸易管制）	以“自用、合理数量”认定物品征收“行李和邮递物品进口税”
监管的适用依据	税率适用《中华人民共和国进出口税则》，完税价格通常以成交价格为基础	《中华人民共和国进境物品归类表》《中华人民共和国进境物品完税价格表》
申报内容和程序	进出口货物报关单、提交通关单证（基本单证、贸管单证、运输单证）、“一关三检”（涉及商品检验、动植物检疫、卫生检疫）	报关资料较为简单、程序简化，通常不涉证、不涉检，由邮政或快递企业代为办理申报手续

3. 跨境电商通关制度

（1）跨境电商零售进出口通关。我国政府近年来围绕跨境电商零售进出口业务进行贸易政策及监管制度的一系列改革与创新。海关总署增列的三种监管方式，即电子商务（代码“9610”）、保税电商（代码“1210”）、保税电商A（代码“1239”）适用的监管对象均为跨境电商零售商品，其中保税电商1210适用于试点城市（截至2020年2月已有86个试点城市及海南全岛）。海关总署批复各个“跨境贸易电子商务服务试点”城市进行试点的四类跨境电商零售进出口业务：网购保税进口、直购进口、特殊区域出口、一般出口，也是特指跨境电商零售进（出）口业务（图1-5）。

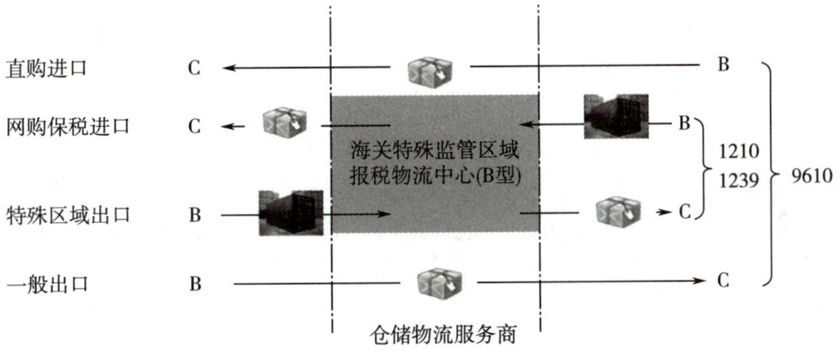

图1-5 跨境零售进出口业务类型（监管方式）

网购保税进口是指跨境电商企业先以“入区保税”的模式整批进口跨境电商零售商品，存入海关特殊监管区域或保税物流中心（B型）内，再根据境内消费者的网购订单，办理订单商品的出区申报手续，配送非消费者的跨境电商零售进口业务。该模式充分利用“入区保税”的政策优势，跨境电商企业进行国内备货，可缩短订单商品的配送时间，提升消费者购物体验。

直购进口是指跨境电商企业根据境内消费者的网购订单，直接从境外启运订单商品，从跨境电商进口监管场所申报进口，并配送给消费者的跨境电商零售进口业务。

特殊区域出口是指跨境电商企业以“入区退税”的模式将整批跨境电商零售商品，存入海关特殊监管区域或保税物流中心（B型）内，再根据境外消费者的网购订单，办理订单商品的出口申报手续，并配送给境外消费者的跨境电商零售出口业务。该模式充分利用海关特殊监管区或保税监管场所“入区退税”的政策优势，跨境电商企业可提前获得出口退税，提高资金使用效率。

一般出口是指跨境电商企业根据境外消费者的网购订单，直接从境内启运订单商品，从跨境电商出口监管场所申报出口，并配送给境外消费者的跨境电商零售出口业务。

经国务院常务会议审议通过，商务部、发展改革委、财政部、海关总署、税务总局、市场监管总局于2018年11月28日联合印发了《关于完善跨境电子商务零售进口监管有关工作的通知》，明确了跨境电商零售进口商品监管的总体原则：跨境电商零售进口不同于一般贸易，主要是满足国内居民品质化、多元化消费需求，必须是直接面对消费者且仅限于个人自用；基于这一前提，对跨境电商零售进口商品按个人自用进境物品监管，不执行首次进口许可批件、注册或备案要求。

（2）跨境电商B2B出口通关。国务院设立跨境电子商务综合试验区，截至2020年5月包括雄安新区在内，数量共计105个，已经覆盖了30个省（区、市），着力在跨境电子商务企业对企业（B2B）方式相关环节的技术标准、业务流程、监管模式和信息化建设等方面探索创新。

依据《关于开展跨境电子商务企业对企业出口监管试点的公告》（海关总署公告2020年第75号），“跨境电商B2B出口”是指境内企业通过跨境物流将货物运送至境外企业或海外仓，并通过跨境电商平台完成交易的贸易形式。

跨境电商B2B出口分为两种形态：一种是跨境电子商务企业对企业直接出口，简称“跨境电商B2B直接出口”，海关监管方式代码为“9710”，适用于跨境电商B2B直接出口的货物；另一种是跨境电子商务出口海外仓，简称“跨境电商出口海外仓”，海关监管方式代码为“9810”，适用于跨境电商出口海外仓的货物。

跨境电商企业或其委托的代理报关企业、境内跨境电商平台企业、物流企业应当通过国际贸易“单一窗口”或“互联网+海关”向海关提交申报数据、传输电子信息，并对数据真实性承担相应法律责任。跨境电商B2B出口货物应当符合检验检疫相关规定。跨境电商B2B出口货物适用全国通关一体化，也可采用“跨境电商”模式进行转关（表1-3）。

表1-3　跨境电商出口通关不同监管方式比较

区别	跨境电商B2B出口（9710、9810）	一般贸易出口（0110）	跨境电商B2C出口（9610）
随附单证	9710报关单申报：订单、订舱单（订单大于5000元人民币） 9710清单申报：订单、订舱单、物流单（订单在5000元人民币以内） 9810报关单申报：海外仓定仓单 9810清单申报：定仓单、物流单（低值） （报关时委托书第一次提供即可）	委托书、合同、发票、提单、装箱单等	订单、物流单、支付单（收款信息）

续表

区别	跨境电商B2B出口（9710、9810）	一般贸易出口（0110）	跨境电商B2C出口（9610）
通关系统	H2018系统通关；单票在5000元以内且不涉证、不涉税、不涉检的，可通过H2018系统或跨境电商出口统一版通关	H2018系统通关	跨境电商出口统一版通关
简化申报	在综试区所在地海关通过出口统一版申报，符合条件的清单，可申请按6位HS编码简化申报	—	在综试区所在地海关通过出口统一版申报，符合条件的清单，可申请按4位HS编码简化申报
物流	可适用转关或直接口岸出口，通过H2018申报的可适用全国通关一体化	直接口岸出口或全国通关一体化	可适用转关或直接口岸出口
查验	可优先安排查验	—	—

思政园地

海关总署《关于扩大通关作业无纸化适用范围的公告》（2017年第8号），海关总署决定将适用通关作业无纸化企业范围扩大到所有信用等级企业。企业经与直属海关、第三方认证机构（中国电子口岸数据中心）签订电子数据应用协议后，可在全国海关适用“通关作业无纸化”通关方式。

无纸化通关

根据海关总署《关于推进全国海关通关一体化改革的公告》（2017年第25号）规定，为加快转变政府职能，适应开放型经济新体制要求，深化简政放权放管结合优化服务，海关总署决定推进全国海关通关一体化改革，启用全国海关风险防控中心和税收征管中心，税收征管方式改革扩大到全国口岸所有运输方式进口的《中华人民共和国进出口税则》全部章节商品。在通关一体化模式下进口一批葡萄酒（品目2204），向广州白云机场海关报关，由京津税管中心负责税收监管。

思考题：无纸化通关和全国海关一体化改革给企业带来什么便利？全国海关风险防控中心和税收征管中心的启用，对于报关单位和报关人员来说，工作要求是什么？

知识巩固

一、判断题

1. 税收征管方式改革，税收征管要素由“审定制”转为“受理制”。（　）

2. “两步申报”改革后，取消“一次申报、分布处置”通关模式。（　）

3. 现行的通关流程是接受申报、审单、查验、征税、放行的“串联式”作业流程。（　）

4. 电子商务（代码“9610”）、保税电商（代码“1210”）、保税电商A（代码“1239”）适用的监管对象均为跨境电商零售商品。（　）

5. 个人携带进出境的行李物品、邮寄进出境的物品，应当以自用、合理数量为限，并接受海关监管。（　）

6. 在我国，关境等于国境。 （ ）

二、不定项选择题

1. 海关的基本任务包括（ ）。

A. 监管　　B. 征税　　C. 查私　　D. 统计

2. 海关监管对象包括（ ）。

A. 进出境的运输工具　　B. 进出境的货物

C. 进出境的行李物品　　D. 进出境的邮递物品和其他物品

3. 自2017年7月1日起，全国海关作业一体化模式全面启动，进出口企业可进行申报的海关（ ）。

A. 仅限货物目的地海关或企业属地海关　　B. 仅限企业属地海关或进出口岸海关

C. 可以是全国任一海关　　D. 仅限进出口岸海关或货物目的地海关

4.（ ）负责进出口企业的稽（核）查、企业管理、现场验估（后续）、减免税审核等业务。

A. 口岸型海关　　B. 属地型海关　　C. 综合性海关　　D. 直属海关

5. 下列有关海关稽查期限的表述，正确的是（ ）。

A. 对于从保税仓库提取，按一般进口报关的货物，稽查期限是自货物出仓放行之日起3年内

B. 对于进料加工货物，稽查期限是监管期限及其后的3年内

C. 对于保税区内企业进口自用设备，稽查期限是监管期限及其后的3年内

D. 对于修理物品，稽查期限是自货物放行海关手续之日起3年内

三、案例分析题

2019年10月15日，某公司以一般贸易方式向某海关申报进口大豆一批，海关风险防控中心下达布控指令，税收征管中心实施货物放行前的税收征管要素风险排查发现该票货物申报单价明显低于国际市场同期同类商品行情价格以及海关所掌握的价格资料，某公司对此未能作出合理解释。后经进一步核查，某海关发现该公司在从事上述进口贸易过程中有删改合同和发票行为，存在故意低报价格、偷逃税款的重大嫌疑。2019年10月28日，某海关对该公司立案调查，同日扣留了涉案货物。案件调查期间，因在扣大豆不宜长期保存，某海关于2020年2月26日委托拍卖机构将该批货物先行变卖，同时制发《先行变卖通知书》，告知当事人对涉案货物先行变卖的有关情况。某公司不服上述处理决定，向海关总署申请行政复议。某公司认为，该公司进口申报行为是否违法尚在调查之中，根据《海关法》第九十二条的规定，无论涉案行为是否违法，在正式作出处罚决定前，海关无权处理进口货物。某海关在未查明有关事实的情况下，提前变卖扣留货物，且变卖所得远低于货物实际价值，该海关上述行政行为违反了《海关法》的有关规定，使其遭受了重大经济损失，严重侵犯其合法权益。该公司请求复议机关依法确认某海关先行变卖行为违法，并责令该海关赔偿其经济损失。

请问：基于上述案例背景，请根据海关相关法律法规分析，海关先行变卖行为违法吗？

技能实训

绘制思维导图，总结通关制度的适用以及货物通关的基本工作步骤。

任务二　海关对报关单位的管理

任务导入

八达进出口公司是广州市海珠区一家资金雄厚、具有良好商誉和发展前景的企业，主营业务包括食品、服装等轻工业产品贸易，该公司现在拟拓展跨境电子商务业务，需要寻找海关AEO高级认证的关务企业开展合作，如何查询报关企业的信用信息呢？

相关知识

一、报关单位注册登记

1. 报关单位注册登记管理

报关单位分为两种类型，一是进出口货物收发货人，二是报关企业。进出口货物收发货人是指依法直接进口或者出口货物的中华人民共和国关境内的法人、其他组织或者个人。报关企业是指依法经海关准予注册登记，接受进出口货物收发货人的委托，以进出口货物收发货人名义或者以自己的名义，向海关办理代理报关业务，从事报关服务的境内企业法人。在项目二任务一中将详细介绍进出口收发货人备案，此处不再赘述。此外，根据《关于取消报关企业和报关企业分支机构注册登记有效期的公告》（海关总署公告2019年第213号），报关企业和报关企业分支机构注册登记长期有效。

（1）根据《中华人民共和国海关报关单位注册登记管理规定》（总署令［2014］221号），报关企业应当具备的条件。

① 具备境内企业法人资格条件。

② 法定代表人无走私记录。

③ 无因走私违法行为被海关撤销注册登记许可记录。

④ 有符合从事报关服务所必需的固定经营场所和设施。

⑤ 海关监管所需要的其他条件。

（2）申请报关企业注册登记许可，应当提交的文件材料。

①《报关单位情况登记表》。

② 企业法人营业执照副本复印件以及组织机构代码证书副本复印件。

③ 报关服务营业场所所有权证明或者使用权证明。

④ 其他与申请注册登记许可相关的材料。

2. 新报关企业注册备案业务操作

（1）登录备案界面。登录“中国国际贸易单一窗口”标准版（网址：http：//www.singlewindow.cn/）（图1-6），选择“标准应用”下“企业资质”（或在“我要办事”项下选择所在地省份“企业资质”）。首次登录，需要注册用户账号。选择“企业用户注册”下“无卡用户”，录入相关信息后完成用户账号注册。

（2）填报相关信息。在“企业资质申请”界面勾选“海关注册登记”复选框，点击展开，按照系统要求填写报关单位、报关人员及企业报检资质信息。

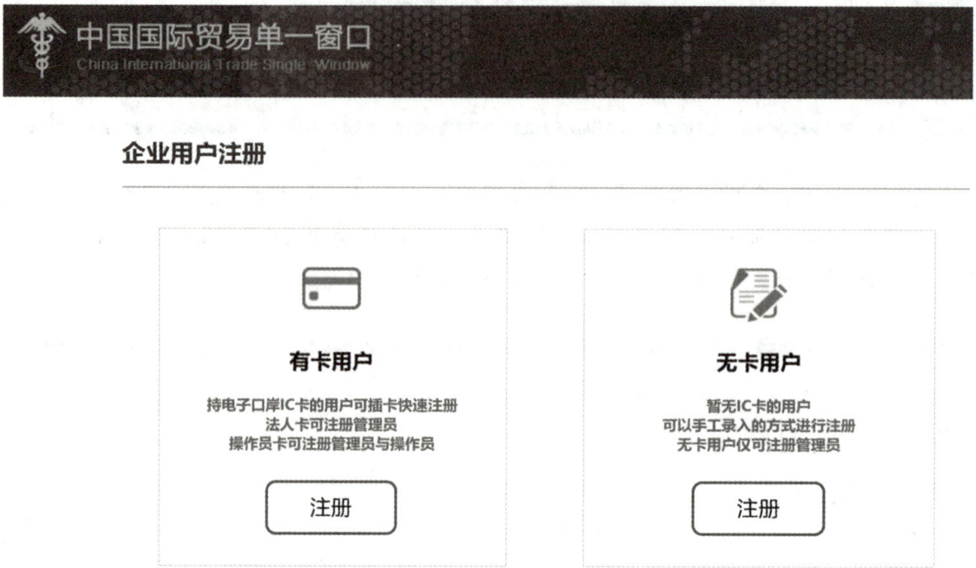

图1-6　单一窗口主页界面

① 海关注册编码：企业初次到海关申请注册登记时，不填。申请其他企业管理业务时，必须填写“海关注册编码”。

② 统一社会信用代码：填写《企业法人营业执照》的编码。

③ 注册海关：企业办理海关注册登记时，填写工商注册所在地海关名称。办理其他业务，不填。

④ 中文名称：企业、个体工商户填写工商营业执照上的“名称”或“企业名称”，其他组织机构填写组织机构代码证上的“机构名称”。

⑤ 工商注册地址：企业、个体工商户填写工商营业执照上的“住所”或“企业住所”，其他组织机构填写《企业法人营业执照》上的地址。

⑥ 邮政编码：填写工商注册地址对应的邮政编码。

⑦ 营业执照注册号：企业、个体工商户填写工商营业执照上的“注册号”，其他组织机构可不填。

⑧ 工商登记日期：企业、个体工商户填写营业执照上的“成立日期”，其他组织机构可不填。

⑨ 经营类别：根据企业在海关注册的类型，在表1-4选项中选择填写。

表1-4　海关注册的类型

编号	经营类别名称	编号	经营类别名称
1	进出口货物收发货人	6	无进出口经营权加工生产企业
2	报关企业	7	保税仓库
3	报关企业分支机构	8	出口监管仓库
4	特殊监管区“双重身份”企业	9	进出境运输工具负责人
5	临时注册登记		

⑩ 组织机构类型：根据《组织机构类型》（GB/T 20091—2006）填写2位组织机构类型及对应名称。

⑪ 行业种类：根据《国民经济行业分类》（GB/T 4754—2002）填写4位代码及对应名称（在《中华人民共和国组织机构代码证基本信息登记表》上有对应的项目“经济行业”）。

⑫ 法定代表人（负责人）：企业法人填《企业法人营业执照》上的“法定代表人”、分支机构填《营业执照》上的“负责人”。

⑬ 上级单位名称：上级单位指企业，不填上级主管部门。对报关企业分支机构、保税仓库，该项目为必填项。

⑭ 上级单位组织机构代码：对报关企业分支机构、保税仓库，该项目为必填项。

⑮ 与上级单位关系：在表1-5中选择填写。

表1-5 与级单位关系

编号	与上级单位关系
0	其他
1	总/分公司
2	母/子公司

⑯ 出资者名称：出资者为企业的，填写企业名称，出资者为自然人的，填写自然人姓名。

带“*”项目为必填项，企业需特别注意报关单位信息中的“注册海关”栏和企业报检资质信息中的“出入境检验检疫机关”栏应选择企业所在地海关、出入境检验检疫机关，如该栏选择错误，将影响企业备案办理。

（3）提交资料。提交注册登记申请，相关信息录入完成后，单击“申报”，系统将向海关发送该资质申请数据，同时单击“企业信息打印”，打印《报关单位情况登记表》。现场提交纸面材料。

报关单位可同时办理注册登记和报关人员备案，也可仅办理报关单位注册登记或者仅办理所属报关人员备案（详见本项目任务三），填写报关单位情况登记表相关部分即可。

二、报关单位信用管理

（1）海关信用管理。根据《中华人民共和国海关企业信用管理办法》（总署令〔2018〕237号），海关根据企业信用状况将企业认定为认证企业、一般信用企业和失信企业。认证企业（也称为“AEO认证企业”）分为高级认证企业和一般认证企业。

（2）AEO认证企业。认证企业是经中国海关认证的经营者（Authorized Economic Operator，简称“AEO”），中国海关依法开展与其他国家或者地区海关的AEO互认，并给予互认AEO企业相应通关便利措施。2020年中国海关已经与42个国家（地区）实现AEO互认，互认国家数量居全球首位。认证企业可以享受通关便利，包括减少单证审核、适用较低的查验率、对需要检查的货物给予优先查验、实施快速通关、指定海关联络员负责及时沟通解决AEO企业通关中遇到的问题等。

AEO信用体系稳外贸

不同信用类型企业差异性待遇如表1-6所示。

表1-6　　不同信用类型企业差异性待遇

优惠待遇	AEO高级认证企业	AEO一般认证企业	一般信用企业	失信企业
海关信用监管状况	3年内定期核查	不定期核查	常态管理	严密管理
进出口平均查验率	一般信用企业平均查验率的20%以下	一般信用企业平均查验率的50%以下	《海关企业信用管理办法》无具体量化规定	80%以上
保证金	免交保证金	部分交保证金	依规交保证金	全额交保证金
优先办理通关手续	适用	适用	—	—
国际互认国际便利通关	适用	—	—	—

三、报关企业法律责任

报关企业接受进出口货物收发货人的委托，以委托人的名义办理报关手续的，应当向海关提交由委托人签署的授权委托书，遵守法律法规对委托人的各项规定。报关企业接受进出口货物收发货人的委托，以自己的名义办理报关手续的，应当承担与收发货人相同的法律责任。报关企业接受委托人的委托办理报关手续的，应当对委托人所提供情况的真实性进行合理审查，规范申报，做到合法合规。

思政园地

广州海关培育AEO企业，擦亮“信用广州”城市品牌。按照“诚信守法便利、失信违法惩戒”原则，广州海关先后出台“非侵入式管理”“无感通关”等4类11项通关便利措施，在出口食品生产企业海关备案、免除海关税款担保等多个领域实施信用承诺制，完善企业“主动披露”、报关差错复核等信用修复机制。广州海关的AEO企业除能享受海关的政策便利，还能享受广州市35个部门的20项联合激励措施。AEO企业的信用信息也已成为相关部门评选守合同重信用企业、技术中心企业、诚信示范中小企业等各类示范企业的重要参考依据。

AEO 认证

截至2020年11月，广州海关已有AEO企业1251家，其中高级认证企业482家，数量居全国海关首位，进出口值占关区进出口总值超五成。“随着集团从AEO一般认证企业升级为AEO高级认证企业，集团在AEO互认国家和地区的知名度和认可度也得到进一步提升，这对我们在国外享受通关便利、拓展客户更为有利。”广州市粮食集团有限公司高级关务负责人江伟志表示：2020年10月，该集团通过海关认证，顺利成为广州市首家国有全资粮食AEO高级认证企业。

知识巩固

一、不定项选择题

1. 在海关企业信用管理中，属于AEO认证企业类型的是（　）。

   A. 高级认证企业　B. 一般认证企业　C. 一般信用企业　D. 失信企业

2. 根据《中华人民共和国海关企业信用管理办法》的规定，在海关首次注册登记或者备案的企业被海关认定为（　）。

   A. 高级认证企业　B. 一般认证企业　C. 一般信用企业　D. 失信企业

3. 我国企业申请成为认证企业，应当向海关提交《适用认证企业管理申请书》。（　）按照《海关认证企业标准》对企业实施认证。

   A.中国海关　B. 国内第三方机构　C. 国际第三方机构　D. 世界海关组织

4. 申请报关企业注册登记许可，应当提交（　）。

   A.《报关单位情况登记表》

   B. 企业法人营业执照副本复印件以及组织机构代码证书副本复印件

   C. 报关服务营业场所所有权证明或者使用权证明

   D. 其他与申请注册登记许可相关的材料

5. 海关应当在保护国家秘密、商业秘密和个人隐私的前提下，公示下列信用信息（　）。

   A. 企业在海关注册登记或者备案信息　B. 海关对企业信用状况的认定结果

   C. 海关对企业的行政许可信息　D. 海关对企业的行政处罚信息

二、判断题

1. AEO认证企业可以享受通关便利措施，包括减少单证审核、适用较低的查验率、对需要检查的货物给予优先查验、实施快速通关。（　）
2. 报关单位可同时办理注册登记和报关人员备案，也可仅办理报关单位注册登记或者仅办理所属报关人员备案。（　）
3. 当年注册登记的报关企业，自当年度起向海关提交《企业信用信息年度报告》。（　）
4. 自2019年12月起，在全国范围内取消报关企业和报关企业分支机构注册登记有效期，改为长期有效。（　）

技能实训

查询一家注册地为海珠海关（原广州海关驻内港办事处）的AEO高级认证报关企业的基本情况，包括企业注册时间、是否受过海关行政处罚等信息。

（相关资料：中国海关企业进出口信用信息公示平台 http：//credit.customs.gov.cn/）

任务三　海关对报关人员的管理

任务导入

四通物流报关有限公司新入职报关人员李铭同，经过一段时间的岗前培训，顺利通过公司培训考核，他需要办理什么手续才能独立代理客户办理报关业务呢？

相关知识

1. 报关人员备案

报关人员是经报关单位向海关备案，专门负责办理所在单位报关业务的人员，主要从事向海关办理进出口货物的申报及相关事宜。根据《关于改革报关员资格管理制度的公告》（海关总署〔2013〕54号），取消报关员资格核准审批，对报关人员从业不再设置门槛和准入条件。海关总署决定自2014年起不再组织报关员资格全国统一考试。

根据《中华人民共和国海关报关单位注册登记管理规定》（总署令〔2014〕221号），报关单位所属人员从事报关业务的，报关单位应当到海关办理备案手续，海关予以核发证明。报关单位可以在办理注册登记手续的同时办理所属报关人员备案。企业报关人员备案应当通过“中国国际贸易单一窗口”标准版（网址：http：//www.singlewindow.cn/）“企业资质”子系统，填写报关人员备案信息即填报《报关单位情况登记表（所属报关人员）》，报关人员身份证件信息应当填写居民身份证相关信息，“中国国际贸易单一窗口”暂时不支持使用其他身份证件办理报关人员备案。

报关单位情况登记表如表1-7所示。

报关企业提交报关人员备案登记资料，海关验核拟备案报关人员有效身份证件原件，核发《报关人员备案证明》，办理报关人员IC卡。只有在海关注册登记的报关单位才能够向海关申请为其所属的报关从业人员办理备案手续。海关不接受以个人名义提出的备案申请。报关员只能受聘于一家报关单位。

表1-7

报关单位情况登记表

（所属报送人员）

所属报关单位海关注册编码				
序号	姓名	身份证件类型	身份证件号码	业务种类
1				□备案 □变更 □注销
2				□备案 □变更 □注销
3				□备案 □变更 □注销
4				□备案 □变更 □注销
5				□备案 □变更 □注销
我单位承诺对本表所填报备案信息内容的真实性和所属报关人员的报关行为负责并承担相应的法律责任。 （单位公章） 年 月 日				

2. 报关人员的权利、义务

报关人员应依据海关规定办理本企业授权承办的报关业务，有权拒绝办理所属企业交办的单证不真实、手续不齐全的报关业务。专业、代理报关企业的报关人员办理报关业务，应交验委托单位的委托书。

报关人员在办理报关业务时，应对本企业负责，接受海关的指导和监督，并履行以下义务：

（1）遵守国家有关法律、法规和海关规章，熟悉所申报货物的基本情况。

（2）提供齐全、正确、有效的单证，准确、清楚填制进（出）口货物报关单，并按有关规定向海关提交办理进出口货物的报关手续。

（3）海关查验进出口货物时，应按时到场，负责搬移货物、开拆和重封货物的包装。

（4）负责在规定的时间内办理缴纳所报进出口货物的各项税费的手续、海关罚款手续和销案手续。

（5）配合海关对走私违规案件的调查。

（6）协助本企业完整保存各种原始报关单证、票据、函电等资料。

（7）参加海关召集的有关报关业务会议或培训；承担海关规定报关人员办理的与报关业务有关的工作。

（8）应当由报关员办理的其他报关事宜。

3. 报关人员的法律责任

报关员应当在报关单位授权范围内执业，按照报关单位的要求和委托人的委托依法办理报关业务（如实申报进出口货物的商品编码、商品名称、规格型号、实际成交价格、原产地及相应优惠协定代码等有关项目），不得有以下行为：

（1）故意制造海关与报关单位、委托人之间的矛盾和纠纷。

（2）假借海关名义，以明示或者暗示的方式向委托人索要委托合同约定以外的酬金或者其他财物，虚假报销。

（3）同时在2个或者2个以上报关单位执业。

（4）私自接受委托办理报关业务，或者私自收取委托人酬金及其他财物。

（5）将报关员IC卡转借或者转让他人，允许他人持本人IC卡执业。

（6）其他利用执业之便谋取不正当利益的行为。

报关人员在报关活动中，违反《海关法》和相关法律、行政法规的，由海关或其他部门给予相应的处理和行政处罚；构成犯罪的，依法移送司法机关追究其刑事责任。

思政园地

为弘扬“诚信守法，崇尚专业，自律规范，务实创新”的报关行业精神，强化报关行业品牌建设，发挥先进典型示范作用，2018年中国报关协会在全国范围内开展第五届“全国优秀报关企业、优秀报关员评比活动”。“全国优秀报关员”评比申报材料涵盖了“荣誉与资质、专业素养、社会责任、综合评价”等几个方面，实现了对报关员一次全方位、多角度的考评，体现了评比的严谨性和科学性。这些优秀的报关员，他们深处业务一线，来自不同的岗位，在本职岗位上爱岗敬业，为行业发展贡献力量。

深圳市华商联报关报检有限公司的关务经理邢震，具有10年以上专业报关报检行业相关经验、2013年取得预归类服务资格证、担任多家大型上市公司关务顾问，在“全国优秀报关员”评比中，取得了全国第一的个人好成绩。关务人员的工作从基础的报关单填制到专业的商品归类，从进出口的关务方案到AEO认证的关务咨询，都需要从专业技能入手，积累自身知识储备，提升业务素养，才能在实际业务中满足客户的需求。

曾经的报关员在拥挤的人群中现场递单、配合海关查验、翻找放行单、辗转于多个审单、查验现场，10年过去了，再看看现在静悄悄的海关审单现场，这种“静悄悄”代表的是我们中国海关巨大的改革，伴随着外贸政策及海关等部门的各种改革与变化，报关员这个行业从简单的重复劳动，转型升级为需要动脑的知识型技术人才。行业的转型，需要关务人员秉承“工匠精神”，调整工作方向，向着未来所需的人才类型提高自身实力。

知识巩固

一、判断题

1.《报关单位情况登记表（所属报关人员）》上级单位名称是指上级主管部门名称。（　）

2. 报关单位对其所属报关人员的报关行为应当承担相应的法律责任。（　）

3. 海关总署已取消报关员资格核准审批，对报关人员从业不再设置门槛和准入条件。（　）

二、不定项选择题

报关人员的权利、义务包括（　）。

A. 报关人员应依据海关规定办理本企业授权承办的报关业务

B. 报关人员有权拒绝办理所属企业交办的单证不真实、手续不齐全的报关业务

C. 专业、代理报关企业的报关人员办理报关业务，应交验委托单位的委托书

D. 配合海关对走私违规案件的调查

技能实训

请查询相关资料，填制《报关员岗位说明书》（表1-8）。

（相关资料：GB/T 37518—2019《代理报关服务规范国家标准》《报关员国家职业标准（试行）》、前程无忧https：//www.51job.com/）

表1-8　四通物流报关有限公司报关员岗位说明书

基本信息：

职业名称		直属上司	
所在公司		所在部门	
职位编号	**-**-**	审核签字	
主要职责		工作成果要求	
1			
2			
3			
4			

续表

其他信息:

内外客户		
对内		
对外		
职业权限		
财务控制额度 ☐ 费用审批权 ☐ 额度内费用自主使用权		非财务控制额度 ☐ 人事任命权 ☐ 业绩考核权
任职条件		
基本要求	内容（如有必要，请注明具体年限）	
学历		
专业资格		
工作年限		
行业经验		
专业背景		
能力要求		
语言要求		
其他		

任务四　我国贸易管制的主要措施

任务导入

四通物流报关有限公司新入职报关人员李铭同，经公司向海关办理报关人员备案手续，领取报关员IC卡，可以代理客户办理报关业务。有客户咨询，第一次从澳大利亚进口奶粉，不知道需要提交什么通关单证。李铭同根据客户提供的奶粉成分含量，确定了商品编码，查询到该商品的监管条件是“7AB”，海关监管证件代码表中的“7”代表“自动进口许可证”，该证件应如何申领呢？

相关知识

一、对外贸易管制制度

为了维护国家的利益和信誉，保障对外经济、技术、文化交流的健康发展，我国对进出口货物的经营权限、禁止、限制、品质管理、收付汇等涉及政治、经济、文化、卫生的诸多方面均制定了相应的法律、法规，并提出了具体的进出境管制的要求。进出口收发货人或其代理人在通关过程中，必须要严格遵守这些法律、法规，并按照相应的管理要求办理进出境手续。

我国对外贸易管制制度是一种综合管理制度，主要由海关监管制度、关税制度、对外贸易经营者的资格管理制度、进出口许可制度、出入境检验检疫制度、进出口收付汇管理以及贸易救济制度等构成。经过几十年的努力，我国已基本建立起并逐渐完善以《中华人民共和国对外贸易法》为核心的对外贸易管理与管制的法律体系，并依照这些法律、行政法规和我国履行国际公约的有关规定，自主实行对外贸易管制。贸易管制所涉及的法律渊源只限于宪法、法律、行政法规、行政规章以及相关的国际条约。

二、我国货物、技术进出口许可管理制度

进出口许可是国家对进出口的一种行政管理制度，属于非关税措施，货物、技术进出口许可管理制度是我国进出口许可管理制度的主体，其管理范围包括禁止进出口货物和技术；限制进出口货物和技术；自由进出口的技术以及自由进出口中部分实行自动许可管理的货物（表1-9、表1-10）。

表1-9 禁止进口货物、技术管理明细表

类别	目录	具体商品和技术
货物	《禁止进口货物目录》第一批： （1）保护我国的自然生态环境和生态资源 （2）履行我国所缔结或者参加的与保护世界自然生态环境相关的一系列国际条约和协定而公布的	（1）属于破坏臭氧层物质的四氯化碳 （2）犀牛角、麝香、虎骨（世界濒危物种）
	《禁止进口货物目录》第二批：涉及生产安全、人身安全和环境保护的旧机电产品类	（1）旧压力容器类 （2）电器、医疗设备类 （3）汽车、工程及车船机械类
	《禁止进口固体废物目录》：由原《禁止进口货物目录》第三、四、五批合并修订而成，涉及对环境有污染的14类125件固体废物	包括：废动植物产品，矿渣矿灰及残渣，硅废碎料，废药物，杂项化学品废物，塑料废碎料及下脚料，废橡胶和皮革，回收（废碎）纸及纸板，废纺织原料及制品，废玻璃，金属和金属化合物废物，废电池，废弃机电产品和设备及其未经分拣处理的零部件、拆散件、破碎件、砸碎件等，其他
	《禁止进口货物目录》第六批： （1）保护人的健康，维护环境安全 （2）履行《鹿特丹公约》和《关于持久性有机污染物的斯德哥尔摩公约》	（1）长纤维青石棉（属于须淘汰的落后产品） （2）二噁英等

续表

类别	目录	具体商品和技术
货物	依据《中华人民共和国进出境动植物检疫法》禁止进境的货物	（1）动植物疫情流行的国家和地区有关动植物及其产品和其他检疫物 （2）动植物病源（包括菌种、毒种等）害虫及其他有害生物、动物尸体、土壤 （3）带有违反“一个中国”原则内容的货物及其包装 （4）以氯氟烃物质为制冷剂、发泡剂的家用电器产品和以氯氟烃物质为制冷工质的家用电器用压缩机 （5）滴滴涕、氯丹 （6）莱克多巴胺和盐酸莱克多巴胺
	依据海关规章停止进口或不得进口的货物	（1）CFC-12为制冷工质的汽车及CFC-12为制冷工质的汽车空调压缩机（含汽车空调） （2）旧服装 （3）Ⅷ因子制剂等血流制品 （4）氯酸钾、硝酸铵 （5）禁止进口和销售100瓦及以上普通照明白炽灯
技术	依据《中国禁止进口限制进口技术目录》有关规定，不得进口的技术	钢铁冶金、有色金属冶金、化工、石油炼制、石油化工、消防、电工、轻工、印刷、医学、建筑材料等技术

表1-10 禁止出口货物、技术管理明细表

类别	目录	具体商品和技术
货物	《禁止出口货物目录》第一批： （1）保护我国自然生态环境和生态资源 （2）为履行我国所缔结或者参加的与保护世界自然生态环境相关的国际条约和协定公布的	（1）四氯化碳、三氯三氟乙烷（属于破坏臭氧层物质） （2）犀牛角、虎骨、麝香（世界濒危物种） （3）发菜、麻黄草（有防风固沙作用） （4）原木
	《禁止出口货物目录》第二批： 保护我国匮乏的森林资源	木炭
	《禁止出口货物目录》第三批： （1）保护人类的健康，维护环境安全 （2）履行《鹿特丹公约》和《关于持久性有机污染物斯德哥尔摩公约》	（1）长纤维青石棉（属于须淘汰的落后产品） （2）二噁英等
	《禁止出口货物目录》第四批：天然砂	硅砂、石英砂；其他天然砂（对我国港、澳、台地区出口天然砂实行出口许可证管理）
	《禁止出口货物目录》第五批：森林凋落物和泥炭（无论是否经化学处理）	腐叶、腐根、树皮、树根等森林凋落物；沼泽（湿地）中，地上植物枯死、腐烂堆积而成的有机矿体

续表

类别	目录	具体商品和技术
货物	依据我国相关法规，以及我国缔结或者参加的国际条约、协定的规定，不得出口的货物	（1）未定名或者新发现并有重要价值的野生植物 （2）原料血浆 （3）商业性出口的野生红豆杉及其部分产品 （4）劳改产品 （5）以氯氟烃物质为制冷剂、发泡剂的家用电器产品和以氯氟烃物质为制冷工质的家用电器用压缩机 （6）滴滴涕 （7）莱克多巴胺和盐酸莱克多巴胺
技术	依据《中国禁止出口限制出口技术目录》有关规定，不得出口的技术	涉及渔、牧、农副食品加工、工业制造、测绘、集成电路制造、机器人制造、卫星应用、计算机网络、空间数据传输、中医医疗等几十项技术

（1）禁止进出口货物及技术管理。列入国家公布禁止进出口商品目录的商品以及其他法律法规明令禁止或停止进出口的商品，任何企业不得经营进出口。国务院商务主管部门会同国务院的有关部门，制定、调整并公布禁止进出口的技术目录，属于禁止进出口的技术，不得进口。

（2）限制进出口货物及技术管理。国家实行限制进出口管理的货物、技术必须依照国家有关规定取得国务院外经贸主管部门或者由其会同国务院有关部门许可，方可进出口。

（3）自由进出口及技术管理。基于国家监测进出口情况的需要，国家对部分属于自由进口的货物实行自动进口许可管理。进出口属于自由进出口的技术，应当向国务院商务主管部门或者其委托的机构办理合同备案登记。对列入《两用物项和技术进出口许可证管理目录（2020年）》的物项及技术的进出口实行两用物项和技术进出口许可证管理。

限制进口管理方式明细表及出口管理方式明细表如表1-11、表1-12所示。

表1-11 限制进口管理方式明细表

限制方式	许可证管理	进口配额许可证管理	进口关税配额管理	其他许可证件管理
主管部门	商务部	生态环境部、商务部、海关总署	商务部、国家发展改革委	其他政府行政职能部门
管理方式	由商务部会同国务院其他有关部门制定并调整进口许可证管理目录，以签发许可证的方式对进口许可证管理目录的商品实行行政许可管理	《中国进出口受控消耗臭氧层物质名录》；由国家消耗臭氧层物质进出口管理机构对进出口单位年度进出口配额指标内，进出口消耗臭氧层申请获准的，签发消耗臭氧层物质进出口审批单；进出口单位持审批单向商务主管部门申领进出口许可证	国家对部分商品的进口规定进口数量总额并制定关税配额税率。国际贸易经营者经国家批准取得关税配额证后允许按照关税配额税率进口，如超出限额则按照配额外税率征税进口。配额方式有全球配额和国别配额	（1）濒危野生动植物种进口 （2）密码产品和含有密码技术的设备进口 （3）限制进口类可用作原料的固体废物进口 （4）进口药品 （5）美术品进口 （6）民用爆炸物品进口 （7）音像制品进口 （8）黄金及其制品进口 （9）农药进口 （10）兽药进口 （11）有毒化学品进口等

续表

限制方式	许可证管理	进口配额许可证管理	进口关税配额管理	其他许可证件管理
管理范围	（1）部分进口货物、技术 （2）12类重点旧机电产品 （3）两用物项和技术进口	公布于《中国进出口受控消耗臭氧层物质名录》（目前共六批）的消耗臭氧层物质	（1）部分进口农产品（2021年我国进口小麦关税配额总量为963.6万吨，玉米720万吨，大米532万吨） （2）部分进口化肥	濒危野生动植物、密码产品和含有密码技术的设备、限制进口类可用作原料的固体废物、药品、美术品、民用爆炸物品、音像制品、黄金及其制品、农药、兽药等

表1-12 限制出口管理方式明细表

限制方式	配额管理	许可证管理
主管部门	商务部及其他有关经济管理部门	商务部及其他政府职能部门
管理方式	在一定时期内（一年）以规定绝对数量的方式限制出口，主要有两种方式： （1）出口配额许可证管理：由国家主管部门对获得配额的申请者发放各类配额证明；取得配额证明的申请者凭证明到商务主管部门申领出口许可证 （2）出口配额招标管理：由国家主管部门，采取招标分配的原则，经中标获得配额者，发放配额证明，中标者凭配额证明到商务主管部门申领出口许可证	国家主管部门在一定时期内，根据国家政治、军事、技术、卫生、环保、资源保护等领域的需要，以及履行我国加入或缔结的有关国际条约的规定，对部分商品的出口签发出口许可证件来实现各类出口限制措施
管理范围	实行出口配额许可证管理的主要商品范围： （1）部分农产品出口 （2）部分活禽、畜出口 （3）部分资源性产品、贵金属出口 （4）消耗臭氧层物质（配额由生态环境部管理） 实行出口配额招标管理的主要商品范围：部分我国生产且国际市场需求量较大的农副产品及资源性产品出口	（1）部分出口商品 （2）濒危物种出口 （3）两用物项和技术出口 （4）黄金及其制品出口等 海关查扣无证出口水曲柳制品

三、自动进口许可证管理

自动进口许可管理是在任何情况下对进口申请一律予以批准的许可制度。实际上是对自由进口货物在进口前进行自动登记，目的是为统计和监督（表1-13）。

表1-13　　自动进口许可证管理明细（2021年）

许可证件名称	发证机构	有效期	联网核查	代码	管理要点	管理范围
自动进口许可证（非机电产品）	商务部三级发证机构和地方机电产品进出口办公室发证	6个月	是	7	（1）“一批一证”；如“非一批一证”，使用不超过六次 （2）大宗散装溢装5%以内（原油、成品油、化肥、钢材3%以内）免证	（1）目录一包括由商务部发证的货物：24类 （2）目录二包括由商务部委托的省级地方商务主管部门或地方、部门机电办发证的货物：18类
自动进口许可证（机电产品）				O		

资料来源：中华人民共和国商务部http：//www.mofcom.gov.cn

货物自动进口许可管理是我国进出口许可管理制度中的重要组成部分，也是目前各国普遍使用的一种进口管理制度。

免交自动进口许可证的情形如下：

（1）加工贸易项下进口并复出口的（原油、成品油除外）。

（2）外商投资企业作为投资进口或者在投资总额内生产自用的设备（旧机电产品除外）。

（3）货样广告品、实验品进口，每批价值不超过5000元人民币的。

（4）暂时进口的海关监管货物。

（5）进入中华人民共和国保税区、出口加工区等海关特殊监管区域及进入保税仓库、保税物流中心的属于自动进口许可管理的货物。

（6）加工贸易项下进口的不作价设备监管期满后留在原企业使用的。

思政园地

某企业以一般贸易方式申报出口塑料玩具329箱，汕头海关在查验时发现该货柜中有45箱货物有伪报嫌疑，经汕头市公安局鉴定，45箱共计2280支“拍响枪”均为塑料仿真枪支。仿真武器为禁止进出境物品，运输、携带、邮寄仿真武器进出境未向海关申报的，海关将予以没收，并按《中华人民共和国海关法》和《中华人民共和国海关法行政处罚实施条例》的有关规定处罚，走私仿真武器进出境情节严重构成犯罪的，还将依法追究刑事责任。

请你谈谈对以上案例的看法。

知识巩固

一、判断题

1．我国目前所签订生效的各类国际条约，虽然不属于我国国内法的范畴，但就其效力而言可视为我国法律渊源之一 。（　）

2．自动进口许可管理是在任何情况下对进口申请一律予以批准的进口许可制度。（　）

二、不定项选择题

1. 下列列入自动进口许可管理货物目录的货物，可免交自动进口许可证的是（　）。
   A. 参加F1上海站比赛进口后须复出口的赛车
   B. 加工贸易项下进口并复出口的成品油
   C. 外商投资企业作为投资进口的旧机电产品
   D. 每批次价值超过5000元人民币的进口货样广告品
2. 某企业持一份证面数量为200吨的化肥自动进口许可证（非一批一证），以海运散装形式分两批进口化肥200吨，第一批实际进口数量100吨的情况下，该企业可凭此份自动进口许可证最多可进口（　）化肥。
   A. 210吨　　B. 205吨　　C. 203吨　　D. 206吨
3. 目前，列入我国《禁止进口货物目录》的商品有（　）。
   A. 麝香　　B. 中成药　　C. 木炭　　D. 硅砂
4. 对实行“一批一证”的自动进口许可证管理的大宗、散装的（　），溢装上限为3%。
   A. 原油、成品油　　B. 化肥　　C. 植物油　　D. 钢材
5. 根据商务部、海关总署公告2019年第63号公告，2020年度（　）不属于自动进口许可证管理的机电产品。
   A. 纺织机械　　B. 烟草机械　　C. 造纸机械　　D. 旧印刷机械
6. 我国目前农药进出口的国家管理部门是（　）。
   A. 农业农村部　　B. 海关总署　　C. 商务部　　D. 国家药品监督管理局
7. 许可证件“7”对应的是（　）。
   A. 进口许可证　　B. 出口许可证
   C. 自动进口许可证（机电产品）　　D. 自动进口许可证（非机电产品）
8. 下列同时属于我国禁止进出口的是（　）。
   A. 旧空调　　B. 滴滴涕　　C. 石英砂　　D. 麻黄草

技能实训

请查询相关网站，总结自动进口许可证（非机电类）的申请流程。

［相关资源：自动进口许可证（非机电类）办事指南http：//zdjkx.mofcom.gov.cn/；自动进口许可证（机电类）办事指南http：//zdjk.mofcom.gov.cn/］

项目二

一般进出境货物通关

知识目标

- 理解海关通关制度、通关的概念
- 掌握一般进出口通关环节、程序、具体做法和应注意的问题
- 理解报关准备工作对正确申报及快速通关的基础作用
- 熟悉报关前准备接管、通关作业阶段、后续作业阶段、相关作业的业务工作内容及其顺序
- 掌握通关各环节作业工作规范及作业方法
- 掌握进出境货物适用通关制度、依法交证和纳税等，以达到降低成本、快速通关
- 熟悉通关单据的分类、办理流程和审核单据的方法
- 熟悉海关监管证件的基本知识和合同法
- 熟悉规范申报的概念和基本原则
- 掌握进出境通关单证缮制与审核的要点

能力目标

- 能够准确描述报关活动作业过程及相应海关管理措施
- 能够判断申报、配合查验、缴纳税费、提取或装运货物等作业实施是否符合规范
- 能够核实监管条件，准确判断申报单证是否齐全、有效
- 能够评审报关服务合同和签署报关服务合同
- 能够正确使用和签订《报关委托书》
- 能够准确完成各种监管方式下的报关单填制
- 能够参与虚拟仿真的接单、理单等工作环节的作业实施
- 能够按照货物属性，准确识别报关事项所适用的海关通关制度

素质目标

- 理解报关程序和法律法规制度设计背后的价值导向
- 遵守诚信守法、爱岗敬业、务实创新的职业规范
- 具有一定实践创新能力和精益求精的工匠精神，增强自我管理、团队合作与沟通能力

任务一　一般进出境货物通关准备

任务导入

八达进出口公司与澳大利亚公司达成协议，进口一批无乳糖配方婴儿奶粉（商品编号2106.9090）在国内销售。该公司计划委托四通物流报关有限公司代理报关。四通物流报关有限公司报关人员李铭同，准备开展代理报关的工作，与客户签订委托协议、审核客户提交的单据。

相关知识

一、海关通关制度与通关

1. 通关制度的概念

海关通关制度是主权国家维护本国政治、经济、文化利益，对进出口货物、物品、运输工具在进出境口岸进行监管管理的基本制度。

2. 通关的概念

所谓通关，是指进出境运输工具的负责人、货物的收发货人及其代理人、进出境物品的所有人向海关申请办理进出口手续，海关对其呈交的单证和申请进出境的运输工具、货物和物品依法进行审核、查验、征缴税费，批准进口或者出口的全过程。

二、对外贸易经营者备案

中国履行加入世界贸易组织的承诺，自2004年起全面放开进出口经营权，由审批制转为备案登记制。根据《对外贸易经营者备案登记办法》的规定，对外贸易经营者未按该办法办理备案登记的，海关不予办理进出口的报关验放手续。中华人民共和国商务部委托符合条件的地方对外贸易主管部门（以下简称备案登记机关）负责办理本地区对外贸易经营者备案登记手续。

对外贸易经营者备案登记程序如下：

第一，登录中华人民共和国商务部对外贸易经营者备案登记应用，网址http://iecms.mofcom.gov.cn。

第二，选择备案登记机关（企业所在地的主管商务部门名称）、备案登记方式（备案登记方式分为两种，即“统一社会信用代码”和“其他”。有统一社会信息代码的企业选择第一种方式进行备案，有组织机构代码证的企业选择第二种“其他”进行备案）。填报《对外贸易经营者备案登记表》（以下简称《登记表》），并确保所填写内容是完整的、准确的和真实的（图2-1）。

第三，打印《登记表》并签字盖章后将扫描件、营业执照复印件上传至系统（图2-2）。

备案登记机关应自收到对外贸易经营者提交审核资料5日内办理备案登记手续，在《登记表》上加盖备案登记印章。对外贸易经营者应凭加盖备案登记印章的《登记表》在30日内到当地海关、检验检疫、外汇、税务等部门办理开展对外贸易业务所需的有关手续。逾期未办理的，《登记表》自动失效。

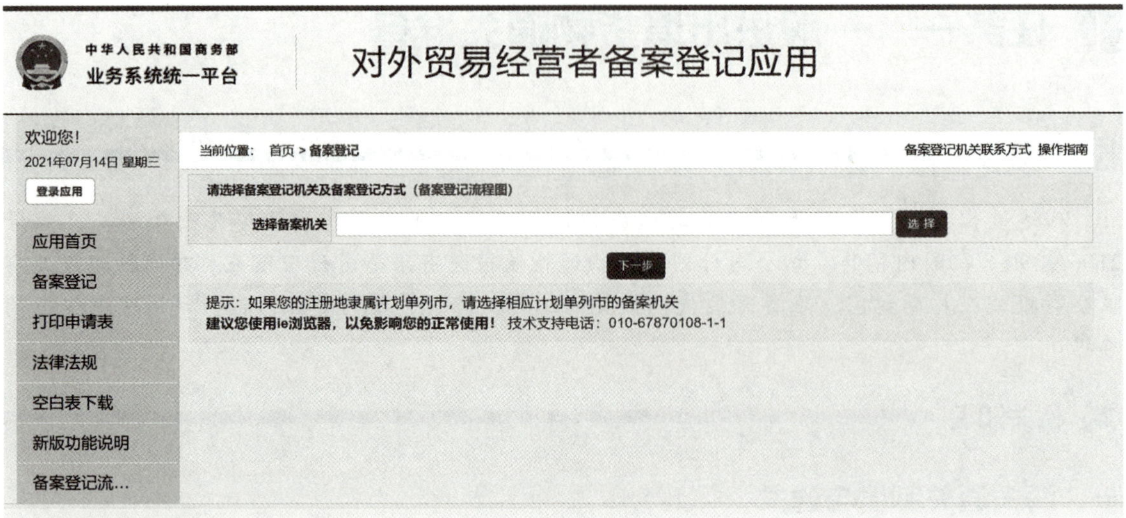

图2-1　备案登记选择界面

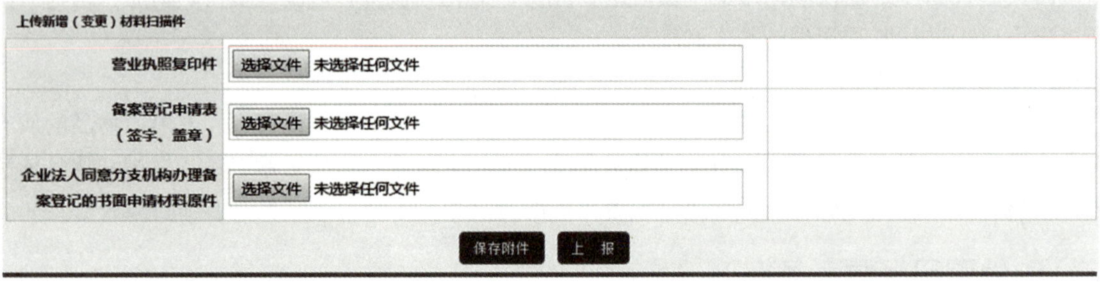

图2-2　备案登记上传界面

三、进出口收发货人备案

1.“多证合一”方式进行备案

根据海关总署、市场监督管理总局联合公告2019年第14号关于《报关单位注册登记证书》(进出口货物收发货人）纳入“多证合一”改革的公告，申请人办理工商注册登记时，需要同步办理《报关单位注册登记证书》(进出口货物收发货人）的，应按照要求勾选进出口货物收发货人的备案登记，并补充填写相关备案信息。市场监管部门按照“多证合一”流程完成登记，并完成与海关总署的数据交换。海关确认接收到企业工商注册信息和商务备案信息后即完成企业备案，企业无须再到海关办理备案登记手续。

企业可以通过中国国际贸易“单一窗口”标准版（以下简称“单一窗口”，网址：http：//www.singlewindow.cn)、“企业资质”子系统或“互联网+海关”（网址：http：//online.customs.gov.cn）“企业管理”子系统查询海关进出口货物收发货人的备案登记结果。

自2019年2月起，海关不再核发《报关单位注册登记证书》(进出口货物收发货人)。进出口货物收发货人需要获取书面备案登记信息的，可以通过“单一窗口”在线打印备案登记回执，并到所在地海关加盖海关印章。除海关另有规定外，进出口货物收发货人《中华人民共和国海关报关单位注册登记证书》长期有效。

2. 进出口货物收发货人备案登记申请

企业未选择“多证合一”方式提交申请的，仍可通过“单一窗口”或“互联网+海关”提交进出口货物收发货人备案登记申请。相关业务办理依据海关总署2018年第143号公告执行。基本操作流程可参考项目一任务二中的“新报关企业注册备案业务操作”（填报备案信息时，“经营类型”选择“进出口收发货人”），应当提交下列文件材料：

①《报关单位情况登记表》。

② 营业执照副本复印件以及组织机构代码证书副本复印件。

③ 对外贸易经营者备案登记表复印件或者外商投资企业批准证书复印件。

④ 其他与注册登记有关的文件材料。

四、报关委托作业

1. 洽商代理报关合同

报关企业应制定合同管理制度，包括但不限于以下内容：确定管理部门；明确管理方式及要求；规范审核流程；规定签署人及责任。

确认委托事项主要包含以下内容：委托业务是否属于本企业经营范围内；委托方对报关服务的基本要求和特殊要求；具体服务范围内容。

确认双方资信：委托方属于初次洽商对象的应对双方资质进行确认。应向协议委托方提供报关企业资质材料副本，包括但不限于营业执照、AEO认证企业证书、海关注册登记证书；要求委托方提供企业资质材料副本，包括但不限于营业执照、AEO认证企业证书、海关注册登记证书。确认委托方资质时，应审核委托方单位的全称、注册地址、经营地址及相关材料的合法性和有效性。主动了解委托方的经营状况、财务状况、诚信状况以及在海关等部门的守法记录等信息。

商定报关服务合同。报关企业接受委托方报关服务，应与委托方签订报关服务合同，如报关企业同为货运代理、快件公司的，在提供报关服务时其有关合同中应包含与报关服务相关的条款。

2. 评审报关服务合同

报关企业应根据合同管理制度由专人负责对已洽商的报关服务合同内容进行评审。评审合同时重点审核以下作业风险：

① 由于委托方的资质、信用问题而可能带来的履约能力以及报关时间延长、报关成本增加的风险。

② 由于进出口商品的知识产权状况而可能带来的违反《中华人民共和国海关知识产权保护条例》的风险。

③ 由于委托方进出口商品的复杂性而可能带来的报关时间延长、报关成本增加的风险。

④ 当合同中存在履约期限条款时，由于不确定因素带来的履约能力的风险。

⑤ 当需全部或部分外包给第三方时，第三方履约能力、成本费用控制带来的风险。

⑥ 其他合同承诺条款与相关影响因素带来的履约风险。

3. 填写《代理报关委托书/委托报关协议》注意事项

① 委托双方名称。委托方一般为进出口货物的收发货人及其代理人，被委托方一般应当为在海关备案注册具有代理报关资质的报关企业。该栏信息为必填项，须如实填写单位全称。《代理报关委托书》和《委托报关协议》所签署的名称应一致，与所签印章（业务专用章或公章）名称一致。

② 主要货物名称。该栏填写进口或出口货物的准确名称，如果所委托报关货物名称较多，

应当填写其中最主要的货物名称，一般情况下填写一项进（出）口货物名称为宜。

③ HS编码。进出口收发货人或其代理人作为《委托报关协议》的委托方，应该承担HS编码的填写责任。被委托的报关企业因为熟悉报关和商品归类业务，可以帮助委托方填写HS编码。

④ 报关单号。该栏信息标注“*”，为补填项，应当在协议作为报关单随附单证递交给海关前填写齐全，并与报关单内容相一致，如有多个报关单号的，同时填写。

⑤ 通常情况下，货物进口日期应早于《委托书》和《委托报关协议》的签署日期，而货物的出口日期应当迟于《委托书》和《委托报关协议》的签署日期。被委托企业收到报关单证日期应当与签署《委托报关协议》的日期一致，或迟于《委托报关协议》的签署日期。

⑥ 如果属于长期委托关系，“进/出口日期”“提（运）单号”“贸易方式”“原产地/货源地”栏目填写可以为空。

五、通关单证作业

1. 接收单证

① 签收纸质单证。报关企业应指定专门人员签收单证。签收单证时，记录内容应与实际收取单证一致，应签署接收人姓名和接收时间。单证在报关企业内部流转宜签收，便于单证跟踪和提高作业效率。应制定措施确保单证的安全，在报关企业内部流转和保管过程中不能遗失、污损。如需对单证复印，复印件应与原件相符。

② 接收电子单证。在委托方采用电子单证情况下，报关企业应与委托方约定方式接收电子单证。委托方电子单证与纸质单证具有同等法律效力，报关企业不得擅自修改。

③ 申报单证。可以分为报关单和随附单证两大类，其中随附单证包括基本单和特殊单证。

报关单是由报关人员按照海关规定格式填制的申报单，是指进（出）口货物报关单或者带有进（出）口货物报关单性质的单证，如特殊监管区域进出境备案清单、进出口货物集中申报清单、ATA单证册、过境货物报关单、快件报关单等。一般来说，任何货物的申报，都必须有报关单。

基本单证是指进出口货物的货运单据和商业单据，主要有进口提货单据、出口装货单据、商业发票、装箱单、进出口合同等。一般来说，任何货物的申报，都必须有基本单证。

特殊单证主要有进出口许可证件、加工贸易电子化手册和电子账册、征免税证明、原进（出）口货物报关单，原产地证明书等。某些货物的申报，必须有特殊单证，如进口许可证管理货物进口申报，必须有进口许可证。

货物实际进出口前，海关已对该货物的商品归类、原产地、完税价格做出预裁定决定书的，进出口货物的收发货人、受委托的报关企业在货物实际进出口申报时应当向海关提交预裁定决定书。

进出口货物收发货人或其代理人应向报关人员提供基本单证、特殊单证，报关人员审核这些单证后据以填制进（出）口货物报关单。

目前，按照海关通关作业无纸化改革推进要求，除必须以有纸形式申报的报关单以外，其他以无纸形式申报的报关单随附单证均需要以电子数据形式发送。进出口报关单位需要在申报环节将纸质的随附单证进行电子扫描存为电子数据格式的文件。

无纸化申报模式下，进出口报关企业以电子文件方式保存或向海关上传的报关单随附单证种类包括：合同、发票、装箱清单、载货清单（舱单）、提（运）单、代理报关授权委托协议、进出口许可证件、海关要求的加工贸易手册及其他进出口有关单证。

2. 申报前审查

报关企业接受进出口收发货人的委托，办理报关手续时，应当对委托人所提供情况的真实性、完整性进行合理审查，审查内容包括：

① 证明进出口货物的实际情况的资料，包括进出口货物的品名、规格、用途、产地、贸易方式等。

② 有关进出口货物的合同、发票、运输单据、装箱单等商业单据。

③ 进出口所需的许可证件及随附单证。

④ 海关要求的加工贸易手册（纸质或电子数据的）及其他进出口单证。

据确认的海关监管方式，按海关管理规定审核委托方提供的单证是否齐全。对于单证不齐或不符合海关要求的，应尽快并尽可能一次性通知委托方补充提供。

应要求委托方提供（以可保留证据的方式，如书面、电子邮件）进出口商品编号和确定商品归类所需的资料，进行商品归类审查。根据商品归类审查结果，审查申报要素、监管证件、商品原产地、商品价格及逻辑关系。

不同运输方式下进出境通关单据如表2-1所示。

表2-1 不同运输方式下进出境通关单据

运输方式		基本单证	申报单证
实际进出境	海运进出境	发票、装箱单等	海运提单、海运单、港区提货单、分拨提货单及装货单（场站收据）等
	空运进出境	发票、装箱单等	航空运单
	铁路进出境	发票、装箱单等	铁路运单
	公路进出境	发票、装箱单等	货运单、进出境载货清单
	邮件进出境	发票、装箱单等	邮政包裹单
无实际进出境（形式进出口）		发票、装箱单等	视货物流向提交单证，如内销征税联系单、保税核注清单等

小贴士

➤ 海关总署会同财政部、自然资源部等10个相关部门，于2019年6月27日联合印发了《关于加快提升通关便利化水平的通知》，共提出10条具体措施。进一步简化单证方面，推出2条措施；一是2019年9月30日前，在将进出口环节86种监管证件中的40种退出口岸验核的基础上，海关总署、国家卫生健康委员会再将2种涉食品监管证件退出口岸验核，进出口通关环节不再要求企业提供该项证件；二是2019年12月31日前，国家药品监督管理局、中国人民银行、农业农村部、自然资源部将5个监管证件纳入网上申报、网上办理范围，进一步提高通关效率。

➤ 根据《广州海关关于简化报关单随附单证有关事项的公告》（广州海关公告2020年5号），企业通过国际贸易“单一窗口”无纸化方式申报时，进口环节无须提交合同、装箱清单、载货清单（舱单），出口环节无须提交合同、发票、装箱清单、载货清单（舱单）。海关审核时如有需要，再行提交。

《中华人民共和国海关进出口货物申报管理规定》(海关总署令第243号)已列明进、出口货物报关单应当随附的单证种类包括：合同；发票；装箱清单；载货清单(舱单)；提(运)单；代理报关授权委托协议；进出口许可证件；海关总署规定的其他进出口单证。

此次简化随附单证范围为合同、发票、装箱清单、载货清单(舱单)，且进出口简化范围不同，其他随附单证仍应按要求提供。

注意：进口环节仍需提交发票，出口环节无须提交。海关审核时如有需要，相关随附单证仍需提交。

海关总署简化单证优化流程加快提升通关便利化水平

报关服务作业基本流程如图2-3所示。

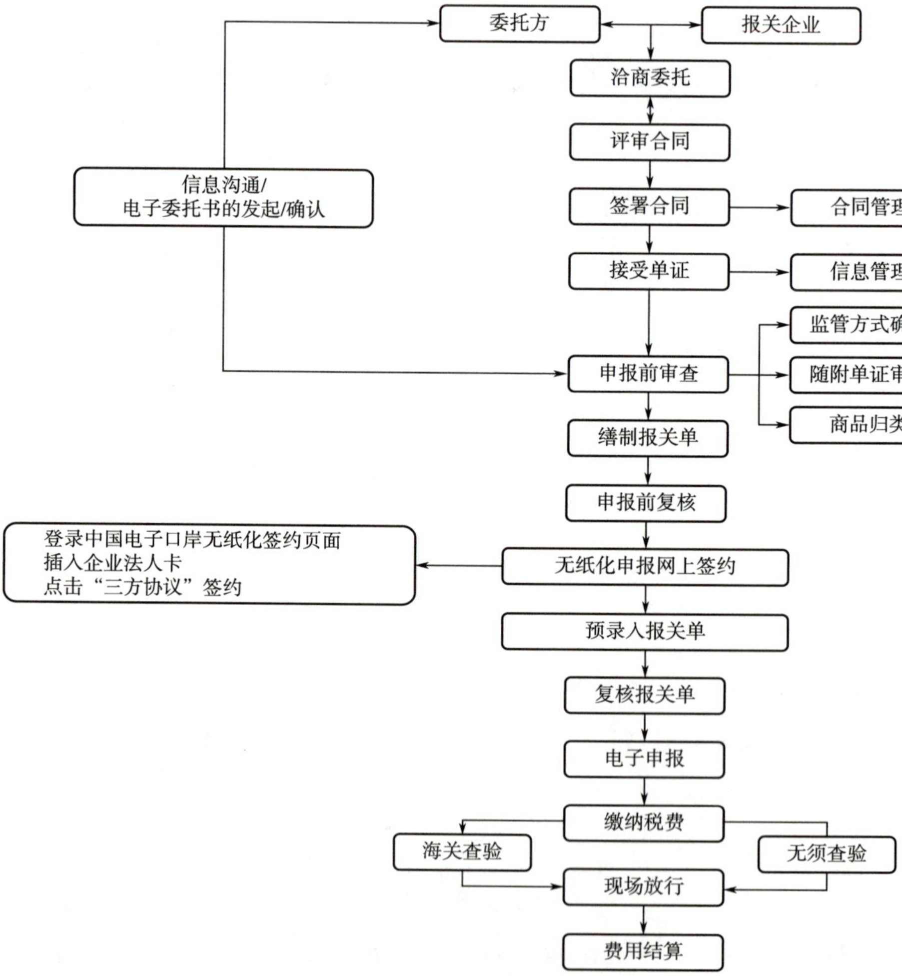

图2-3 报关服务作业基本流程

签署电子《代理报关委托书 / 委托报关协议》流程如图2-4所示。

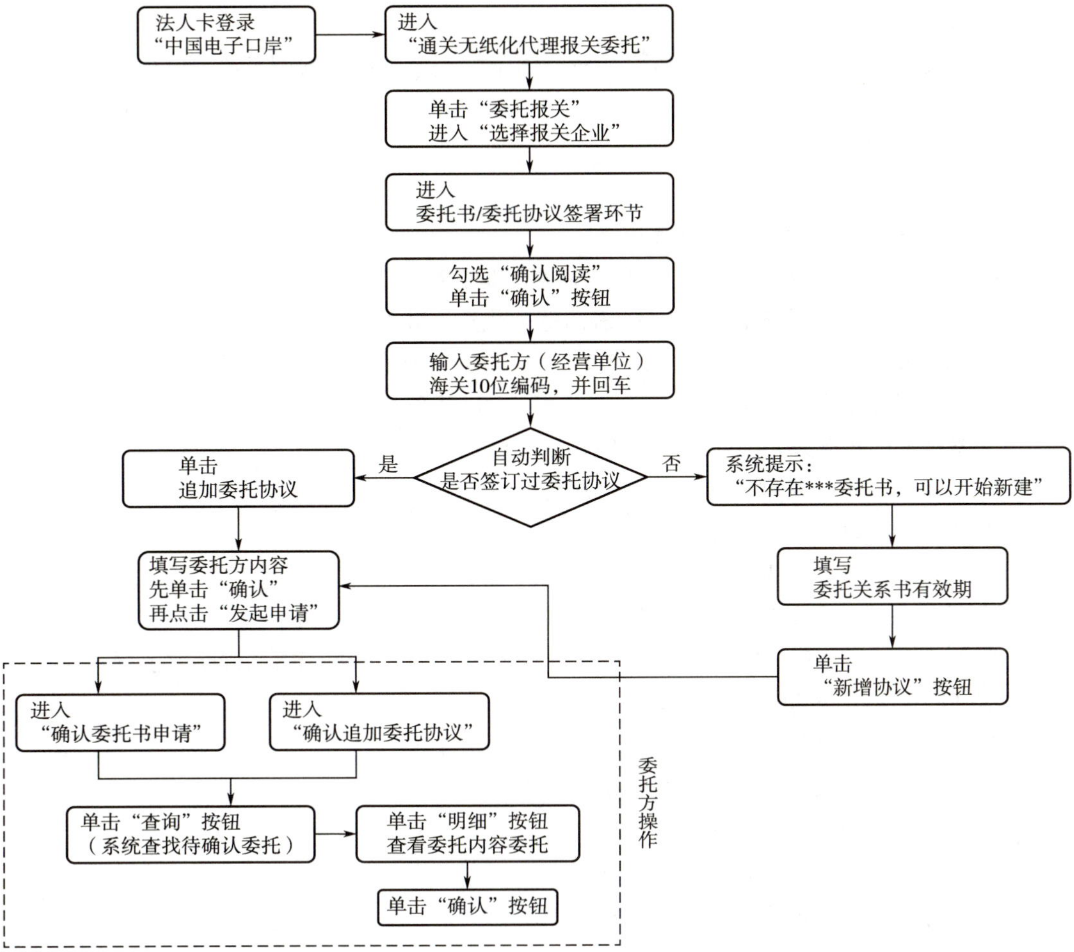

图2-4　签署电子《代理报关委托书/委托报关协议》流程

思政园地

2018年海关总署对取得《固体废物进口许可证》的全部302家废五金企业开展了稽查，查出废五金问题企业41家，涉及货物总量3.79万吨，货值4.14亿元，查发涉嫌走私“洋垃圾”违法情事4起，涉嫌“以税换证”逃避许可证监管违法情事4起，涉嫌低报价格违法情事18起，涉嫌买卖进口固体废物许可证违法情事9起，此外人去楼空企业6家。生态环境部门根据海关通报名单取消了违法违规企业再申请进口固体废物的资质，进一步规范了固体废物进口许可证管理。

海关总署全面加大监管打击工作力度，进一步强化实际监管查验，开展风险分析和专项稽查，严厉打击走私犯罪，严格实施检验检疫，以坚决的态度、迅速的行动、有力的措施、明显的成效，不折不扣地将禁止“洋垃圾”进口这一生态文明建设标志性举措落实到位。同时，加强各部门间的联合配合和信息通报，保持对各类走私“洋垃圾”活动的高压打击态势。

知识巩固

一、不定项选择题

1. 某报关公司报关员在报关准备阶段发现舱单数据与装箱单数据不符，这种情况报关员应（　）。
   A. 按照舱单数据报关
   B. 按照装箱单数据报关
   C. 要求船公司或代理公司更改舱单
   D. 先请委托方确认正确货物信息，再视情况更改相应数
2. A报关公司接收到B进出口公司的进口报关委托，需要做的接单工作有（　）。
   A. 检查报关单证的齐全性　B. 获取申报货物的归类信息
   C.了解进口货物舱单信息　D.了解委托人相关信息
3. 下述接单环节报关人员处置不当的是（　）。
   A. 接单后应充分获取货物信息确定归类
   B. 向海关申报前应尽可能核实舱单信息
   C. 使用海运提单副本换取提货单，正本提交给海关
   D. 报关企业内部单证流转应做好内部签收和时间记录
4. 报关员小吴在理单时发现进口设备的规格型号在进口发票和货物说明书上显示不一致，这种情况下正确的做法是（　）。
   A. 申报时不提交货物说明书，以发票规格型号为准
   B. 申报时同时提交货物说明书和进口发票
   C. 申报时不填报规格型号
   D. 建议客户向海关申请申报前看货
5. 海关同意申报前看货取样的情形有（　）。
   A. 通过外观无法确定货物的品名　B. 通过外观无法确定货物的规格
   C. 通过外观无法确定货物的成分　D. 通过外观无法确定货物的申报价
6. 某发电厂从美国进口 10台交流发电机（监管条件：O），并委托某报关公司代理报关，报关员小李收到该货物的商业发票、装箱单、贸易合同、自动进口许可证后，需要审核（　）的一致性。
   A. 货物金额　B. 货物数量　C. 货物名称　D. 抬头名称
7. 报关人员复核单证时发现，装箱单标明货物总体积为45立方米，集装箱规格为一个标准20尺（24~26立方米）柜。以下可能存在的情形有（　）。
   A. 缺少另一个20尺集装箱号　B. 装箱单体积数字有误
   C. 集装箱规格尺寸有误　D. 贸易方式有误
8. 某企业（4401967123）以“一般贸易”海关监管方式进口立式加工中心（监管条件：AO），委托某报关企业代理报关，除提货单、发票、装箱单、合同、报关委托书之外，还需提供的报关单证有（　）。
   A. 入境货物通关单　B. 自动进口许可证　C. 原产地证书　D. 进口货物报关单

二、判断题

1. 海关监督管理的对象是所有进出关境的运输工具、货物、物品和旅客。（　）
2. 一般进出口货物，海关的稽查期限是自货物放行之日起三年内。（　）
3. 进出口货物申报日期是指申报数据被海关接受的日期。（　）
4. 理单的基本要求是通过对报关随附单证的审核，保证其“齐全、有效和一致”。（　）
5. 提货单的换取流程：第一步，确认提单有效性；第二步，确认换单时间；第三步，领取正本提货单。（　）

技能实训

一、根据任务导入的业务背景资料，填制《代理报关委托书／委托报关协议》

代理报关委托书

编　号：

：

我单位现　　(A 逐票、B 长期)委托贵公司代理　　等通关事宜。〔A、填单申报 B、申请、联系和配合实施检验检疫 C、辅助查验 D、代缴税款 E、设立手册（账册）F、核销手册（账册）G、领取海关相关单证 H、其他〕详见《委托报关协议》

我单位保证遵守海关有关法律、法规、规章，保证所提供的情况真实、完整、单货相符，无侵犯他人知识产权的行为。否则，愿承担相关法律责任。

本委托书有效期自签字之日起至　　　年　　　月　　　日止。

委托方（盖章）

法定代表人或其授权签署《代理报关委托书》的人（签字）

年　　月　　日

委托报关协议

为明确委托报关具体事项和各自责任，双方经平等协商签订协议如下：

委托方	
主要货物名称	
HS 编码	□□□□□□□□□□
进/出口日期	年　　月　　日
提（运）单号	
贸易方式	
数（重）量	
包装情况	
原产地/货源地	
其他要求：	
背面所列通用条款是本协议不可分割的一部分，对本协议的签署构成了对背面通用条款的同意。	
委托方签章： 经办人签字： 联系电话：　　年　月　日	

被委托方		
*报关单编码	No.	
收到单证日期	年　月　日	
收到单证情况	合同□	发票□
	装箱清单□	提（运）单□
	加工贸易手册□	许可证件□
	其他	
报关收费	人民币：　　　元	
承诺说明：		
背面所列通用条款是本协议不可分割的一部分，对本协议的签署构成了对背面通用条款的同意。		
被委托方签章： 报关人员签名： 联系电话：　　年　月　日		

中国报关协会监制

委托报关协议通用条款

委托方责任

委托方应及时提供报关所需的全部单证，并对单证的真实性、准确性和完整性负责，并保证没有侵犯他人知识产权的行为。

委托方负责在报关企业办结海关手续后，及时、履约支付代理报关费用，支付垫支费用，以及因委托方责任产生的滞报金、滞纳金和海关等执法单位依法处以的各种罚款。

负责按照海关要求将货物运抵指定场所。

负责与被委托方报关人员一同协助海关进行查验，回答海关的询问，配合相关调查，并承担产生的相关费用。

在被委托方无法做到报关前提取货样的情况下，承担单货相符的责任。

被委托方责任

负责解答委托方有关向海关申报的疑问。

负责对委托方提供的货物情况和单证的真实性、完整性进行“合理审查”，审查内容包括：（一）证明进出口货物实际情况的资料，包括进出口货物的品名、规格、数（重）量、包装情况、用途、产地、贸易方式等；（二）有关进出口货物的合同、发票、运输单据、装箱单等商业单据；（三）进出口所需的许可证件及随附单证；（四）海关要求的加工贸易（纸质或电子数据的）及其他进出口单证。

因确定货物的品名、归类等原因，经海关批准，可以看货或提取货样。

在接到委托方交付齐备的随附单证后，负责依据委托方提供的单证，按照《中华人民共和国海关进出口报关单填制规范》认真填制报关单，承担“单单相符”的责任，在海关规定和本委托报关协议中约定的时间内报关，办理海关手续。

负责及时通知委托方共同协助海关进行查验，并配合海关开展相关调查。

负责支付因报关企业的责任给委托方造成的直接经济损失，所产生的滞报金、滞纳金和海关等执法单位依法处以的各种罚款。

负责在本委托书约定的时间内将办结海关手续的有关委托内容的单证、文件交还委托方或其指定的人员（详见《委托报关协议》“其他要求”栏），并如实告知委托方有关货物的后续检验检疫及监管要求。

赔偿原则　被委托方不承担因不可抗力给委托方造成损失的责任。因其他过失造成的损失，由双方自行约定或按国家有关法律、法规、规章的规定办理。由此造成的风险，委托方可以投保方式自行规避。

不承担的责任　签约双方各自不承担因另外一方原因造成的直接经济损失，以及滞报金、滞纳金和相关罚款。

法律强制　本《委托报关协议》的任一条款与海关有关法律、法规、规章不一致时，应以法律、法规、规章为准，但不影响《委托报关协议》其他条款的有效。

协商解决事项　变更、中止本协议或双方发生争议时，按照《中华人民共和国合同法》有关规定及程序处理。因签约双方以外的原因产生的问题或报关业务需要修改协议条款，应协商订立补充协议。双方可以在法律、法规、规章准许的范围内另行签署补充条款，但补充条款不得与本协议的内容相抵触。

二、为顺利通关应准备哪些单证，请选定需要的资料

（1）出口报关，应向海关提交的单证，通常包括：

开证申请书 L/C Application Form □

配额证明或出口许可证 The Quota Certificate or The Export License □

出口许可证 The Export License □

改证申请书 L/C Application for Amendment □

装货单 Shipping Order □

托运单 Booking Note □

保险单 Insurance Policy □

投保单 Application for Insurance □

出口报关单 Export Customs Declaration Form □

汇票 Bill of Exchange □

商业发票 Commercial Invoice □

海运提单 Bill of Lading □

装箱单 Packing List □

________________________________ □

________________________________ □

________________________________ □

（2）进口报关，应向海关提交的单证，通常包括：

进口报关单 Import Customs Declaration Form □

商业发票 Commercial Invoice □

海运提单 Bill of Lading □

装箱单 Packing List □

配额证明 The Quota Certificate □

进口许可证 The Import License □

________________________________ □

________________________________ □

________________________________ □

能力提升

请阅读以下单据，填制《报关岗位合理审查记录单》。

相关注释

1. 合同

Mitsubishi Australia Ltd.

ABM 81 004 354 278
Level 36,120 Collins Street
Melbourne VIC 3000
(Tel)513 9275 3999

(Fax)81 3 9275 3928

销售合同

MITSUBISHI AUSTRALIA LIMITED as Seller hereby confirms the sale to the undermentioned Buyer of the following goods(the "Goods" on the terms and conditions given below INCLUDING ALL THOSE PRINTED ON REVERSE SIDE HEREOF which are expressly agreed to understood and made a part of this Contract:

Buyer Code	Date of Contract	Sales Order Number	Buyer Reference Number
MC00583000	18.12.2019	687340	13P193

Buyer Name & Address	Shipment and origin From-To	Place of Destination
Barda Corporation Limited, 18/F,Citic Plaza,188 Xingang West Road, Guangzhou, China Post Code:510800	MELBOURNE AUSRRALIA TO HUANGPU CHINA	Barda Corporation Limited, 18/F,Citic Plaza,188 Xingang West Road, Guangzhou, China Post Code:510800

Delivery Terms	Payment Terms
CFR Huangpu 1FCL EID FEB 2020,1FCL ETD TBA	TT-CITNY MLB 30 days after B/L date

Goods Description	Quantity	Unit	Unit Price	Amount
Amino Acid Milk Powder ,25KG（YAKULT GSL）	50	MT	5,000.00	250,000.00

2. 商业发票

Mitsubishi Australia Ltd. TAX INVOICE

ABN 81 004 354 278
Level 36,120 Collins Street
Melbourne VIG 3000
(Tel)51 3 9275 3999
(Fax)81 3 9275 3928
Customer Name

Barda Corporation Limited
Guangdong Industry Corporation Limited,
18/F,Citic Plaza,188 Xingang West Road,
Guangzhou,China, Post Code: 510800

Account No.MC00583000

Invoice No.	Invoice Date	Due Date	Amount
99884883	24.04.2020	24.05.2020	USD 125.000.00

Please instruct your bankers to make payment by
Telegraphic Transfer (without deduction of Charge)to
Account Name :Mitsubishi Australia
Limited Account No:36959408 Chips:0008
Bank Name:Citi Bank N.A
Bank Address:111Wall Street,New York.NY 10043.USA
Please quote our invoice number on remittance advice

Sold To:	Payers:	Ship To:
Barda Corporation Limited, 18/F,Citic Plaza, 188 Xingang West Road, Guangzhou,China, Post Code 510800 Account No.MC00583000 ORIGINAL COUNTRY: AUSTRALIA	Barda Corporation Limited, 18/F,Citic Plaza,188 Xingang West Road, Guangzhou, China,Post Code:510800 Account No.MC00583000	Barda Corporation Limited, 18/F,Citic Plaza,188 Xingang West Road, Guangzhou,China,Post Code:510800 Account No.MC00583000

续表

Invoice No.	Invoice Date	Your Reference Number	Our Reference Number
99884883	24.04.2020	TDP SMP YAKUL/T 13P19.18.12.2019	687340

Date of delivery	Shipment From–To	Vessel Name/Shipped By	B/L Date
24.04.2020	MELBOURNE,AUSTRALIA TO HUANGPU,GHINA	XIN TIAN JIN V 016N	24.04.2020

Terms of Payment	Terms of Delivery
TT–CITINY MLB 30 days after B/L date	CFR Huangpu APRIL 2020 SHIPMENT

Description	Quantity	Unit	Unit Price	Per	Amount
000010 3000068622 Amino Acid Milk Powder, 25KG(YAKULT GSL)GST	25	MT	5,000.00	MT	$125,000.000.00
	Total Qty. 25.000	MT	Total Amount		125,000.00

Customer Note:
13P193–1
ALL amounts are expressed in USD
Mitsubishi Australia Ltd.

3. 装箱单

装箱单

EXPORTER Murray Goulburn Cooperative Co. AUSTRALIA ABM 230042770089			INVOICE NO. & DATE 99884883 24 APR 2020T		EXPORTER REFERENCE 186374	
			BUYER REFERENCE&ORDER			
CONSIGNEE/BUYER Barda Corporation Limited, 18/F,Citic Plaza,188 Xingang West Road			BUYER(IF NOT CONSIGNEE) Barda Corporation Limited			
VESSEL/AIRCRAFT ETC. XIN TIAN JIN/016N			NOTIFY PARTY Barda Corporation Limited, 18/F,Citic Plaza, 188 Xingang West Road TEL:86–20–389–11268–305 FAX:86–20–38912896			
PORT OF LOADING Melbourne,Australia	E.T.D. 24 APR 2020					
PORT OF DISCHARGE HONG KONG						
FINAL DESTINATION PORT HUANGPU	E.T.A.					
PACKING LIST DETAILS		UNIT TYPE	PACKING QUANTITY	NET WT(kg)	GROSS WT(kg)	CUBIC VOL(m^3)
Container No.:BSIU4043456 Seal No.:121846 Amino Acid Milk Powder 25kg		CTN	1000	25000.000	25400	42.000
	TOTAL THIS PAGS		1000	25000.000	25400	42.000
	TOTAL THIS CARGO			25000.000	25400	42.000

4. 头程提单

Shipper MERRAY GOULBURN COOPERATIVE CO.LIMITED FRESHWATER PLACE LEVEL 15 2 SOUTHBANK BOULEVARD SOUTHB ANK VIC 3006 AUSTRALIA ABN 23004277089	Bill No：MELHUA027657 中海集装箱运输股份有限公司 CHINA SHIPPING CONTAINER UNES CO., LTD. Cable：0001Telex：33200 CSCO CN PORT–TO– Port of Combined Transport BILL OF LADING
Consignee Barda Corporation Ltd., 18/F,Citic Plaza, 188 Xingang West Road, GUANGZHOU TEL:86–20–3891 1268–305 FAX:86–20–389 12896	
Notify Party (Carrier not be responsible for failure to notify) Barda Coporation ltd. TEL:86–20–3891 1268–305 FAX:86–20–389 12896	ORIGINAL

Ocean Vessel Voy.No. XIN TIAN JIN 0161N	Port of Loading MEIBOURNE	Place of Receipt MEIBOURNE
Port of Dischanrge HONG KONG	Place of Delivery HUANCPU	Final Destination(of the goods not the ship) HUANGPU

Marks/Nos. Container No.	No Pkgs or Container	Number and kind of packages description goods	Gross weight kgs	Measurement m^3
Cn,No Seal BSIU4043456 Shipped on Board:24–Apr–2020	1000 Packs 1000PKGS	1 × 40FT CONTAINER STC Amino Acid MILK POWDER 25KG NET WT:25000KGS Freight Prepaid CY–CY: SHIPPER' S LOAD STOW AND COUNT	25400.000KG Weight (kg) 25400.000	$42.000m^3$ VOLUME(m^3) 42.000

Total No.Container or Packages(in Words)
ONE CONTANER(S)

Description	Basis	Currency	Prepaid Amount	Currency	Collect Amount

Payable AT	Place/Date issue	No.of OrigBs/l
MELBOURNE	MELBOURNE, 24–APR–2020	

5. 二程提单

<table>
<tr><td colspan="5">1.Shipper
中海集装箱运输（香港）代理有限公司香港岛东华兰路18号港岛东中心0/B
MURRAY GOULBURN CO–OPERATIVE</td><td colspan="4">B/L NO.HKGBT143076</td></tr>
<tr><td colspan="3">2.Consignee
TO ORDER</td><td colspan="6" rowspan="4">五洲航运有限公司
UNIVERSAL SHIPPING(ASIA)CO., LTD.
BILL OF LADING</td></tr>
<tr><td colspan="3">3.Notify Party(Carrier to be responsible for failure to notify)

Barda Corporation Limited</td></tr>
<tr><td>4.Pre–carriage by*</td><td colspan="2">5.Place of Receipt by Pre–carrier*</td></tr>
<tr><td>6.Ocean Vessel
Voy.No.
FANGZHOV
5304550053</td><td colspan="2">7.Port of Loading
HONGKONG</td></tr>
<tr><td>8. Port of discharge
HUANGPU</td><td colspan="8">9.Place of Delievery *Applicable only when document used as a combined transport bill of lading
HUANGPU</td></tr>
<tr><td rowspan="3">10.Marks and Nos.
Container seal NO.
N/M
1×40GP
BSIU4043456/40GP/121846</td><td rowspan="3" colspan="2">11.No. of containers or PKgs</td><td colspan="2">12.kind of Package:Description of Goods(if Dangerous Goods, See Clause 20)</td><td colspan="2" rowspan="2">13.Gross Weight

25400KGS</td><td colspan="2" rowspan="3">14.Measurement

42CBM</td></tr>
<tr><td colspan="2">SHIPPER′ S LOAD.COUNT&SEAL 1×40GP CONTAINER S.T.C
1000 PACKS
脱乳糖奶粉
装卸费用由安途支付，中海控箱
T/C FM MELBOURNE T0 HUANGPU VIA HKG EX MV. XIN TIANJIN V.0161N UNDER THROUGH B/L NO:MELHUA027657</td></tr>
<tr><td colspan="2">15. Description of Contents for Shipper's Use Only(CARRIER NOT RESPONSIBLE)</td><td colspan="2"></td></tr>
<tr><td colspan="2">16.TOTAL NO.CONTAINERS OR PACKAGES (IN WORDS)
Subject To Clause 7 Limitation</td><td colspan="7">SAY:ONE(1× 40GP)CONTAINER ONLY</td></tr>
<tr><td colspan="3">DESTINATION AGENT
中海集装箱运输广州有限公司
广州开发区宝石路28号汇景大厦一楼
(中穗加油站旁边）

彭先生 TEL:020–82219530

17.FREIGHT&CHARGES

FREIGHT PREPAID</td><td>18.Revenue Tons</td><td>19.Rate</td><td>20.Per</td><td>21.Prepaid</td><td colspan="2">22.Collect</td></tr>
<tr><td>23. Ex. Rate</td><td colspan="3">24.Prepaid at</td><td colspan="3">25.Payable at
(MEMO)</td><td colspan="2">26.Collect</td></tr>
<tr><td></td><td colspan="3">27.Total prepaid in</td><td colspan="3">28.No.of Original B(S)/L
THREE</td><td colspan="2">Signed for the Carrier</td></tr>
</table>

DATE Laden on board the vessel 05/26/2020

6. 保险单发票

THE TOKIO MARINE & NICHIDO FIRE INSURANCE COMPANY (CHINA)LIMITED GUANGDONG BRANCH

Room 5207-08,CITIC Plaza,233 TianheBeiLu,Guangzhou,China
Phone(020)8752-1800 Facsimile(020)8752-1800 Facsimile(020)8752-1022

DEBIT NOTE

Barda Corporation Limited DUE DATE:MAY 28,2020

Ctrl:UW2245947480SOTO

CLASS	OPEN POLICY	POLICY NO.		PREMIUM
Cargo Insurance	12SH020-2013(GD)	PB0214010069		
	EFFECTIVE	From 2020-04-24 TO 2020-04-24		
RISK	SUM INSURED		RATE	
	USD 137,895.00		-	USD358.83
EXCHANGE RATE:USD1.00=RMB6.1705,ORGINAL PREMIUM=RMB2,214.16				
TOTAL	USD 137,895.00	NET TOTAL		USD358.83

Authorized Signature 费用类型保费

贵公司收到付款通知书后，请在2周内将保费汇入到以下银行账号内。
如果属于“见费出单”制度的，请参照《广东省保费预付制度(见费出单)简介》。

(请注意:币种不同。汇入的银行账户也不同)
户名:东京海上日动火灾保险（中国）有限公司广州分行分公司THE TOKIO MARINE &NICHIDO FIRE INSURANCE COMPANY (CHINA)GUANGDONG BRANCH

账号:

1.人民币账号：东京日联银行（中国）有限公司广州分行Bank of Tokyo UFJ(china),Ltd. Guangzhou Branch A/C No. 5511000304360中国银行广州中信广场支行 Bank of China Guangzhou Zhongxin Guangchang Branch A/C No665262018682

2.日元账号：东京日联银行（中国）有限公司广州分行 Bank of Tokyo UFJ(china),Ltd.Gvangzhou Bransh A/C No. 5121000041475

3.美元账号：东京日联银行（中国）有限公司广州分行 Bank of Tokyo UFJ(china),Ltd. Guangzhou Branch A/C No. 51210000041475

4.港币账号：东京日联银行（中国）有限公司广州分行 Bank of Tokyo UFJ(china),Ltd.Guangzhou Branch A/C No. 51210000041521

Policy No:PB0214010069 Debit Note No:UW2245947480SOTO

请在付款凭证上注明上述内容，或直接将此联撕下附在付款凭证上，以便我们能及时为您签发保

7. 自动进口许可证

中华人民共和国自动进口许可证
AUTOMATIC IMPORT LICENCE OF THE PEOPLE'S REPUBLIC OF CHINA
NO.3677620

1. 进口商：4401618428889 Import 八达进出口公司	3.自动进口许可证号: Automatic import licence No. 20-20-NT2931
2. 进口用户：4401618428889 Consignee 八达进出口公司	4.自动进口许可证有效截止日期: Automatic import licence expiry origin 2020年11月07日
5. 贸易方式 Terms of trade	8.贸易国（地区）： Country/Region of exportation 澳大利亚
6. 外汇来源 Terms of foreign exchange 银行购汇	9.原产地国（地区）： Country/Region of origin
7. 报关口岸： Place of clearance 黄埔关区	10. 商品用途: Use of goods 内销

11. 商品名称: Description of goods　　商品编码: Code of goods　　商品状态：新 Status of goods

新脂肪含量≤1.5%固体乳及奶油（指粉状、粒状或其他固体状态，浓缩，加糖或其他甜物质）

12. 规格.型号 Specification	13.单位 Unit	14.数量 Quantity	15.单价（USD） Unit price	16.总值（USD） Amount	17.总值折美元 Amount in USD
25KG/袋	千克	*25,000.0	*5.0000	*125,000	$125,000
18. 总计 Total	千克	*25,000.0		*125,000	$125,000

19. 备注: Supplementary details	20. 发证机关签章: 自动进口许可证 专用章 广东 Issuing authority's stamp

21. 发证日期: 2020年06月08日

8. 报关岗位合理审查记录单（海运进口）

报关单类型：手册通关无纸化，上传□　　一般贸易现场递单交税□

一、整理岗位　　　审核人：　　　　　　　　审核日期：

1. 货柜情况：□整柜 ____________□拼柜 ______________拼　□联单_______联

2. 报关所需资料审核：

换单单证是否齐全：□齐全　　□不齐全，需补充单证：______________

报检单证是否齐全：□齐全　　□不齐全，需补充单证：______________

报关单证是否齐全：□齐全　　□不齐全，需补充单证：______________

经营单位有效期限：□有效　　□超期

3. 信息确认

A. 换单信息确认：正本提单□　　电放□

B. 报检信息确认：

经营单位国检备案号 __________

是否法检 ________________　包装种类 ______________________

是否有木质包装 _____________　是否有 IPPC 标识 ________________

涉及调离的是否已提供流向地址、国检局、联系人、电话 ______________

是否涉及 3C______________　产品符合性声明 _________________

C. 报关信息确认：

是否双抬头 _______________　贸易方式 ______________________

商品编码审核 ______________　监管证件 ______________________

商品申报要素 ______________

原产国 ____________________　境内目的地____________________

是否有原产地证 _____________　是否享受优惠贸易协定税率 ________

是否需要转船证明 ___________

成交方式 __________________　运费、保费发票 _________________

是否有保险单及信用证 _________　是否有付汇证明 _________________

设备新旧状态 _____图片、说明书 _____ 申报价格提醒（运用海关估价的办法）

税款缴纳方式　　□客户网上支付　　□公司代缴　　□柜台支付

其他确认信息内容 ___________

二、制单岗位　　　操作人：　　　　　　　　操作时间：

□需补充确认的信息：

□已根据原始单据及整理岗位确认的信息进行了录入，逻辑审核通过，上传数据。

三、复核岗位　　　操作人：　　　　　　　　操作时间：

□需补充确认的信息 __________

□复核表内容与原始单证不符，需改单 __________

□已与原始单证数据核对无误，并进行了逻辑复核，可发送报关单数据。

四、相关工作操作　　　执行人：

报关进程、差错、异常跟踪记录：________________

给放行条时查询是否解锁。

商检场外查验和卫生处理提醒。

审核进口报关时需注意税率适用。

任务二　法检货物入境通关作业

任务导入

八达进出口公司与澳大利亚公司达成协议，进口一批无乳糖配方婴儿奶粉（商品编号2106.9090）在国内销售。委托AEO高级认证企业四通物流报关有限公司代理报关。四通物流报关有限公司报关人员李铭同，整理代理报关所需单证，完成理单工作后，接下来如何在国际贸易单一窗口完成进口货物申报工作呢？

相关知识

一、出入境检验检疫制度

根据国务院机构改革方案，自2018年4月20日起，国家质量监督检验检疫总局的出入境检验检疫管理职责和队伍划入海关总署。在这一背景下，实施对入境商品检验检疫监管，对于新海关履行安全准入职能是至关重要的。对于商界而言，面对国内庞大的市场需求，应将建立稳定、高效、安全、合规的供应链体系。

1. 法定检验

法定检验是指出入境检验检疫机构对列入目录的进出口商品以及法律、行政法规规定须经出入境检验检疫机构检验的其他进出口商品实施检验。

（1）我国出入境检验检疫制度实行目录管理，即国家质量监督检验检疫总局根据对外贸易需要，公布并调整《出入境检验检疫机构实施检验检疫的进出境商品目录》（以下简称《法检目录》）。该目录所列明的商品属于法定检验商品，即国家规定实施强制性检验的某些进出境商品。有些没有列入法检目录的商品，依据相关法律、行政法规规定属于法定检验的范围，应按照规定办理报检手续，如成套设备、用作原料的固体废物、旧机电产品、退运货物、进口拼箱货物、危险化学品等。

（2）对于法定检验以外的进出境商品是否需要检验，由对外贸易当事人决定。对外贸易合同约定或者进出口商品的收发货人申请检验检疫时，出入境检验检疫机构可以接受委托，实施检验检疫并制发证书。此外，出入境检验检疫机构对法检以外的进出口商品，可以采用抽查的方式予以监督管理。

（3）对关系国计民生、价值较高、技术复杂或重要环境及卫生、疫情标准的重要进出口商品，收货人应当在对外贸易合同中约定在出口装运前进行预检验、监造或监装，以及保留货到后最终检验和索赔的条款。

2. 出入境检验检疫制度的组成

出入境检验检疫制度内容包括：进出口商品检验制度、进出境动植物检疫制度以及国境卫生监督制度。

（1）进出口商品检验制度。根据《中华人民共和国进出口商品检验法》及其实施条例的规定，海关总署主管全国进出口商品检验工作。进出口商品的口岸、集散地的出入境检验检疫机构对商品进行品质、质量检验和监督管理的工作。

商品检验机构实施进出口商品检验的内容，包括商品的质量、规格、数量、重量、包装以及是否符合安全、卫生要求。我国商品检验的种类分为四种，即法定检验、合同检验、公正鉴定和委托检验。对法律、行政法规规定有强性标准或者其他必须执行的检验标准的进出口商品，依照法律、行政法规定的检验标准检验；法律、行政法规未规定有强制性标准或者其他必须执行的检验标准的，依照对外贸易合同约定的检验标准检验。

（2）进出境动植物检疫制度。进出境动植物检疫制度是根据《中华人民共和国进出境动植物检疫法》及其实施条例的规定，海关总署及其口岸出入境检验检疫机构对进出境动植物、动植物产品的生产、加工、存放过程实行动植物检疫的进出境的监督管理制度。我国实行进出境检验检疫制度的目的是为了防止动物传染病、寄生虫病和植物危险性病、虫、杂草以及其他有害生物传入、传出国境，保护农、林、牧、渔业生产和人体健康，促进对外经济贸易的发展。实施动植物检疫监督管理的方式有：实行注册登记、疫情调查、检测和防疫指导等。

（3）国境卫生监督制度。根据《中华人民共和国国境卫生检疫法》及其实施细则以及国家其他的卫生法律法规和卫生标准，在进出口口岸对出入境的交通工具、货物、运输容器以及口岸辖区的公共场所、环境、生活措施、生产设备进行卫生检查、鉴定、评价和采样检验的制度。

二、法定检验商品“单一窗口”作业流程

1. 进口申报

涉及法定检验检疫要求的进口商品，企业可通过“单一窗口”报关报检合一界面向海关一次申报，随附单证栏无须填写代码A及15位检验检疫编号。

如需使用“单一窗口”单独报关报检界面或报关报检企业客户端申报的，即先报检后报关，企业应当在报关单随附单证栏中填写。“随附单证代码”：A（原入境货物通关单，现改为检验检疫电子回执）；“随附单证编号”：检验检疫电子回执的检验检疫编号。

2. 出口申报

根据海关总署2018年第89号《关于优化出口货物检验检疫监管的公告》，实施出口检验检疫的货物，企业应当先申请出口申报前检验检疫监管（即进行原报检单填报操作，系统生成15位报检号，如218000001993460），获取电子底账，再进行报关操作，在报关单随附单证栏中填写。“随附单证代码”：B（原出境货物通关单，现改为电子底账）；“随附单证编号”：18位电子底账数据号（例如：下图的“470800218108614000”）。

2018/06/01

出境电子报检受理凭条

218000001993460

报检号: 218000001993460

[redacted]物流报关有限公司(报检单位登记号:[redacted]910119)贵单位检验的:

木相架SXA　4414009090(P/Q)　深圳市宝安区　12782千克　[redacted]93美元　4828纸箱

报检号【218000001993460】已经生成电子底账数据，电子底账数据号为【470800218108614000】，请到【深圳海关】办理报关

报检号: [218000001993460]已被评定为合格，请您与【宝安局本部】签证部门联系通关证或换证凭单等放行相关事宜，联系电话: 27591981。

关 检 融 合

3. 其他情况

对入境动植物及其产品，在运输途中需提供运递证明的，出具纸质《入境货物调离通知单》；对出口集中申报等特殊货物，或者因计算机、系统等故障问题，根据需要出具纸质《出境货物检验检疫工作联系单》。

三、电子数据报关申报

全国海关的全部通关业务现场已全面施行通关作业无纸化申报。通关作业无纸化是指海关以企业分类管理和风险分析为基础，按照风险等级对进出口货物实施分类，运用信息化技术改变海关验核进出口企业递交纸质报关单及随附单证办理通关手续的做法，直接对企业通过国际贸易"单一窗口"或"互联网+海关"录入申报的报关单及随附单证的电子数据进行无纸审核、验放处理的通关作业方式。

1. 申报地点

全国通关作业一体化全面启动后，进出口企业可在任一海关进行申报，即企业可根据实际需要，自主选择在货物进出口口岸报关、企业属地报关或其他海关报关，除必须进行转关操作的进出口货物以外，均可实现一体化作业模式申报。

（1）口岸海关报关。口岸海关报关即报关企业向货物实际进出境地海关办理报关手续，如货物涉及查验，由货物进出境地海关实施查验。

以一般贸易方式进出口钻石的（税目71. 02、71. 04、71. 05项下，工业用钻石及加工贸易方式项下除外），应当在上海钻石交易所海关办理进出口报关手续，加工贸易项下钻石转内销的，也应当参照一般贸易方式在上海钻石交易所海关办理报关手续。

汽车整车限定在大连、天津、上海、广州、深圳、青岛、福州、满洲里、阿拉山口等口岸海关申报。

进口药品和进口麻醉药品、精神药品、蛋白同化制剂、肽类激素指定在北京、天津、上海、大连、青岛、成都、武汉、重庆、厦门、南京、杭州、宁波、福州、广州、深圳、珠海、海口、西安、南宁19个城市直属海关所辖的所有口岸及苏州工业园区申报。国家药品监督管理局规定的生物制品以及首次在中国境内销售的药品和国务院规定的其他药品指定在北京、上海和广州3个口岸海关申报进口。

（2）属地海关报关。属地海关报关即报关企业向企业主管地海关办理报关手续。

（3）在除口岸及属地海关外其他海关报关。采用该种报关方式的进出口企业较少，适用于有特殊需要的进出口企业。

例如，以保税货物、特定减免税货物和暂准进境货物申报进境的货物，因故改变使用目的从而改变性质转为一般进口时，进口货物的收货人或其代理人应当在货物所在地的主管海关申报。

2. 申报期限

进口货物的收货人、受委托的报关企业应当自运输工具申报进境之日起14日内，向海关申报。

进口转关运输货物的收货人、受委托的报关企业应当自运输工具申报进境之日起14日内，向进境地海关办理转关运输手续，有关货物应当自运抵指运地之日起14日内向指运地海关申报。

进口货物的收货人超过规定期限向海关申报的，由海关征收滞报金。

进口货物自装载货物的运输工具申报进境之日起超过3个月仍未向海关申报的，货物由海关提取并依法变卖。对属于不宜长期保存的货物，海关可以根据实际情况提前处理。

3. 申报日期

进出口货物收发货人或其代理人的申报数据自被海关接受之日起，其申报的数据就产生法律效力，即进出口货物收发货人或其代理人应当承担如实申报、如期申报的法律责任。因此，海关接受申报数据的日期非常重要。

申报日期是指申报数据被海关接受的日期。不论以电子数据报关单方式申报，还是以纸质报关单方式申报，海关以接受申报数据的日期为接受申报的日期。

先采用电子数据申报，后提交纸质报关单，或者仅以电子数据报关单方式申报的，申报日期为海关计算机系统接受申报数据时记录的日期，该日期将反馈给原数据发送单位，或公布于海关业务现场，或通过公共信息系统发布。

电子数据报关单经海关计算机检查被退回的，视为海关不接受申报，进出口收发货人或其代理人应当按照要求修改后重新申报，申报日期为海关接受重新申报的日期。

海关已接受申报的报关单电子数据，人工审核确认需要退回修改的进出口货物收发货人、受委托的报关企业应当在10日内完成修改并且重新发送报关单电子数据，申报日期仍为海关接受原报关单电子数据的日期；超过10日的，原报关单失效，进出口货物收发货人、受委托的报关企业应当另行向海关申报，申报日期为海关再次接受申报的日期。

4. 申报单证

保税加工贸易及其他保税类货物进口报关必备单证为发票、进口许可证件、加工贸易手册（账册）、代理报关授权委托协议等。对于合同、装箱清单、提（运）单等随附单证，企业在申报时可不向海关提交，海关审核时如需要再提交。

非保税加工贸易及其他保税类货物进口报关必备单证为合同、发票、进口许可证件、代理报关授权委托协议等。对于装箱清单、提（运）单等随附单证，企业在申报时可不向海关提交，海关审核时如需要再提交。

四、缴纳税款与自报自缴申报

“自报自缴”是指进出口企业、单位向海关申报报关单及随附单证、税费电子数据，并自行缴纳税费的行为。“自报自缴”改变了原有的“先审核后放行”的作业模式，实现了货物放行时间提前，海关转为全流程抽查，进一步缩短了货物通关时间，降低了企业贸易成本。

涉及公示定价、特案报关单等特殊种类货物以及有纸形式申报的，暂不适用自报自缴模式。

进出口税费是指在进出口环节中由海关依法征收的关税、消费税、增值税等税费。依法征收税费是海关的任务之一。依法缴纳税费是有关纳税义务人的基本义务。进出口税费征收的法律依据主要是《中华人民共和国海关法》《中华人民共和国进出口关税条例》及其他有关法律、行政法规。

五、海关查验

1. 海关查验概述

在现场通关作业时，对于海关系统或人工下达的布控查验、实货验估指令，海关查验关员会在区别查验指令属性后，按照细化的查验要求实施查验。

查验是国家赋予海关的一种依法行政的权力。通过对进出口货物按一定比例实施查验，核对实际进出口货物与报关单证来验证申报环节所申报的内容与查验的单、货是否一致，有无瞒报、伪报和申报不实等走私违规事情或其他进出口问题。海关通过查验为征税、统计和后续管理提供可靠的监管依据。配合查验是进出口货物收发货人或其代理人的义务。

2. 海关查验的类型

海关查验包括安全准入查验和验估查验。海关对存在禁限管制、侵权、品名规格数量伪瞒报等风险，以及情报反映存在走私违规嫌疑的货物依法进行安全准入查验；海关对存在归类、价格、原产地等税收风险的货物依法进行验估查验。

为贯彻国务院“双随机、一公开”（在监管过程中随机抽取检查对象，随机选派执法检查人员，抽查情况及查处结果及时向社会公开）的监管要求，部分海关开始试行“双随机、全隔离”的创新查验方式，给企业创造公平公正、廉洁高效的进出境通关环境。

3. 查验的时间与地点

报关人员接到查验通知后，应首先到查验场地办理查验货物进场手续，在确认货物抵达查验场地后，向海关预约查验时间。海关查验一般安排在海关监管区内的指定场地进行。报关人员在接受海关查验前应确认待查验货物的准确位置及堆放地点。当海关通知查验时，报关人员应及时到达指定的查验作业区配合海关查验。对易受温度、静电、粉尘等因素影响及其他特殊原因不宜在口岸海关监管区实施查验的进出口货物，企业可向主管地海关（进口为指运地海关，出口为启运地海关）申请，经批准后可异地查验。

4. 损坏货物索赔

对于查验过程中由于海关工作人员责任造成的货物损失，报关人员可以要求海关就货物损坏的实际情况进行赔偿。根据规定，海关赔偿的范围为进出口货物直接的经济损失，间接经济损失不在海关赔偿的范围之内。

六、海关放行与提取货物

1. 海关放行

经风险处置后的报关单，由系统自动研判放行。对符合放行条件的，海关放行信息自动发送至卡口，企业根据海关的放行信息，办理实货提离手续；对不符合放行条件的，企业根据海关要求办理相关手续。

除转入申报地海关综合业务、验估及税收征管中心、风险防控中心进行风险处理的报关单外，未被任何风险参数捕中的报关单，按照全国通关一体化改革方案自动通过风险分流环节直接予以放行（应缴费报关单缴纳相应税费后放行）。

新通关模式下，海关将涉税要素的风险排查与处置，置于货物放行之后，报关单放行后进行批量复核、风险排查。由此，海关在货物放行后实施后续核查（单证验核或实地核查）将成为新常态。

2. 进口提货作业

（1）确认船舶到港信息。确认船舶到港信息后，货主或其代理人可持提货单交场站办理相应手续。

（2）码头缴费。提取货物前，需按照要求缴纳相应港口费用，并办妥场站所有手续。同时，按照车辆情况和码头提货计划表，预约提货时间。

（3）持出卡口证明，将进口货物运离海关卡口。在全国通关一体化方式下，凭海关电子放行信息办理货物出场手续，实现卡口自动核放；纸质放行模式下报关人员凭盖有海关放行章的提货凭证，换发场站签发的出卡口证明，将进口货物运离海关卡口。

七、海关结关

进口货物申报后，如果不涉及税费或者税费已经实际支付的，货物放行后系统会立刻结关；税费尚未支付的，如汇总征税货物，在次月税金支付后才能结关。

结关后，根据海关总署和国家外汇管理局、国家税务总局的电子信息交换规则：外汇管理A类企业，由海关总署系统自动向中国电子口岸发送进口付汇联电子信息，然后由中国电子口岸转发给国家外汇管理局。外汇管理B、C类企业不适用上述规则，仍然需要向申报海关申请打印进口付汇联再办理结汇手续。

八、进口食品通关

1. 基本流程

收发货人备案（首次进口食品需要进行境外出口商或代理商、境内进口商、境外生产企业信息备案，备案网址为http：//ire.customs.gov.cn）、标签备案、中文标签审核、换单（海运提单换取提货单）、食品预包装外粘贴中文标签、单一窗口报关报检一次申报、口岸海关逐批审核单证和现场查验、海关放行。

2. 法律依据

（1）《进出口食品安全管理办法》（质检总局令第144号）。

（2）《进口食品进出口商备案管理规定》及《食品进口记录和销售记录管理规定》。

（3）《进出口预包装食品标签检验监督管理规定》（质检总局2012年第27号公告）。

（4）《关于运行进口预包装食品标签管理系统公告》（质检总局2011年第59号公告）。

（5）《关于进口预包装食品标签管理系统正式运行有关事项的补充通知》（质检食函〔2011〕138号）。

（6）《关于进一步加强从日本进口食品农产品检验检疫监管的公告》（质检总局2011年第44号公告）。

（7）《关于调整日本输华食品农产品检验检疫措施的通知》（国质检食函〔2011〕411号）。

（8）《有机产品认证管理办法》（质检总局令第155号）。

（9）《进出境转基因产品检验检疫管理办法》（质检总局令第62号）。

（10）《关于日本启用新版输华食品食用农产品及饲料原产地证明的通知》（质检食函〔2015〕91号）。

3. 所需单证

（1）贸易类：合同、发票、装箱单、提运单。

（2）监管类：预包装食品提供中文标签样张和标签备案号；进口食品信息申报清单，内容应包括品名、品牌、原产国（地区）、规格、数（重）量、总值、生产日期（批号）及国家质检总局规定的其他内容，并与报检信息一致。没有品牌、规格的，应当标明“无”；国内收货人、国外出口商或代理商在质检总局备案号及该收货人上一批食品进口和销售记录；检验检疫类别为“P”的产品需提供出口国家或者地区政府主管部门出具的植物检疫证书；原产国为日本的产品需提供日本官方出具的原产地证明（部分产品需提供放射性物质检测合格证明）。

（3）其他类：合格保证、代理报关委托书（仅限代理报关适用）。

知识拓展

中华人民共和国番禺海关行政处罚决定书

当事人：广州市番禺区中医院

2018年7月9日，你（单位）以公开招标方式从广州白云国际机场进口属于法定检验商品移动式C形臂X射线机一台，货值518 812元。该货物运抵目的地后，你（单位）未经检验擅自使用。

以上行为有入境货物报检单及随附单证、产品购销合同、现场调查笔录等材料为证。

根据《中华人民共和国进出口商品检验法实施条例》第四十三条的规定，决定对你（单位）作出如下行政处罚：罚款人民币34000元。

中华人民共和国番禺海关

2019年10月8日

（资料来源：中华人民共和国广州海关http：//www.customs.gov.cn/guangzhou_customs/sy6/index.html）

知识巩固

一、不定项选择题

1. 某公司进口一批货物，载货运输工具于2019年7月8日申报进境，次日该公司向海关申报电子数据被系统退单。经确认相关信息，该公司于7月10日重新向海关发送申报电子数据并于当日收到电子放行回执信息，7月11日向海关提交纸质报关单，该批货物的申报日期是（　）。

   A. 7月8日　B. 7月9日　C. 7月10日　D. 7月11日

2. 进口货物在运输工具申报进境之日起超过（　）个月未向海关申报，海关可依法提取变卖。

   A. 1　B. 2　C. 3　D. 4

3. 海关同意申报前看货取样的情形有（　）。

   A. 通过外观无法确定货物的品名　B. 通过外观无法确定货物的规格

   C. 通过外观无法确定货物的成分　D. 通过外观无法确定货物的申报价

4. 报关员小张在海关监管区配合海关查验一批进口导航仪，在查验过程中海关查验关员不慎将货物损坏。在这种情况下，小张可要求海关出具（　），以确认货物损坏情况。

   A.《海关进出境货物（物品）化验取样记录单》

   B.《海关损坏货物、物品赔偿通知单》

   C.《海关进出口货物鉴定书》

   D.《海关查验货物、物品损坏报告书》

5. 关于配合海关查验过程中发生的货物损坏索赔的表述，正确的是（　）。

   A. 由于海关工作人员责任造成货物损坏，可要求海关赔偿货物的直接和间接经济损失

   B. 海关赔偿的范围包括在海关查验之前或之后发生的损失或损坏

   C. 海关赔偿的范围应包括货物在查验过程中出现的正常磨损

   D. 海关赔偿的范围不包括易腐、易失效货物在海关正常的工作时间内造成的变质或失效

6. 海关确定查验某公司申报出口冷冻食品一批，该公司查验前准备工作包括（   ）。

A. 到查验场地办理货物进场

B. 向海关预约查验时间

C. 确认货物对拆装环境的要求

D. 可以请查验人员和检验检疫人员同时进行查验

7. 进口税费的电子支付基本流程正确的是（   ）。

A. 报关单电子审结后，海关系统会自动向支付平台发送税费信息

B. 企业应通过支付平台发送税费预扣的指令

C. 现场海关税单打印成功后，银行才进行实扣税款的操作

D. 无纸化通关模式下，税费预扣成功，海关即可办理放行手续

二、思考题

某企业申报了一票自动进口许可证的货物被退单，退单原因提示“退单或入库失败，自动进口许可证不可用或者填制不规范（无自动进口许可证表头相关数据）”。纸质许可证编号为13-39-S70042，报关人员按照该单证信息录入（录入随附单证栏，编号为13-39-S70042），但是仍然退单，请问是什么原因？

技能实训

根据任务导入的业务背景资料以及任务本项目任务一“能力提升”单据内容，查找单一窗口进口申报界面的错误栏目。

报关单录入/申报（进口）——未暂存状态

申报地海关		操作员		单位		海关十位编码	

统一编号					预录入编号						
海关编号					进口口岸						
备案号【1】					合同协议号						
进口日期					申报日期						
境内收发货人	18位社会信用代码	10位海关代码 10位检验检疫编码			八达进出口公司						
境外收发货人	境外发货人AEO认证编码				MTTSUBISHI AUSTRALIA LIMITTED						
消费使用单位	18位社会信用代码	10位海关代码 10位检验检疫编码			八达进出口公司						
申报单位	18位社会信用代码	10位海关代码 10位检验检疫编码			四通物流报关有限公司						
运输方式【2】	水路运输	运输工具名称	5304550053				航次号				
提运单号		监管方式【3】	一般贸易		征免性质【4】	一般征税		征税比例			
纳税单位		许可证号			启运国（地区）【5】	澳大利亚					
经停港【6】	墨尔本		境内目的地		成交方式【7】	C&F					
运费				保费	3	358.53	USD	杂费			
件数【8】	1000	包装种类			毛重（kg）		净重（kg）				
贸易国（地区）		集装箱号			随附单证			其他事项确认			
报关单类型			备注								
序号	商品编号	备案序号	商品名称		规格	原产国（地区）	数量	单价	币制	总价	征免
1	190110100		婴儿配方奶粉								
商品序号		备案序号		商品编号	1901101000				附加编号		
商品名称	婴儿配方奶粉			规格型号							
成交数量【9】	50	成交单位【10】	吨		成交单价	5000	成交总价	250000	币制【11】	美元	
法定数量【12】	50000	法定单位	千克		版本号		货号		最终目的国（地区）		
第二数量		第二单位			原产国（地区）【13】	澳大利亚	征免【14】	照章征税			

集装箱号	规格	自重（KG）
集装箱号		
BSIU4043456		
集装箱规格		
普通2*标准箱（L）		
自重		
代码	随附单证代码	
随附单证代码【15】		
7		
随附单证编号【16】		
20-20-NT2931		
关联报关单		
关联备案		
保税/监管场所		
货场代码		

能力提升

某公司进口一批健身器材，根据以下单据，在单一窗口进行进口报关申报操作，随附单证代码栏应录入（　），随附单证编号栏应录入（　）。

进口审结通知书

××报关有限公司

你单位申报的货物（预录入号020220181000224565）。于2020年12月04日业经审核，请即向新港海关海关部门交单办理海关手续。

特此通知

：，，（适用自报自缴）；检验检疫编号：[118000008602645]，为非法检检验检疫申请单，系统已自动放行！特别提示请凭检验检疫编号[118000008602645]办理报关！特别提示：请凭检验检疫编号118000008602645办理报关。

新港海关审单中心

2020年12月04日

任务三　货物出境通关作业

任务导入

佛山新港针织服装公司与彪马集团有限公司达成协议，获得该公司品牌授权，负责加工生产和出口一批彪马品牌服装。佛山新港针织服装公司按计划完成生产，委托四通物流报关有限公司代理该笔业务的出口报关。四通物流报关有限公司报关人员李铭同，如何在国际贸易单一窗口完成该票出口货物申报工作呢？

相关知识

一、出口电子数据申报

1. 申报地点

出口麻黄素类产品指定在北京、天津、上海、深圳四个口岸海关申报。其他相关知识可参考本项目任务二法检货物入境通关作业“电子数据报关申报”中“申报地点”的相关内容。

2. 申报期限

出口货物发货人、受委托的报关企业应当在货物运抵海关监管场所后、装货的24小时前向海关申报。

经电缆、管道或其他特殊方式进出境的货物，进出口货物收发货人或其代理人按照海关规定定期申报。

3. 申报单证

企业向海关申报出口货物报关单时，需提交出口许可证件、代理报关授权委托协议等，对于合同、发票、装箱清单、载货清单（舱单）等随附单证，企业在申报时可不提交，海关审核时如需要再提交。

二、出口装货作业

出口报关企业须向海关申报报关单数据、货物运抵报告。海关进行风险排查，低风险货物由系统自动放行，高风险货物转为人工审核或现场核查，核查通过后放行。海关放行后，方可安排货物的出口装运。

（1）获取海运出口货物运抵管理信息。根据海关规定，海关对申报出口货物实行运抵报告管理，否则不得办理货物放行手续。出口单位应向监管场所确认货物运抵报告已发送。

（2）场站实际装运货物。出口货物放行后，报关人员凭海关电子放行指令运送货物到场站，由场站安排出口货物装运。

（3）海关放行后，因故未实际全部装运或部分装运，需到海关办理退关或修改报关单手续。

三、出口结关

出口货物申报后，一线出口货物（实际出境货物）需要等待货物实际离开关境后，由承运人向海关发送舱单“理货正常”状态，并通过海关后续检查，方可结关。对于二线出口货物［离开海关特殊监管区域（场所）无实际进出境］，放行后通过海关后续检查，方可结关。

需要退税的报关单，由海关总署系统自动向中国电子口岸发送出口退税联电子信息，再由电子口岸转发给国家税务总局。

四、知识产权备案

（1）知识产权海关保护。知识产权海关保护是指海关对与进出口货物有关并受中华人民共和国法律、行政法规保护的商标专用权、著作权和与著作权有关的权利、专利权（以下统称知识产权）实施的保护。

进口货物的收货人或者其代理人、出口货物的发货人或者其代理人应当按照国家规定，向海关如实申报与进出口货物有关的知识产权状况，并提交有关证明文件（如品牌授权书）。

（2）知识产权备案。知识产权权利人可以依照本条例的规定，将其知识产权向海关总署申请备案；申请备案的，应当提交申请书。申请书应当包括下列内容：

① 知识产权权利人的名称或者姓名、注册地或者国籍等。

② 知识产权的名称、内容及其相关信息。

③ 知识产权许可行使状况。

④ 知识产权权利人合法行使知识产权的货物的名称、产地、进出境地海关、进出口商、主要特征、价格等。

⑤ 已知的侵犯知识产权货物的制造商、进出口商、进出境地海关、主要特征、价格等。

知识产权海关保护备案自海关总署准予备案之日起生效，有效期为10年。

（3）侵权货物处理。被扣留的侵权嫌疑货物，经海关调查后认定侵犯知识产权的，由海关予以没收。海关没收侵犯知识产权货物后，应当将侵犯知识产权货物的有关情况书面通知知识产权权利人。被没收的侵犯知识产权货物可以用于社会公益事业的，海关应当转交给有关公益机构用于社会公益事业；知识产权权利人有收购意愿的，海关可以有偿转让给知识产权权利人。被没收的侵犯知识产权货物无法用于社会公益事业且知识产权权利人无收购意愿的，海关可以在消除侵权特征后依法拍卖，但对进口假冒商标货物，除特殊情况外，不能仅清除货物上的商标标识即允许其进入商业渠道；侵权特征无法消除的，海关应当予以销毁。

思政园地

2020年4月26日是第二十个世界知识产权日，深圳海关召开新闻发布会，介绍该关2019年知识产权海关保护的有关情况。2019年深圳海关共采取知识产权保护措施7473次，实际扣留进出口侵权嫌疑货物6104批，同比增长198. 6%，扣留涉嫌侵权货物1398. 3万件，共对包括中国在内的23个国家和地区的242家企业的1138项知识产权实施保护。

自2019年7月1日起，深圳海关开展了为期6个月代号“龙腾行动2019”的知识产权保护专项行动。专项行动期间，深圳海关针对不同运输渠道、不同贸易形态侵权特点，精准施策、精确发力，加强培塑出口知识产权优势企业，有效保护外商投资企业合法权益，打击震慑进出口环节侵权违法行为，维护公平有序的进出口贸易秩序。

2019年1月2日，云南某公司向深圳海关隶属深圳湾海关申报出口“荣耀”牌智能手机3040台。海关经查验发现，该批货物品牌标识模糊，存在较大侵权嫌疑。权利人经现场鉴定确认，该批手机侵犯其在海关总署备案的“荣耀”商标权，案值逾340万元。海关依法扣留涉嫌侵权货物并立案调查。

知识巩固

一、不定项选择题

1. 可以向我国海关申请备案保护的知识产权包括（　）。

A. 商标专用权　　B. 著作权和与著作权有关的权利

C. 专利权　　D. 奥林匹克标志专有权

2. 知识产权权利人要求海关扣留不足人民币2万元的货物的，应提供（　）的担保。

A. 1万元　　B. 相当于货物价值

C. 相当于货物价值50%　　D. 2万元

二、判断题

1. 中国海关对知识产权的保护划分为“依申请保护”和“依职权保护”两种模式。（　）

2. 知识产权海关保护备案自海关总署核准备案之日起生效，有效期为5年。（　）

技能实训

（1）根据本项目任务三背景资料，阅读以下单证（商业发票以及花色码单）内容，填制“单一窗口”出口申报界面的相关栏目。

① 商业发票。

FOSHAN XIN KNITTING CO., LTD.
Industry Park,Baixi,Hegang,
Xiqiao,Nanhai District,Foshan,Guangdong,China
COMMERCIAL INVOICE

相关注释

TO:M/S PUMA Korea Limited

NO: 12KD66
DATE: 30-Dec-12
T/T PAYMENT
T/T PAYMENT DUE DATE:10-Mar-13
Docus despatch date:10-Jan-13

FROM: GUANGZHOU, CHINA TO: KOREA

ORDER NO.	STYLE NO.	DESCRIPTIONS	QTY	UNIT PRICE USD	AMOUNT USD
TR123548	825484-07	Mens 100% Cotton Sports Casual Stripped Polo	1016 PCS		
TR123549	825484-12	Mens 100% Cotton Sports Casual Stripped Polo	815 PCS		
TR123865	825631-01	Womens 100% Large Logo Tee	923 PCS		
TR123864	825631-05	Womens 100% Large Logo Tee	1130 PCS		
TR123867	825631-02	Womens 100% Large Logo Tee	1033 PCS		
TR123866	825631-10	Womens 100% Large Logo Tee	930 PCS		
	TOTAL:		5847 PCS	USD	

DEDUCT 0.5% DEFECTIVE RETURN USD
TOTAL AMOUNT USD

BENEFICIARY 'S BANK:INDUSTRIAL AND COMMERCIAL BANK OF CHINA FOSHAN BRANCH
ADD:Foshan, Guangdong, China
ACCOUNT NAME: FOSHAN KNITTING CO., LTD.
A/C NO:0219024588940
SWIFT CODE:ICBKCNBJGDG

PAGE1/1

② 装箱单（花色码单）（a）。

FOSHAN KNITTING CO.,LTD.
Industry Park,Baixi,Hegang,
Xiqiao,Nanhai District,Foshan,Guangdong,China

TO: PUMA Korea Limited

Date: 30-Dec-12
Inv.12K066
T/T PAYMENT

Seoul, 156-714, Korea

Descript of Goods:1831 PCS. OF Men's 100% Cotton Sports Casual Stripped Polo

ORDER NO.TR123548 STYLE NO.825484

CTN NO.	COLOR NO.	SIZE					CTN QTY	NO.OF CTNS	TIL QTY	CTN G.W.		CTN N.W.		CTN MEASUREMENT						
		S	M	L	XL	XXL														
1-9	07		34				34	9	306	5.8	KGS	5.1	KGS	40	×	30	×	30	CM	
10-20	07			34			34	11	374	5.8	KGS	5.1	KGS	40	×	30	×	30	CM	
21-29	07				34		34	9	306	7.5	KGS	6.8	KGS	40	×	30	×	30	CM	
30-30	07		10				10	1	30	5.8	KGS	5.1	KGS	40	×	30	×	30	CM	
	07			20			20													

TOTAL: 30 CARTONS 1016 PCS GR. WT; 189.3 KGS NET WT: 168.3 KGS 1.08 CBM

TOTAL COLOR, SIZE AND QUANTITY BREAKDOWN

③ 装箱单（花色码单）（b）

ORDER NO.TR123548

STYLE NO.	COLOR NO.	SIZE		M	L	XL			TOTAL:PCS
825484	07			316	394	306			1016
TOTAL:(PCS)									1016

ORDER NO.TR123549 STYLE NO.825484

CTN NO.	COLOR NO.	SIZE S	M	L	XL	XXL	CTN QTY	NO.OF CTNS	TIL QTY	CTN G.W.		CTN N.W.		CTN MEASUREMENT					
1–7	12		34				34	7	238	5.8	KGS	5.1	KGS	40	×	30	×	30	CM
8–16	12			34			34	9	306	5.8	KGS	5.1	KGS	40	×	30	×	30	CM
17–23	12				34		34	7	238	7.5	KGS	6.8	KGS	40	×	30	×	30	CM
24–24	12		4				4	1	33	5.8	KGS	5.1	KGS	40	×	30	×	30	CM
	12			32			22												
	12				7		7												

TOTAL: 24 CARTONS 815 PCS GR. WT: 151.1 KGS NET WT: 134.3 KGS 0.864 CBM

TOTAL COLOR, SIZE AND QUANTITY BREAKDOWN

ORDER NO.TR123549

STYLE NO.	COLOR NO.	SIZE		M	L	XL			TOTAL:PCS
825484	12			242	328	245			815
TOTAL:(PCS)									815

Descript of Goods:4016 PCS. OF Women's 100% Large Logo Tee

ORDER NO.TR123865 STYLE NO.825631

CTN NO.	COLOR NO.	SIZE S	M	L	XL	XXL	CTN QTY	NO.OF CTNS	TIL QTY	CTN G.W.		CTN N.W.		CTN MEASUREMENT					
1–4	01	56					56	4	224	7	KGS	6.3	KGS	40	×	30	×	30	CM
5–10	01		55				56	6	336	7	KGS	6.3	KGS	40	×	30	×	30	CM
11–15	01			56			56	5	280	7	KGS	6.3	KGS	40	×	30	×	30	CM
16–16	01	31					31	1	31	7	KGS	6.3	KGS	40	×	30	×	30	CM
17–17	01		26				26	1	52	7	KGS	6.3	KGS	40	×	30	×	30	CM
	01			26			26												

TOTAL: 17 CARTONS 923 PCS GR. WT: 119 KGS NET WT: 107.1 KGS 0.612 CBM

TOTAL COLOR, SIZE AND QUANTITY BREAKDOWN

ORDER NO.TR123865

STYLE NO.	COLOR NO.	SIZE	S	M	L				TOTAL:PCS
825631	01		255	362	306				923
TOTAL:(PCS)									923

ORDER NO.TR123865 STYLE NO.825631

CTN NO.	COLOR NO.	SIZE S	M	L	XL	XXL	CTN QTY	NO.OF CTNS	TIL QTY	CTN G.W.		CTN N.W.		CTN MEASUREMENT					
1–4	02	56					56	4	224	7	KGS	6.3	KGS	40	×	30	×	30	CM
5–5	02	55					55	1	55	7	KGS	6.3	KGS	40	×	30	×	30	CM
6–13	02		56				56	8	448	7	KGS	6.3	KGS	40	×	30	×	30	CM
14–17	02			56			56	4	224	7	KGS	6.3	KGS	40	×	30	×	30	CM
18–18	02			45			45	1	45	7	KGS	6.3	KGS	40	×	30	×	30	CM
19–19	02		37				37	1	37	7	KGS	6.3	KGS	40	×	30	×	30	CM

TOTAL: 19 CARTONS 1033 PCS GR. WT: 133 KGS NET WT: 119.7 KGS 0.684 CBM

TOTAL COLOR, SIZE AND QUANTITY BREAKDOWN

ORDER NO.TR123867

STYLE NO.	COLOR NO.	SIZE	S	M	L				TOTAL:PCS
825631	02		279	485	269				1033
TOTAL:(PCS.)									1033

④装箱单（花色码单）（c）。

ORDER NO.TR123864　　　　STYLE NO.825631

CTN NO.	COLOR NO.	SIZE S	M	L	XL	XXL	CTN QTY	NO.OF CTNS	TIL QTY	CTN G.W.	CTN N.W.	CTN MEASUREMENT.
1–5	05	56					56	5	280	7 KGS	6.3 KGS	40×30×30 CM
6–13	05		55				56	8	448	7 KGS	6.3 KGS	40×30×30 CM
14–19	05			56			56	6	336	7 KGS	6.3 KGS	40×30×30 CM
20–20	05	25					25	1	25	7 KGS	6.3 KGS	40×30×30 CM
21–21	05		16				16	1	41	7 KGS	6.3 KGS	40×30×30 CM
	05			25			25					

TOTAL:　21 CARTONS　　1130 PCS　　GR. WT:　147　KGS　NET WT:　132.3　KGS.　　0.756　CBM

TOTAL COLOR, SIZE AND QUANTITY BREAKDOWN

ORDER NO.TR123864

STYLE NO.	COLOR NO.	SIZE	S	M	L				TOTAL:PCS
825631	05		305	464	361				1130
TOTAL:(PCS)									1130

ORDER NO.TR123865　　　　STYLE NO.825631

CTN NO.	COLOR NO.	SIZE S	M	L	XL	XXL	CTN QTY	NO.OF CTNS	TIL QTY	CTN G.W.	CTN N.W.	CTN MEASUREMENT.
1–3	10	56					56	4	168	7 KGS	6.3 KGS	40×30×30 CM
4–10	10		56				56	1	392	7 KGS	6.3 KGS	40×30×30 CM
11–15	10			56			56	8	280	7 KGS	6.3 KGS	40×30×30 CM
16–16	10	38					38	4	38	7 KGS	6.3 KGS	40×30×30 CM
17–17	10		21				21	1	52	7 KGS	6.3 KGS	40×30×30 CM
	10			31			31					

TOTAL:　19 CARTONS　　1033 PCS　　GR. WT:　133　KGS　NET WT:　119.7　KGS　　0.684　CBM

TOTAL COLOR, SIZE AND QUANTITY BREAKDOWN

ORDER NO.TR123866

STYLE NO.	COLOR NO.	SIZE	S	M	L				TOTAL:PCS
825631	10		206	413	311				930
TOTAL:(PCS)									930

⑤“单一窗口”出口申报界面

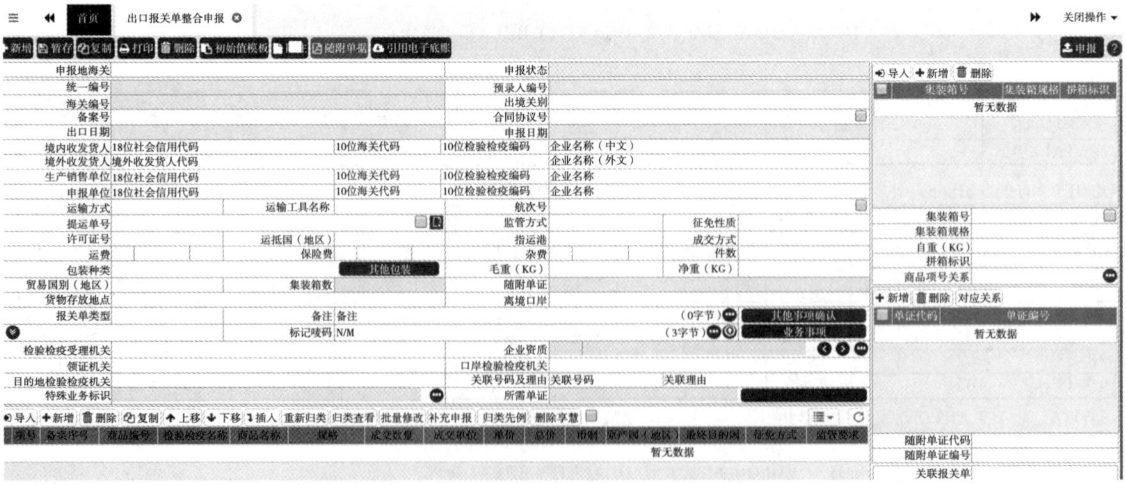

监管方式：__________；征免性质：__________；运抵国（地区）：__________；

件数：__________；商品编号：__________；商品名称：__________。

（2）登录知识产权海关保护备案子系统，查询彪马公司的知识产权备案情况。

相关网址：http：//202.127.48.145：8888/。

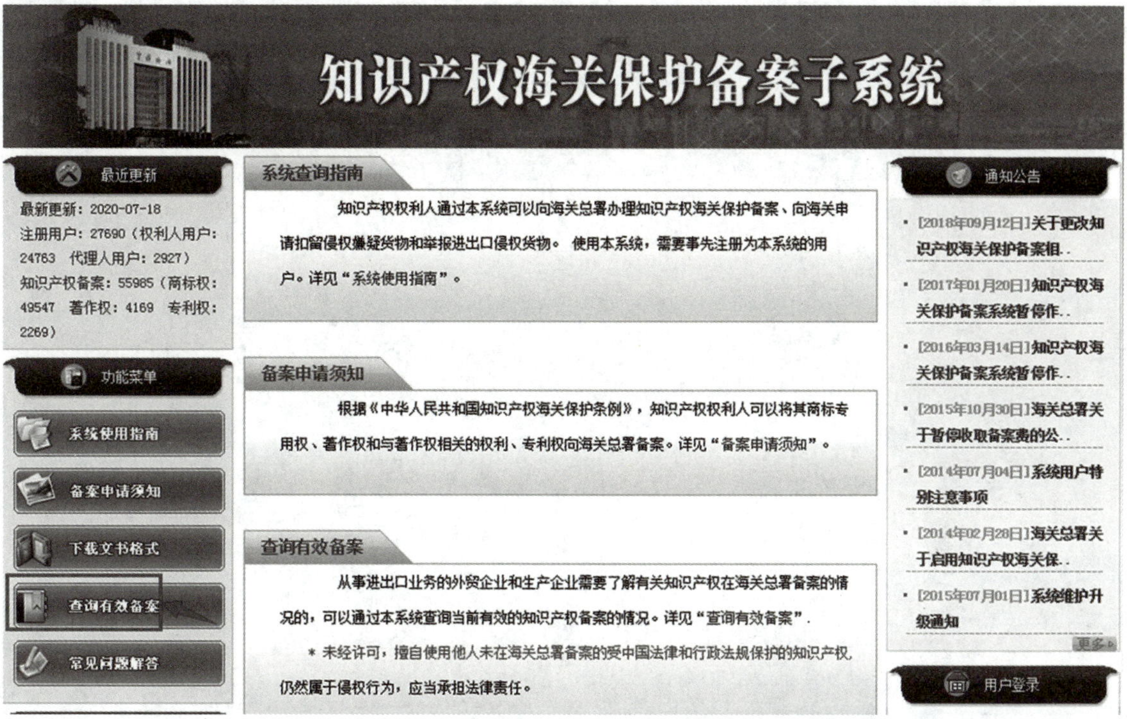

（3）请思考根据本项目任务三背景资料，该笔服装出口通关操作需要提交哪些通关单证？

能力提升

某公司出口一批啤酒，根据以下单据，在单一窗口进行出口报关申报操作时，随附单证代码栏应录入（　），随附单证编号栏应录入（　）。

电子报检受理凭条

报检号：219000000002042

收货人中文：

××××××报关服务有限责任公司 贵单位报检的：

==

朝日啤酒超爽韩国标(免税)	2203000000 R/S	北京市怀柔区	17891.28升	××5.58美元	2259纸箱

(eCiq)检验检疫编号：[219000000002042]被拦截。请您与【北京顺义局本部食品科】联系检验检疫事宜，联系电话：010–58648536。

(eCiq)检验检疫编号：[219000000002042]，请与【北京顺义局本部食品科】联系检验检疫事宜。联系电话：010–58648536。审单结论：实施审单放行。特别提示：将由110500219000003生成电子底账数据号用于报关。

(eCiq)申请检验检疫成功!（进口）统一编号/(出口)检验检疫申请号【121901020824061004/110500219000003E】，已成功接收数据，待审单。

2019年1月2日

项目三

保税加工货物与设备通关

知识目标

- 了解保税货物、保税加工的基本概念及报关程序
- 理解不同类型保税货物在不同监管方式下的报关程序
- 理解保税加工进出口和一般进出口的区别
- 熟悉保税加工的业务经营及物流状况
- 了解海关对保税加工的监管要求
- 了解熟悉电子化手册、电子账册的特点和作业流程
- 理解单耗、净耗、工艺损耗的基本概念
- 理解深加工结转、外发加工、料件内销作业流程
- 理解电子化手册、电子账册核销的作业流程

能力目标

- 能够初步验算备案单耗
- 能够参与金关二期系统加工贸易货物的申报工作
- 能够进行保税核注清单规范申报操作
- 能够参与出口加工区保税货物规范申报操作
- 能够参与加工贸易不作价设备的通关作业实施
- 能够初步判断加工贸易货物核销的风险

素质目标

- 理解保税加工贸易法律法规制度设计背后的价值导向
- 遵守诚信守法、爱岗敬业、务实创新的职业规范
- 具有一定实践创新能力和精益求精的工匠精神，增强自我管理、团队合作与沟通能力

任务一　加工贸易货物通关作业

任务导入

四通物流报关有限公司报关员李铭同接到佛山新连针织服装公司电话咨询，询问接到日本来料加工的订单，是否可以代理办理服装面料及辅料进口、服装成品出口的通关手续。李铭同为了掌握该笔业务的基本操作，积极查找资料，并向同事请教，准备接受任务。

相关知识

一、保税货物

《海关法》关于保税货物的定义是：经海关批准未办理纳税手续进境，在境内储存、加工、装配后复运出境的货物。

根据《海关法》对保税货物所做的定义，保税货物应具有三大特征，即“经海关批准”“监管货物”“应复运出境”。

二、保税加工

保税加工是指经营者经海关批准，对未办理纳税手续进境的货物，进行实质性加工或装配，以及相关配套业务的生产性经营行为。在产业链上体现为来料加工、进料加工等形式。

1. 来料加工与进料加工

来料加工指料件由境外企业提供，经营企业不需要付汇进口，按照境外企业的要求进行加工或者装配，只收取加工费，制成品由境外企业销售的经营活动。该项交易形式，通常由境内有进出口业务经营权的贸易或生产型企业与境外客商通过签订委托加工合同的方式实施。

进料加工指料件由经营企业付汇进口，制成品由经营企业外销出口的经营活动。该项交易形式，通常由境内有进出口业务经营权的贸易或生产型企业与境外客商（进出口对应或非对应）通过签订对口或非对口合同的方式实施。来料加工与进料加工两种保税形式的异同如表3-1所示。

表3-1 来料加工与进料加工对照表

项目	来料加工	进料加工
物权	境外企业	境内经营企业
原料采购	境外企业	境内经营企业
兑付外汇	否	是
保税	是	是
利润来源	加工费	销售利润
营销风险	境外企业	境内经营企业
出口退税政策	增值税不征不退	增值税免抵退税

2. 海关对保税加工的管理

海关对保税加工货物的产、供、销全过程进行监管，主要包括企业管理、手册（账册）设立、货物进出境通关、中后期核查、核销结案。

（1）企业管理。保税加工企业，包括经营企业和加工企业。

经营企业是指负责对外签订加工贸易进出口合同的各类进出口企业和外商投资企业，以及经批准获得来料加工、进料加工经营许可的对外加工装配服务公司。

加工企业是指接受经营企业的委托，负责对进口料件进行加工或者装配，并且具有法人资格的生产企业，以及由经营企业设立的虽不具有法人资格，但是实行相对独立核算并已经办理企业法人营业执照的工厂。

保税加工的经营企业与加工企业，可以是同一家企业，也可以不是。

（2）手册（账册）设立。海关对保税加工设立电子化手册或电子账册两种形式进行管理。

电子化手册以合同管理为单元，其作业流程主要是：企业经营状况即生产能力信息申报、电子化手册设立和变更、电子化手册执行、电子化手册核销。其中电子化手册设立的基本要素包括：料件信息、成品信息、BOM（Bill of Material即物料结构清单，是指产品所需零部件明细表及其结构）信息、商品归类。目前，“电子化手册+自动核算”模式取代传统纸质手册，实现全流程无纸化操作。

电子账册是海关以企业为管理单元，为联网企业建立电子底账的一种监管模式。联网企业只设立一个电子账册。电子账册联网监管模式已成为加工贸易监管方式改革和创新的方向。

电子化手册和电子账册管理方式均采用单耗核销（BOM转单耗）方式。在保税监管制度创新措施中，工单式核销（依据与海关联网的企业ERP工单数据进行核销）成为替代传统单耗核销的一个创新，目前该模式正由天津海关、中国（上海）自由贸易试验区向全国海关进行复制推广。

（3）货物进出境通关。保税加工货物指保税加工项下的进口物料、加工成品，以及加工过程中产生的边角料、残次品、副产品、废料等。这些货物须按海关保税货物监管的规定进口、存储、转让、转移、销售、加工、使用和出口，以及按照规定处置边角料、残次品、副产品、剩余料件，并且办理相关的进出口、外发加工、深加工结转、保税货物退运、保税货物内销征税等报关手续。

（4）中后期核查。在保税加工货物生产过程中或生产完成后，海关按照相关规定到加工企业对保税加工货物的进、出、存以及生产的全过程进行核查。

（5）核销结案。保税加工经营活动完成后，经营企业须在规定的时间内向海关申请报核，办结海关手续后，海关结束对保税加工货物的监管。

3. 监管模式改革

2017年海关总署启动加工贸易监管模式改革，2018年第19号公告《海关总署关于以企业为单元加工贸易监管模式改革扩大试点的公告》，将“以企业为单元模式”试点改革海关范围扩充到26个海关关区。扩大试点海关范围后，各试点海关统一适用全国统一版的信息化系统。

2018年5月起，根据海关总署的统一部署，深圳、南京等海关开始上线运行金关二期加工贸易管理系统（以下简称“金二系统”）试点。该系统由加工贸易手册管理分系统、加工贸易账册管理分系统、保税物流管理、特殊监管区域、保税综合管理、保税监管分析、保税物流流转、自贸区等多个分系统组成。

金关二期加工贸易管理系统全面支持料号级管理，企业申请金关二期保税底账时，无须将料号级数据进行归并，可直接申报料号级数据办理业务。这不仅为企业免去“料号归并”等不必要的工作，而且可以实现企业和海关管理颗粒度相一致，为关企底账数据相一致创造更加有利的支持条件。

金关二期系统支持的加工贸易手册类型有3种类型：B手册（来料加工）、C手册（进料加工）、D手册（不作价设备手册）。

金关二期系统支持的加工贸易账册类型有5种类型：E账册、H账册、耗料账册、工单账册、以企业为单元，其中E账册是指联网监管电子账册，H账册与耗料账册（T账册）适用于出口加工区加工贸易，工单账册在天津海关、中国（上海）自由贸易试验区等地区试点使用。区外加工贸易常用的为“E账册”和“以企业为单元”两种类型。

三、保税加工货物金关二期系统操作

加工贸易电子化手册以加工贸易合同为单元，记载经营企业开展加工贸易业务时，出口成品数量（订单数量或预计订单数量）、成品对应使用料件的单损耗情况以及进口料件数量（进口指标）。加工贸易电子账册以企业为单元，一家企业原则上只建立一本电子账册。

按照金关二期的总体建设要求，建设完整的加工贸易账册体系，建立符合海关、企业需求和海关监管要求的加工电子账册，优化“备案、通关、核销”三段式管理模式，实现预录入及数据传输功能。

加工贸易账册系统分为备案和通关功能模块。备案环节实现企业资质申请的备案、变更功能和电子账册的备案、变更功能。核销环节在电子账册备案审批通过基础上，实现电子账册报核的正常申报、补充申报和核销结果确认的录入申报功能。

1. 企业资质申请

企业资质申请相当于原海关的经营范围账册的申请，其功能模块实现企业资质申请的备案新增、修改、删除、查询、暂存、申报、打印、变更等功能，主要内容包括联网监管企业基本信息、商务部门业务批准证相关信息等（图3-1）。

首页 企业资质申请　　申报　打印　导出

预录入统一编号		档案库编号		企业内部编号	
*经营单位编码		经营单位社会信用代码		*经营单位名称	
*加工单位编码		加工单位社会信用代码		*加工单位名称	
*申报单位编码		申报单位社会信用代码		*申报单位名称	
申报单位类型		联系地址		联系电话	
*申报类型		*结束有效期		批准证编号	
*加工生产能力（万美元）		*主管海关		*申报日期	
*录入单位编码		录入单位社会信用代码		*录入单位名称	
备案批准日期		变更批准日期		执行标志	
*录入日期		风险担保标志		关联单证号	
*变更次数		*资质类型	加工账册	备注	

以企业为单元

图3-1　企业资质申请（表头部分）

企业通过金关二期加工贸易账册管理系统可进行以企业为单元账册的申请。带“*”号栏为必填项，如经营单位编码、加工单位编码、经营单位名称、加工单位名称、结束有效期、加工生产能力、主管海关等。

“资质类型”包括：1加工账册、2以企业为单元。“1加工账册”是指现行的E账册（联网监管电子账册）；“2以企业为单元”是指以企业为单元监管模式。企业可根据实际情况和需要选择填报。实施以企业为单元新监管模式改革的企业，必须是以自己名义开展加工贸易业务的生产型企业，且符合以下条件之一：

① 海关信用等级为一般认证及以上的。

② 海关信用等级为一般信用企业，且企业内部加工贸易货物流和数据流透明清晰，逻辑链完整，耗料可追溯，满足海关监管要求的。

录入企业资质申请表头信息后，点击暂存按钮，然后可录入表体信息，主要包括料件（商品编码前4位、商品名称）、成品（商品编码前4位、商品名称）、随附单证（如加工贸易合同）。

2. 加工贸易账册操作

加工贸易账册功能模块包括：加工贸易账册录入新增、修改、删除、申报、查询、打印功能。加工贸易账册信息录入界面包含五部分：表头、料件（料号、规格型号为必填项）、成品、单损耗和随附单据。加工贸易账册表头信息为必填，表体信息可以根据实际情况选择填写。

（1）账册编号。海关审核通过后，会生成12位加工贸易账册编号。

以企业为单元的账册编码规则是：E+4位关区代码+核销类型+0+5位顺序号，其中核销代码“B”是指单耗核销（另外还有工单核销和耗料核销2种），5位顺序号从A0001开始算，如E5150B0A0001。

E账册（联网监管电子账册）的编码规则是：E+4位关区代码+2位年份+5位顺序号，其中5位顺序号从A0001开始算，如E515018A0001。

（2）账册备案内容。加工贸易账册表体的核心部分是商品信息，包括：成品信息和料件信息，内容主要包括：序号、料号、商品编码、商品名称、规格型号、申报数量、申报单位、申报单价、币制、产销国、商品属性等。图3-2为“料件”信息录入界面截图。

表头　清单　料件　随附单据				申报	打印
*序号	1	料件备案序号	1	料号	lj001
*申报计量单位	千克	*商品编码	7315200000	*商品名称	防滑链
*实际剩余数量	34	期初数量		进出口总数量	
消耗总数量		应剩余数量		应剩余价值	
差异数量		差异价值		本期结余数量	
备注					

图3-2　加工贸易账册表体料件备案

（3）单损耗相关概念。单损耗部分信息录入中，“净耗”“无形损耗”“有形损耗”这3项是必填项，而“单耗”该项为非必填项。

单耗指加工贸易企业在正常加工条件下加工单位成品所耗用的料件量，单耗包括净耗和工艺损耗，其计算公式为：

$$单耗=净耗/(1-工艺损耗率)$$

净耗指在加工后，料件通过物理变化或者化学反应存在或者转化到单位成品中的量。

工艺损耗率指工艺损耗占所耗用料件的百分比。

工艺损耗指因加工工艺原因，料件在正常加工过程中除净耗外所需耗用但不能存在或者转化到成品中的量，包括有形损耗和无形损耗。

无形损耗指由于物质性质、生产技术、经济等原因，不再进行回收、提取，而是以气体、液体、粉尘等状态排放的部分。

有形损耗指工艺损耗中除无形损耗外的部分。企业按生产实际分别申报无形损耗和有形损耗即可。一般来说，边角料与有形损耗关系更为密切，区分申报无形损耗和有形损耗，可以更方便对边角料进行核算。

单耗核销式账册，BOM是企业向海关申报单耗的重要依据（工单核销账册无BOM表）。企业在定义BOM时，通常根据成品需求量计算料件耗用量，除了必需的工艺损耗外，还经常会考虑不良品率和料件合格率，以便企业对生产过程进行合理的计划与控制。在这种情况下，计算BOM用量时，按照“（料件需求量/料件合格率）×（1+不良率）”计算。因此，BOM的耗用量不等于加工贸易的单耗。

耗料账册为记账式账册，无须录入表体，待保税核注清单终审通过，系统会自动反填耗料账册表体。

3. 加工贸易保税担保管理

为落实国务院取消加工贸易银行保证金台账制度有关要求，海关总署将原保证金台账“实转”管理事项转为海关事务担保事项：失信企业需提供全额担保；东部地区一般信用企业从事限制类商品加工贸易需提供50%担保，即进口料件应征进口关税及进口环节增值税等额50%的保证金。

保税担保系统是金关二期加工贸易及保税监管系统的共用系统，可供加工贸易及保税各个作业环节调用或直接使用。系统提供总担保和单笔担保两种方式，设置业务环节触发、海关端人工发起、企业端发起三种管理途径，设置保税总担保管理、保税单笔担保管理、保税担保退/转管理、保税担保查询管理、信息维护、财务对账六大功能模块，实现业务与财务全程联网系统化管理。

4. 保税货物进出口申报

（1）保税核注清单概述。2018年7月1日海关正式启用保税核注清单。该单据是金关二期保税底账核注的专用单证，属于办理加工贸易及保税监管业务的相关单证。企业已设立金关二期保税底账的，进出口、深加工结转、余料结转、内销征税、销毁等都必须申报《保税核注清单》。企业应按照规定的格式和填制要求向海关申报保税核注清单，再根据实际情况及要求办理报关单申报手续。其中，加工贸易货物余料结转、加工贸易货物销毁（处置后未获得收入）、加工贸易不作价设备结转手续的，可不再办理报关单申报手续。企业报送保税核注清单后需要办理报关单（备案清单）申报手续的，报关单（备案清单）申报数据由保税核注清单数据归并生成。

（2）保税核注清单操作。保税核注清单表头界面中录入“账册编号”，按回车键，系统根据“账册编号”数据自动返填“经营单位代码”“经营单位社会信用代码”“经营单位名称”“收发货单位代码”“收发货单位社会信用代码”和“收发货单位名称”等信息。

保税核注清单表体填制规范详见海关总署公告2018年第23号。

（3）加工贸易报关单填制规范。根据《报关单填制规范》（海关总署公告2019年第18号）对加工贸易报关有专门的要求，主要内容有以下方面：

① 备案号栏目填报海关核发的加工贸易账册（手册）编号。

② 监管方式主要包括：来料加工（适用于来料加工装配贸易进口料件及加工出口货物）、进料对口（料件采购、成品出口对象为同一境外客商）、来料料件内销、进料料件内销、来料边角料内销、进料边角料内销、来料料件复出、进料料件复出、来料边角料复出、进料边角料复出、来料料件退换、进料料件退换、来料成品减免、进料成品减免、来料成品退换、进料成品退换、料件销毁、边角料销毁等。

取消原“低值辅料”监管方式（原监管方式，不使用加工贸易手册或账册，填报低值辅料登记表），将低值辅料纳入加工贸易手（账）册的统一管理。企业使用金关二期加工贸易管理系统，将低值辅料纳入进口保税料件申报和使用，适用加工贸易禁止类、限制类商品目录等相关管理政策，实现低值辅料无纸化、规范化管理。

③ 征免性质栏目，根据监管方式进行填报。例如：监管方式来料加工，征免性质为“来料加工”；监管方式进料对口，征免性质为“进料加工”；料件退运出口、成品退运进口货物填报“其他法定”；加工贸易转内销货物，按实际情况填报（如一般征税、科研院所、高等学校、其他法定等）；加工贸易结转货物，免于填报。

④ 项号栏细分为两栏，项号（报关单的商品顺序编号）、备案序号（专用于加工贸易及备案、减免税等已备案的货物）。备案序号填报该项货物在加工贸易账册（手册）的料件或成品备案序号。

⑤ 商品名称及规格型号填报，已备案加工贸易及保税货物应与备案信息一致。边角料、副产品，填报其报验状态的名称和规格型号。

⑥ 征免栏目。加工贸易货物报关单根据加工贸易账册（手册）备案的征免规定填报（通常为“全免”）；备案的征免规定为“保证金”或“保函”的，填报“全免”。

⑦ 特殊关系确认、价格影响确认、支付特许权使用费确认栏目。加工贸易货物免予填报。

5. 加工贸易核销

核销是指加工贸易经营企业加工复出口或者办理内销手续后，凭规定向海关报核，海关按照规定进行核查以后解除监管手续的行为。

经营企业应当在规定的期限内将进口料件加工复出口，并且自加工贸易手册项下最后一批成品出口或者加工贸易手册到期之日起30日内向海关报核。

加工贸易账册核销以核销周期替代手册的有效期，无须办理余料结转手续，余料直接滚入下一个报核周期使用。经营企业采用单耗（BOM转单耗）、耗料清单或工单等保税进口料件耗用的核算方式，向海关申报当期料件库存情况，并办理核销手续。企业报核时只需申报“实际剩余料件”，其他项由系统根据相应的核销范围自动核算。

（1）加工贸易账册报核操作。点击选择菜单“数据录入”“加工贸易账册报核”，进入加工贸易账册报核信息录入界面，按要求录入相关内容并申报。企业报核时只需申报“实际剩余料件”，其他项由系统根据相应的核销范围自动核算。

以企业为单元的单耗核算方式下，核算主体由传统的海关核算改为企业自核，企业可以根据生产周期，自主选择合理核销周期，并按照现有规定确定单耗申报环节，自主选择单耗申报时间。以企业为单元账册核销，需选择“报核标志”：年度申报、正式申报。

年度申报是指对核销周期超过1年的企业，应根据生产实际情况和内部盘点情况，在本核销周期内每年至少向海关申报一次保税料件耗用量等账册数据（企业自主核定保税料件的耗用量，如实申报）。通过年度申报这一功能，以企业为单元账册可在有效期内实现滚动使用。因此，如企业的账册核销周期超过1年，每年至少应向海关进行一次年度申报。目前海关已经取消预报核手续；对不涉证、不涉税、不涉及贸易统计的非实际进出境保税货物流转、结转，不再填报报关单或备案清单，实施以核注清单核注账册。

正式申报为账册的正式核销申报，核销通过后该账册不可继续使用，企业需开设新账册开展业务。在正式报核之后，保税货物核销结关。核销是保税货物海关监管的最后一个环节。

（2）报核差异处置。海关对企业申报的报核数据进行审核，对于存在报核差异的，海关将转人工并要求企业对差异进行处置或让企业确认由海关进行处置。

报核差异处置分为企业处置和海关处置两种。

企业处置是指企业修改报核数据，如修改“实际剩余料件”数量等。修改报核数据后重新申报。一般用于企业盘点差错、报核清单申报出错等情况下。选择“企业处置”的，跳转到加工贸易账册报核企业处置界面，修改报核清单、料件表体数据后按“申报”进行申报。申报成功后，此票数据的差异确认状态更新为“企业处置已发送”。海关将根据企业修改后的报核数据重新进行审核。

海关处置是指由海关对报核差异进行底账调整或提请企业办理征税等相关手续。选择“海关处置”的，此票数据差异确认状态不更新，将由海关进行此票数据的差异处置，企业不进行处置。其中，对于需要调整库存的，由企业申报核注清单，该核注清单的“监管方式”栏填写AAAA（一般来说，只有盘盈时才用调整库存清单，盘亏时企业通常需作征税处理）。

四、出口加工区的保税货物通关

1. 出口加工区概述

出口加工区是指经国务院批准在中华人民共和国境内设立的由海关对加工贸易进出口货物进行封闭监管的特定区域。货物从境内区外进出加工区视同进出口，海关按进出口货物进行监管。出口加工区必须设立符合海关监管要求的隔离设施和有效的监控系统，海关在出口加工区内设立专门的监管机构，并依照《中华人民共和国海关对出口加工区监管的暂行办法》进行监督管理。出口加工区的主要功能是开展出口加工业务以及为区内加工贸易服务的储运业务。

2. 出口加工区享受的政策优惠

（1）一线免证免税。从境外进出出口加工区的货物，不实行进出口配额、许可证件管理，区内自用的进口基建物资、机器设备、办公室用品等免征进口关税和进口环节海关代征税，除减免税货物、征税货物（区内自用的交通运输工具、生活消费用品等）外的其他进口货物予以保税，从出口加工区运往境外的货物免征出口关税。

（2）二线进区退税。境内区外进入出口加工区的货物视同出口，办理出口报关手续，可以办理出口退税手续。

（3）区内加工产品不征收增值税。

3. 报关程序

（1）对加工区与境外之间进出货物的报关。加工区与境外之间进、出的货物报关（也称为一线进出境报关）实行备案制，由货主或其代理人在单一窗口填写进、出境货物备案清单，向主管海关备案。备案清单的填报可参考报关单填制规范。

（2）对加工区与区外之间进出货物的报关（二线进出区报关）。出口加工区运往境内区外的货物报关。区内企业缮制发票、箱单、合同，录入保税核注清单（出口）发送给海关，申报成功后生成核注清单编号（QDXXXXXXX）；区外企业录入“进口货物报关单”，将QD号填报在单一窗口随附单证栏（随附单证代码：a；随附单证编号：QDXXXXXXX）进行申报；进口报关单海关放行之后，区内企业录入核放单（出区）；核放单（出区）放行之后，载货车辆可自行通过卡口出区。

境内区外企业运入出口加工区的货物报关。区内企业接收发票、箱单、合同，录入保税核注清单（进口）发送给海关，生成核注清单编号（QDXXXXXXX）；区外企业录入“出口报关单”，填报QD号。当出口报关单放行后，填报核放单（入区），核放单（入区）放行之后，货物到达卡口时，卡口自动抬杆，车辆可进区。

表头	表体	关联单证			
预录入统一编号	**	核放单编号	Z**	*核放单类型	二线进出区
*进出标志	入区	*绑定类型	一车多票	关联单证类型	核注清单
*关联单证编号	QD2019*	*主管关区	**	区内账册号	
*区内企业编码	**	区内企业社会信用代码	**	*区内企业名称	**
申报单位编码	**	申报单位社会信用代码	**	申报单位名称	**
企业内部编号	**	承运车牌号	**	IC卡号(电子车牌)	
*车自重(kg)	9220	车架号		*车架重(kg)	2000
集装箱号		集装箱箱型		集装箱重(kg)	
货物总毛重(kg)	102197	货物总净重(kg)	101765	总重量(kg)	113417
是否过卡	已过卡	过卡时间1	20190108 10:15:56	过卡时间2	
*录入单位编码	**	录入单位社会信用代码	**	*录入单位名称	**
录入日期	20190108	申报类型	备案	申报日期	20190108
申请人	**	到货确认			
备注					

图3-3　核放单（入区）

思政园地

青岛海关行政处罚数据分析报告（2018年1~4月）显示，加工贸易受到处罚次数最多的行为是保税料件短少和手册超期，但两者处罚力度相差较大：保税料件短少最高罚款21万元，手册超期最高罚款5. 2万元。擅自处置保税货物的处罚次数虽不多，但最高罚款额和案均罚款最高额都出现在这一行为的处罚中：青岛某公司因擅自处置保税货物和擅自外发加工行为分别受到处罚，其中擅自处置保税货物行为被处以罚款51. 4万元，是2018年1月至4月青岛海关关区加工贸易处罚中的最高额。

案例：A公司（某进出口公司）因加工贸易业务经办人员工作疏忽，将C29075****32手册下料件合纤制针织布制成品以一般贸易方式在223120160811****11等12票报关单下申报出口。上述制成品共使用该手册下料件合纤制针织布4904米。经湖州海关计核，上述货物价值为人民币235 803. 28元。当事人上述未按海关规定擅自处置海关监管货物的行为，违反了《中华人民共和国海关法》第三十七条之规定，构成了《中华人民共和国海关行政处罚实施条例》第十八条第一款第（一）项所列的擅自处置海关监管货物的行为。根据《中华人民共和国海关法》第八十六条、《中华人民共和国海关行政处罚实施条例》第十八条第一款第（一）项之规定，决定对当事人处以罚款人民币24 000元的行政处罚。

请思考上述案例发生的原因，如何避免发生违规情况，真正做到诚信守法？

知识巩固

一、判断题

1. 来料加工的生产企业即加工业务承接方按约定收取工缴费，承担原材料市场和成品销售市场的风险。 （ ）
2. 一般情况下，加工贸易进口料件报关，无须经过报关程序的后续阶段。 （ ）

二、思考题

保税加工报核的关务风险有哪些？

技能实训

佛山新连针织服装公司以来料加工方式进口一批全棉布。根据随附单证，完成保税核注清单中的相关项目的填制和审核工作。

加工	机织物印花
组织结构	平纹
成分	100%棉
每平方米质量	$112g/m^2$
品牌	无
规格	160cm

1. 来料加工合同

来料加工对口合同

合同号CONTRACT NO.L19TFI110O12

签约日期 DATE：2019. 1. 16

FIRST PARTY：

SECOND PARTY：

（一）乙方（作价/无偿）向甲方提供如下原材料辅料及包装物料（数量和金额允许5%增减）

品目及规格	单位	数量	单价及价格条款	金额
全棉布 印花，平纹，100%棉，机织，160cm，$112g/m^2$，无品牌	米	7200.00	*	*
合计	米	7200.00		

装运期限 2019.1.31　　装运地及运输方式 FROM JAPAN BY SEA OR AIR

目的港 TIANJIN　　包装：CARTONS　　原产国：日本

付款方式 FREE CHARGE　　保险 BY JAPAN

（二）甲方对乙方提供的上述原材料及包装物料加工的成品按下列条款返销给乙方（数量金额允许5%增减）

品名及规格 NAME OF COMMODITY AND SPECIFICATION	数量 QUANTITY	单价及价格条款 UNIT PRICE&TERMS		金额 AMOUNT CFR JAPAN	
		成品单价 PRICE	其中工缴费单价 CMT	成品金额 AMOUNT	工缴费金额 C.M.T AMOUNT
和服 机织/连身衣/女式/100%棉/无品牌/无货号 享惠不确定	2400PCS	**	**	**	**

SHIPMENT 装运期 2020.1. 15　　DESTINATION 目的港 JAPAN

保险 BY JAPAN　　Means of transport 装运港 FROMTANJIN

付款方式 T/T　　特约条款

2. 商业发票

COMMERCIAL INVOICE

ISSUER：	商业发票 COMMERCIAL INVOICE	
TO：	NO.： E211A	DATE： JAN.10. 2019
PORT OF LOADING：KOBE JAPAN FINAL DESTINATION：XINGANG CHINA Vessel/Flight：VAR V.1901N ON OR ABOUT：JAN.10. 2019	CONTRACT NO.： L19TF	L/C NO.：
	REMARKS NO COMMERCIAL VALUE	

Marks and numbers Description of goods Quantity Unit price Amount：

CIF XINGANG CHINA

FABRIC

COTTON100% PRINTED DOBBY

WIDTH：160CM 7200.0M

TOTAL：

3. 装箱单

PACKING LIST

CONTRACT NO.：L191F

FABRIC

COTTON100% PRINTED DOBBY　　WIDTH：160CM

7200.0M G.W.：1308. 400KGS　　N.W.：1293. 400KGS

30CARTONS　　CBM：4. 658M^3

AS ARRANGED

4. 提单

Shipper Insert Name, Address and Phone		B/L No. SITKETX19003262
**	SITC	SITC CONTAINER LINES CO., LTD. **NTOCH195000962** **Port to Port or Combined Transport** **BILL OF LADING** FRIST ORIGINAL
Consignee Insert Name, Address and Phone		
**		
Notify Party Insert Name, Address and Phone (It is agreed that no responsibility shall attach to the Carrier or his agents for failure to notify)	RECEIVER the foods in apparent good order and condition as specified below unless otherwise stated herein. THE Carrier, in accordance with the provisions contained in this document 1) undertakes to perform or to procure the performance of the entire transport form the place at which the goods are taken in charge to the place designated for delivery in this document, and 2) assumes liability as prescribed in this document for such transport One of the bills of Lading must be surrendered duty indorsed in exchange for the goods or delivery order	
**		

Pre - carriage by		Place of Receipt	**KOBE CY, JAPAN**
Ocean Vessel Voy. No.		Port of Loading	
VAR V.1901N		**KOBE, JAPAN**	
Port of Discharge		Combined Transport *	
XINGANG, CHINA		Place of Delivery	**XINGANG, CFS, CHINA**

Marks & Nos. Container / Seal No.	No. of Containers or Packages; Description of Goods	Gross Weight Kgs	Measurement
SITU28805354 (20GP)/SITR656774 AS PER ATTACHED SHEET	*SHIPPER' S LOAD &COUNT & SEAL "SAID TO CONTAIN" 100% COTTON PRINTED DOBBY FABRIC **ATTN: WAN MING **SEE ATTACHMENT CY-CFS 1X20GP CONTAINER(S) 30BALES FREIGHT PREPAID	1,308.400 KGS	4.658 CBM
		Description of Contents for Shipper's Use Only (Not part of This B/L Contract)	

Total Number of containers and/or packages (in words) SAY ONE (1) CONTAINER ONLY

Freight & Charges	Revenue Tons	Rate	Per	Prepaid	Collect
Declared Value Charge					

Ex. Rate:	Prepaid at	Payable at	Place and date of issue
	OSAKA		OSAKA JAN. 10 , 2019
	Total Prepaid	No. of Original B(s)/L	Signed for the Carrier

LADEN ON BOARD THE VESSEL

5. 备案申请表（基本信息）

电子化手册通关手册备案录入申请表（基本信息）

申报海关	****	企业内部编号	****	手册编号	B01234543152
手册类型	来料加工手册	主管海关	佛山海关	主管外经部门	佛山市商务局
收货地区	南海区	经营单位	（十位编码）**********		
加工单位	（十位编码）**********				
外商经理人		贸易方式	来料加工	征免性质	来料加工
起抵地	日本	成交方式	CIF	内销比	0
协议号		许可证号		批准文号	
进口合同	L19TF	出口合同	L19TF	备案进口总额	23040
进口币制	USD	备案出口总额	32640	出口币制	USD
加工种类	服装	保税方式	全免	有效日期	2020.1. 15
进口口岸	天津关区	进口货物项数	1	本次进口总额	23040
出口货物项数	1	本次出口总额	32640	处理标志	新增
管理对象	经营单位	录入日期		申报日期	
限制类标志	调整后新手册	备注	出口前申报单耗		

6. 料件备案申请表

电子化手册通关手册备案录入申请表（料件表）

序号	记录号	商品编码	附加编码	商品名称	规格类型	计量单位	法定计量单位	申报数量	申报单价	申报总价	币制	产销国	征免方式
1	73	62085200	92	全棉布	幅宽160cm，印花，平纹，100%棉，机织，112g/m^2，无品牌	米	米	7200	*	*	USD	日本	全免

（1）请完成保税核注清单（进口）申报，表头部分填报。

①手（账）册编号：＿＿＿＿＿＿；②料件、成品标志：＿＿＿＿＿＿；

③监管方式：＿＿＿＿＿＿；④运输方式：＿＿＿＿＿＿；

⑤启运国（地区）：＿＿＿＿＿＿；⑥报关标志：＿＿＿＿＿＿。

（2）请检查保税核注清单（进口）申报，表体部分的填报错误，并修改这些错误。

序号	1	备案序号	1	商品料号	1
商品名称	全棉机织布	规格型号	机制；印花；平纹；宽150cm；112g/m^2	商品编码	5208510010
申报计量单位	m	法定计量单位	m	法定第二计量单位	kg
申报数量	972	法定数量	972	第二法定数量	4342
企业申报单价	*	企业申报总价	****	原产国地区	英国
征免方式	全免	单耗版本号	0	最终目的国（地区）	中国

（3）保税核注清单（进口）表头录入已经点击“暂存”按钮，表体录入后也已经点击“暂存”按钮，提交申报提示“表体记录不能为空”，这是什么原因？

任务二　加工贸易不作价设备通关作业

任务导入

广州电子公司（海关高级认证企业）拟从中国香港经皇岗口岸陆运进口特斯拉电路板功能测试机一台，提供不作价设备手册，经了解买卖双方有特殊关系，但不存在特许权费用的问题，拟委托四通物流报关有限公司办理进境报关事宜。

相关知识

一、加工贸易不作价设备手册管理

加工贸易外商提供的不作价进口设备，指与加工贸易经营单位开展加工贸易（包括来料加工、进料加工及外商投资企业从事的加工贸易）的外商，以免费即不需经营单位付汇进口，也不需用加工费或差价偿还方式，向经营单位提供的加工生产所需设备。

1. 不作价设备手册设立

（1）进口不作价设备的企业需设有独立专门从事加工贸易（即不从事内销产品加工生产）的工厂或车间，并且不作价设备仅限在该工厂或车间使用。

（2）对未设有独立专门从事加工贸易的工厂或车间，以现有加工生产能力为基础开展加工贸易的项目，使用不作价设备的加工生产企业，在加工贸易合同（协议）期限内，其每年加工产品必须是70%以上属出口产品。

（3）不作价进口设备由外商以免费向经营单位提供，不需经营单位付汇进口，也不需用加工费或差价方式偿还，上述内容应在加工贸易合同（协议）中列明。

（4）申报免税进口的不作价设备是否属于《外商投资项目不予免税的进口商品目录》所列商品、《进口不予免税的重大技术装备和产品目录》所列商品、国务院规定一律停止减免税的20种商品，如属于则不得备案。

（5）除《外商投资项目不予免税的进口商品目录》《国内投资项目不予免税的进口商品目录》所列商品外，按照合同随设备进口的技术及配套件、备件征收进口环节增值税，免征关税。

2. 不作价设备结转

（1）迁出企业在不作价设备结转进口报关单备注栏中应注明不作价设备的原进口报关单号和原进口日期。

（2）不作价设备在迁出、迁入企业之间的转出、转入视同原企业对不作价设备进行监管。结转的不作价设备的监管期限应该连续计算。

3. 不作价设备解除监管

核查确认不作价设备是否已满5年；对于不留在原企业使用的设备，核查是否提交对应的机电产品进口批件和检验检疫证书。

4. 不作价设备手册核销

（1）企业提交的申请资料是否齐备。

（2）审核企业手册的核销情况，如有未报核或已核销未结案的手册，不予办理核销手续。

（3）涉嫌走私、违规，已被海关立案调查、侦查，案件未审结的，不予同意办理核销手续。

（4）对于解除监管的设备，核查是否提供对应的解除监管证明材料。

（5）对于未解除监管的设备，核查是否已经办结结转、退运、放弃或者内销征税手续，并提供相关证明材料。

二、不作价设备金关二期系统操作

根据海关总署2019年第218号公告，企业通过金关二期加工贸易管理系统办理不作价设备手册设立等各项手续，根据规范申报要求上传随附单证进行在线申报。电子账册企业的不作价设备，使用加工贸易手册管理子系统开设不作价设备手册。

1. 不作价设备手册设立、变更、报核、进出口

分别在加工贸易手册、加工贸易手册报核以及保税核注清单（进口）、保税核注清单（出口）等菜单下完成，相关操作与一般的手册相同。

2. 不作价设备年审

加工贸易企业于每年1月向海关申报不作价设备使用情况。企业点击选择菜单“数据录入”—“不作价设备使用情况”，进入信息录入界面，按要求录入相关信息并申报。

3. 不作价设备结转

可参照加工贸易货物深加工结转，通过“保税货物流转管理”申报核注清单。

4. 不作价设备内销

参照加工贸易货物内销，企业自行核算确定内销征税价格，直接申报核注清单及报关单（海关在报关单审核环节对企业申报价格进行审价等）。

5. 不作价设备解除监管

简化不作价设备解除监管流程，对于监管期限已满的不作价设备，企业不再向海关提交书面

申请等纸质单证。企业向海关申报解除监管核注清单。其中，设备解除监管核注清单中“监管方式”填写BBBB，“关联清单编号”填写不作价设备原进口保税核注清单编号。

海关凭审核通过的不作价设备解除监管核注清单为企业办理解除监管手续，制发解除监管证明，企业如有需要，可自行打印解除监管证明。不作价设备监管期限未满，企业申请提前解除监管的，由企业根据现有规定办理复运出境或内销手续。

思政园地

某加工贸易企业，经营服装进料加工贸易。海关对该企业专项稽查，发现该企业将进口的不作价设备3台打纽机交给相邻的某乙企业使用，其涉嫌违反海关监管规定，并向企业送达了稽查报，如案件成立，海关将对企业给予行政处罚，并作补税处理。

知识巩固

思考题：加工贸易外商提供的某设备，需要加工贸易经营单位支付外汇进口，这样的设备是不作价设备吗？如何规划该设备的进口通关方案？

技能实训

根据业务背景资料、相关单证，审核该不作价设备进口报关单的填报错误。

1. 合同

采购合同

PURCHASE CONTRACT　　　　合同编号P/O：201810290045

Seller:**

Address:*** KOWLONG，HONGKONG

Buyer:**

Address:***GUANGDONG，PRC

品名	规格	品牌	原产国	数量	单位	单价（美元）	合计（美元）
Name	Model	Brand	C/O	QTY	UNIT	Unit Price	Amount
特斯拉电路板功能测试机	PCS	Tesla	美国	1	台	**	**
总金额（Total）： DAP HK ****(美元)							

1. 合同有效期（Expiry Date）：2019-11-09
2. 目的地（Destination）：黄埔

卖方（SELLER）：**　　　　买方（BUYER）：**

签章（SIGNATURE）：**　　　　签章（SIGNATURE）：**

日期（DATE）：**　　　　日期（DATE）：**

2. 商业发票

INVOICE

INVOICE NO.：201810290045

P/O No.：201810290045

DATE：2018-11-05

DAP HK

品名	规格	品牌	原产国	数量	单位	单价（美元）	合计（美元）
Name	Model	Brand	C/O	QTY	Unit	Unit Price	Amount
特斯拉电路板功能测试机	PCS	Tesla	美国	1	台	**	**
运费：400美元 保费：6.69 美元 杂费：167.2美元 总金额（Total）： DAP HK ****（美元） E&OE Authorized Signature：********							

3. 装箱单

装箱单 Packing List

品名	规格	品牌	原产国	数量	单位	包装种类	件数	净重（公斤）	毛重（公斤）
Name	Model	Brand	C/O	QTY	Unit	Kinds of Packages	No. of Packages	Unit Price	Amount
特斯拉电路板功能测试机	PCS	Tesla	美国	1	台	木箱	1	914	1203
Total				1			1	914	1203

4. 申报要素

序号	项号	商品编码	商品名称	规格型号	进口数量	单位	原产国
1	1010	9030390000	特斯拉电路板功能测试机	品牌类型：Tesla 是否带记录装置：是 型号：PCS	1	台	美国

5. 加工贸易变更手册

加工贸易变更手册

（手册号：D52288420002）　　　主管关区：

手册编号	D52288420002	进出口岸1	====	进出口岸2	====
进出口岸3	====	进出口岸4	====	进出口岸5	====
经营单位	===============		收货单位	===================	
外商公司	==============		收货地区	===================	
经办人	==	贸易方式	==	征免性质	==
成交方式	==	浮动比%	0.00　%	启抵地	==
投资方式	==	单耗申报环节	==	保税方式	==
协议书号	==	许可证号	==	内销比%	0.00　%
批准文号	==	进口合同	==	出口合同	==
合同份数	1	重点标志		加工种类	==
进口总额	*******	币制	===	监管费	0
出口总额	0	币制	===	监管费率	免收监管手续费
变更日期	2018年11月11日	有效期限	2019年01月07日	审批日期	=========
审批人	***	输入人	***	输入时间	2014年05月18日
原料项数	1010	设备项数	0	成品项数	0
备注	调整前旧手册				

6. 进口料件

进口料件

手册编号：（D52288420002）

序号	商品编码	品名/规格型号	产销国	数量	单位	单价	总价	征免	非保比例%
1005	9030390000	扫描枪功能测试机器/检测扫描	美国	1	套	****	****	特案	0.00
1006	9030339000	测试机台（旧）/用于逆变器主板	德国	2	台	****	****	特案	0.00
1007	8515809090	高频焊接机（旧）/境外品牌（其他）	美国	1	台	****	****	特案	0.00
1008	9030390000	电路板功能测试机/境外品牌（其他）	意大利	1	台	****	****	特案	0.00
1009	9030390000	功能测试机（旧）/境外品牌（其他）	美国	1	套	****	****	特案	0.00
1010	9030390000	特斯拉电路板功能测试机/境外品牌	美国	1	台	****	****	特案	0.00

7. 单一窗口进口报关录入界面

运输方式	公路运输	运输工具名称		航次号			
提运单号		监管方式	不作价设备	征免性质	加工设备		
备案号		启运国（地区）	中国香港	经停港	香港（中国香港）	成交方式	FOB
运费	总价400美元	保费	总价6.69美元	杂费	总价167.2美元	件数	1
包装种类	木制或竹藤等植物性材料制盒/箱			毛重（KG）	1203	净重（KG）	914
贸易国（地区）	中国香港			B/L号	粤ZB13港		

项号	商品编码	备案序号	商品名称	规格	目的地	数量	单位	币制	总价	征免
1	9030390000	1010	特斯拉电路板功能测试机	43	中国	1	台	美元	******	特案

其他确认事项	
特殊关系确认	是
价格影响确认	否
与货物有关的特许权使用费支付确认	否
确 认	

以上单一窗口进口报关录入界面，哪些栏目填报错误？应如何修改？

____

____

____

____

____

项目四

保税物流货物通关

知识目标

- 了解保税物流货物的基本概念及报关程序
- 理解不同类型保税物流货物在不同监管方式下的报关程序
- 理解海关特殊监管区域、海关保税监管场所的分类
- 理解保税物流中心A型和保税物流中心B型的区别
- 熟悉保税核注清单、核放单的流转

能力目标

- 能够参与保税物流园区进出境通关业务
- 能够参与保税物流园区进出区通关业务
- 能够参与保税区进出境通关业务
- 能够参与保税区进出区通关业务

素质目标

- 理解保税物流相关法律法规制度设计背后的价值导向
- 遵守诚信守法、爱岗敬业、务实创新的职业规范
- 具有一定实践创新能力和精益求精的工匠精神，增强自我管理、团队合作与沟通能力

任务一　进出境货物通关作业

任务导入

德国巴尔化妆品有限公司拟开拓中国市场业务，海运一批化妆品及盒子到广州子公司（广州巴尔化妆品公司），委托四通物流报关有限公司办理进境通关手续，请完成该笔业务的关务规划。

相关知识

一、保税物流货物

1. 保税物流货物含义

保税物流货物是指经海关批准未办理纳税手续进境在境内进行分拨、配送或储存后复运出境的货物，也称作保税仓储货物。已办结海关出口手续尚未离境经海关批准存放在海关专用监管场

所或特殊监管区域的货物，带有保税物流货物的性质。

保税物流货物在境内储存后的流向除出境外，还可以留在境内按照其他海关监管制度办理相应的海关手续，如保税加工、正式进口等。

2. 监管模式

海关对保税物流货物的监管模式有两大类：一类是非物流围网的监管模式，包括保税仓库、出口监管仓、保税物流中心A型；另一类是物理围网的监管模式，包括保税物流中心B型、保税物流园区、保税港区、综合保税区等。

3. 监管特征

保税物流监管制度具有“设立审批、准入保税、纳税暂缓、监管延伸、运离结关”的特点。具体而言，保税物流货物必须存放在经过法定程序审批设立的海关特殊监管区域或保税监管场所，进入上述区域或场所须通过办理准予进入手续，经过批准进境的保税货物暂不办理进口纳税手续，进境货物的监管地点从进境地海关现场延伸到上述区域或场所，监管时间延伸至运离结关的时间，货物运离须根据货物实际流向办结海关手续，解除海关监管。

二、海关特殊监管区域

海关特殊监管区域是经国务院批准，设立在中华人民共和国关境内，具有特殊功能和享受特殊政策，由海关实施封闭监管的特定经济区域。

目前一共有六种形态的海关特殊监管区，具体包括保税区、出口加工区、保税物流园区、保税港区及综合保税区和跨境工业区。综合保税区，整合优化各种特殊区域的政策和功能，是海关特殊监管区域的最高形态。目前新设海关特殊监管区域均统一命名为综合保税区，原有海关监管区域也正加快整合优化，最终统一转型升级为综合保税区，将发展成为具有全球影响力和竞争力的加工制造中心、研发设计中心、物流分拨中心、检测维修中心、销售服务中心。海关特殊监管区域的主要区别如表4-1所示。

表4-1 六大海关特殊监管区域的主要区别明细表

类型	综合保税区	保税区	出口加工区	保税物流园区	保税港区	跨境工业区
审批机构	国务院					
港口功能	专门通道和卡口与港口相联系	无	无	专门通道和卡口与港口相联系	口岸与保税区融为一体	口岸与保税区融为一体
物流功能	有	有	2007年起从无到有	有	有	有
出口退税	国内货物入区退税	国内货物入区并离境才能办理退税	国内货物入区退税	国内货物入区退税	国内货物入区退税	国内货物入区退税
储存期限	无	货物存储期限以合同有效期为准，到期可延期或结转	无	无	无	无

续表

类型	综合保税区	保税区	出口加工区	保税物流园区	保税港区	跨境工业区
可开展业务	大致与保税港区相同，除了没有港口作业	流通加工；仓储；商品展示；国际转口贸易；国际贸易；其他	出口加工；仓储；商品展示；国际转口贸易；研发检测、维修；其他	存储货物；流通加工；国际转口贸易；国际采购、分销和配送；国际中转；检测、维修；商品展示；其他	存储货物；加工制造；国际转口贸易；国际采购、分销和配送；国际中转；检测、售后维修、研发；商品展示；港口作业；其他	存储货物；加工制造；国际转口贸易；国际采购、分销和配送；国际中转；检测、维修、研发；商品展示、展销；其他
海关管理	港口与区域分属2个海关监管	区域海关监管	区域海关监管	港口与区域分属2个海关监管	1个海关统一监管	1个海关统一监管

三、海关保税监管场所

1. 保税仓库

保税仓库是指经海关批准设立的专门存放保税货物及其他未办结海关手续的仓库，分为公用型保税仓、自用型保税仓、专用型保税仓（主要包括液体保税仓、备料保税仓、寄售维修保税仓）。

海关对保税仓库实施计算机联网管理，并可以随时派员进入保税仓库检查货物的收、付、存情况及有关账册。保税仓储货物可以进行包装、分级分类、加刷唛码、分拆、拼装等简单加工，不得进行实质性加工。

保税仓储货物，未经海关批准，不得擅自出售、转让、抵押、质押、留置、移作他用或者进行其他处置。存储期限为1年，确有正当理由，经海关同意可予以延期；除特殊情况外，延期不得超过1年。

2. 保税物流中心

保税物流中心有A型和B型两种。保税物流中心（A型）是指经海关批准，由中国境内企业法人经营，专门从事保税仓储物流业务的保税监管场所。保税物流中心（B型）是指经海关批准，由中国境内一家企业法人经营，多家企业进入并从事保税仓储物流业务的保税监管场所。保税物流中心（A型）和保税物流中心（B型）的主要区别如表4-2所示。

表4-2 保税物流中心（A型）和保税物流中心（B型）的主要区别明细表

区别	保税物流中心（A型）	保税物流中心（B型）
构成和主要特征	中国境内企业一家法人经营，分为自用型或公共型	中国境内一家企业法人经营，多家企业入驻，具有公共性特征

续表

区别	保税物流中心（A型）	保税物流中心（B型）
审批和验收程序	由所在地海关受理申请，报直属海关审批，并由主管海关按照规定进行审核验收，验收合格后，由直属海关向企业核发《保税物流中心（A型）注册登记证书》（有效期3年）	由直属海关授理审核后报海关总署会同有关部门审批，并由海关总署会同有关部门或者委托被授权的机构按照规定进行审核验收，《保税物流中心（B型）注册登记证书》（有效期3年）
企业资格条件	物流中心经营企业注册资本最低为3000万元人民币。物流中心不得转租、转借他人经营，不得下设分中心	物流中心经营企业注册资本不低于5000万元人民币；中心内企业注册资本最低限额为500万元人民币，属企业分支机构的，该企业注册资本不低于1000万元人民币
保税存储期限	1年	2年
功能	自用型物流中心以一个大型物流公司为主，满足跨国公司集团内部物流开展保税货物仓储、简单加工、配送等功能	多家保税物流企业，可开展保税货物仓储、简单加工、全球采购和国际分拨、配送、转口贸易和国际中转等

四、金关二期保税物流操作

1. 设立物流账册

各海关特殊监管区域及保税监管场所企业须在金关二期系统完成账册设立工作。保税物流账册有两种类型，分别是“TW”账册（适用于特殊监管区域）和“L”账册（适用于保税监管场所）：一是“海关特殊监管区域”子系统进行“TW”账册备案；二是“保税物流管理”子系统进行“L”账册备案（图4-1）。

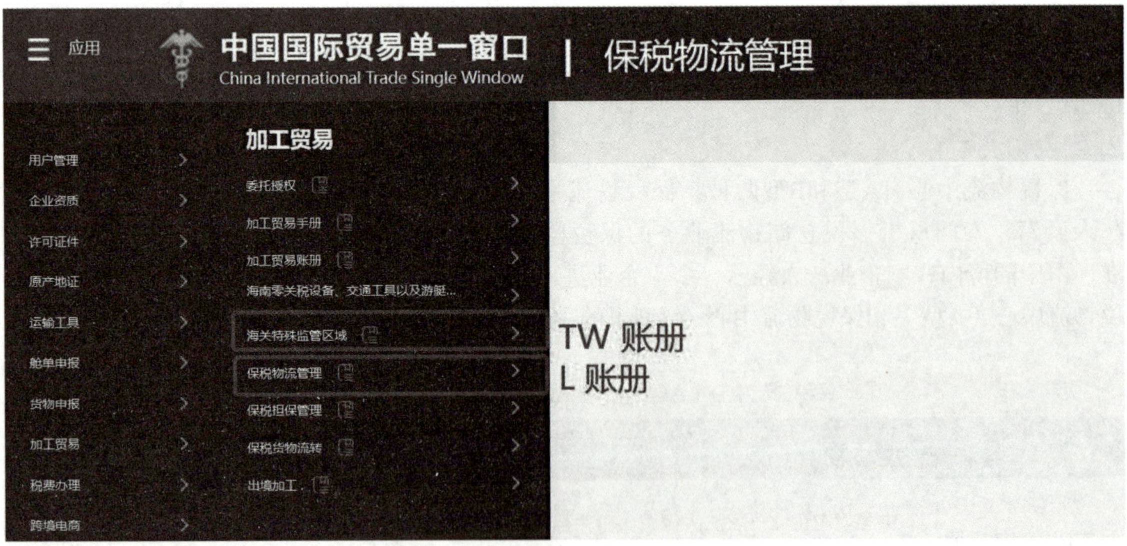

图4-1 保税物流账册

保税物流账册为记账式账册，备案时仅需录入表头信息，无须进行表体（商品项）的备案。在金关二期的相关子系统的“数据录入”—“物流账册”模块中进行企业相关信息（标*号信息）录入，录入完成并提交海关审批通过后，生成仓库账册号。

2. 建立保税底账数据

在对库内商品进行盘点，将正确商品信息和实际在库数量等信息，录入保税核注清单表体栏（商品）信息，按照“单一窗口平台核注清单导入模板”填制说明，将库存商品信息填写到“表体（成品）”页，填写注意事项：

（1）备案序号。物流账册内若无商品备案信息，此处为空；若已备案成功，填写已生成的备案序号。金二底账数据以“备案序号”维度进行管理。物流账册对商品料号无唯一性限制，即同一商品料号在金二物流账册内可生成不同备案序号。在导入商品信息时，要避免相同商品料号重复导入后产生多个备案序号的情况。应做到1个商品料号对应1个备案序号。

（2）商品名称。尽量减少或删除所有品名含有的空格。由于空格原因造成品名比对不通过，会造成核注清单（出口）申报失败或转人工审核。

（3）商品信息数量。每次上传商品信息的数量建议不要超过1000个，数据过大会造成上传或调取失败。

保税核注清单（进口）表体内导入商品信息后，“监管方式”填报“库存调整”，暂存后检查无误即可提交申报，申报成功后转现场海关人工审单，人工审单通过后，在保税核注清单表体“自动备案序号栏”生成序号，完成保税商品备案即建立保税底账数据。

3. 一线进出境通关（实际进出境）

（1）“先进区、后报关”进境申报。海关特殊监管区（保税监管场所企业）与境外之间进出的货物，应当在海关特殊监管区（保税监管场所企业）主管海关办理相关手续。金关二期系统，可采用“先进区、后报关”模式，是指经海关注册登记的特殊区域内企业（以下简称“区内企业”）通过转关运输方式先将境外入区货物从口岸提运至特殊区域，并在规定时限内向海关办理报关手续的作业模式。

对于符合“先进区、后报关”模式开展条件的，在金关二期现有功能下，区内企业可通过跨境快速通关、区港调拨、舱单分拨等方式办理从口岸调拨进境入区，入区环节可不申报金二核放单。货物入区并在指定区域理货后，区内企业在规定时间内向海关申报区港联动核注清单（无须过卡）和进境备案清单或报关单，按照现行模式办理放行结关手续，联动金关二期系统账册变更。

① 入区：提货入区环节凭提单通知书到口岸提货，过卡入区（提货通知单抽核照常）。

② 申报：申报环节，在金二系统特殊监管区域管理系统中申报保税核注清单，申报进境备案清单，库存计入金关二期特殊监管区域管理系统。

③ 风险控制：先进区、后申报货物提离口岸72小时后未入区、提货通知书生成后14天未报关等风控功能照常使用。

（2）“先出区、后报关”出境申报。“先出区、后报关”是指特殊区域及中心内企业对出境货物，可通过信息化系统凭核放单先行办理出特殊区域及中心手续，再向海关报关的业务办理模式。

① 操作金关二期的特殊区域管理系统、保税物流管理系统的出口核注清单（清单类型选择普通清单）、绑定出区核放单（一线一体化进出区）。

② 采用非监管车辆将货物运输到离境口岸。

③ 口岸货运代理办理预配舱单，货物到达口岸后上传运抵报告。

④ 海关总署新舱单系统查询“运抵正常”后，在单一窗口货物申报界面申报出境备案清单（随附单证栏填写代码“a”以及出口核注清单编号）。

⑤对无查验的备案清单，实现“即申报，即放行”；若被系统布控，离境口岸代理负责协调配合查验。

一线出区离境货物允许在核注清单申报后，备案清单申报前，申报核放单出区的，因为采用的是“先出区、后报关”的模式。海关审核通过后，核放单状态为已审批，车辆可以过卡口。海关可对核放单或者备案清单进行布控查验，被布控的单证会在一线过口岸卡口或二线过区域卡口时触发查验指令，被布控的车辆需要到查验场接受查验。没有布控的车辆，过卡出区，核放单状态调整为已过卡。

保税港区、保税物流中心、保税物流园区等海关特殊监管区（场所）运往境外的货物免征出口关税。除法律、行政法规和规章另有规定的外，不实行进出口配额、许可证管理。

思政园地

2019年1月12日国务院正式印发《关于促进综合保税区高水平开放高质量发展的若干意见》，对标高质量发展要求，加快综合保税区创新升级，打造对外开放新高地，推动综合保税区发展成为具有全球影响力和竞争力的加工制造中心、研发设计中心、物流分拨中心、检测维修中心、销售服务中心，并提出21项具体的任务举措。

近年来，广州南沙保税港区业务规模稳步增长，已成为南沙外贸进出口的重要支撑。2018年，南沙保税物流货值440亿元，同比增长34%，占到全区进出口值的21%，而保税港区的面积仅占南沙总规划面积的0.6%，平均每平方公里进出口值达89亿元人民币。

2020年9月，国务院批复同意广州南沙保税港区整合优化为广州南沙综合保税区。此次升级转型将对南沙多方面的发展都产生积极影响，也标志着广州对外开放平台再次升级，为广州发展更高层次的开放型经济、推动行程全面开放新格局、建设粤港澳大湾区带来新的重大发展机遇。

知识巩固

一、不定项选择题

1. 保税仓库的设立由（　）审批。

A. 国务院　B. 海关总署　C. 直属海关　D.隶属海关

2. 从境外进入保税区的（　），免于提交相应许可证件。

A. 钢材（实施自动进口许可管理）　B. 黄金首饰（实施黄金制品进口管理）

C. 鳄鱼皮（实施野生动植物进口管理）　D. 加密电话机（实施密码产品进口许可证管理）

3. 企业申请设立保税物流中心（B型）需要下列哪些部门审批（　）。

A. 财政部　B. 海关总署　C. 国家税务总局　D. 国家外汇管理局

二、判断题

1. 海关特殊监管区域、保税监管场所与境内其他区域之间进出消耗臭氧层物质，无须提交进出口许可证。 （ ）
2. 进入保税区、出口加工区等海关特殊监管区域及进入保税仓库、保税物流中心的属于自动进口许可管理的货物。 （ ）
3. 从境外进入保税仓库、保税区、出口加工区的属于关税配额管理的农产品，应提交“农产品进口关税配额证”。 （ ）
4. 海关特殊监管区域、保税监管场所与境外之间进出的，海关特殊监管区域、保税监管场所之间进出的黄金及其制品免于办理“黄金及其制品进出口准许证”。 （ ）

技能实训

根据本项目任务一案例背景，完成该笔业务的关务规划。

① 通关方案：____；

② 相关单证：____；

③ 操作流程：____。

任务二　进出区货物通关作业

任务导入

广州巴尔化妆品有限公司拟从保税物流园区进口一批化妆品和包装盒，委托四通物流报关有限公司办理出区进口通关手续，请完成该笔业务的操作。

相关知识

一、海关特殊监管区域管理系统

1. 海关特殊监管区域管理系统概述

金关二期海关特殊区域管理系统包括保税加工、保税物流、服务贸易、新兴业务（检测、维修、研发等生产性服务业）等的海关业务管理，系统以企业为单元、以账册和记账凭证管理作为基础、区域为整体进行一体化规划和作业流程设计，将区内企业的货物流、单证流和海关的信息流有机结合，实现数据智能化管理，对进出区域的货物的进、出、转、存等环节实施全方位监管，构建全国统一、分层级管理的区域系统。

海关特殊监管区域管理系统主要适用于海关特殊监管区域，主要有综合保税区、保税港区、出口加工区、保税区、保税物流园区等。

2. 系统流程描述

（1）企业向海关申请设立物流账册，向海关申报，海关审核通过后，账册建立。

（2）企业录入核注清单，向海关申报。海关审核通过后，生成报关单（进出境备案清单）。

（3）核注清单与报关单（进出境备案清单）的关系为一对一；海关审核报关单（进出口备案清单），报关单（进出境备案清单）通后，方可放行。

（4）完成核放单录入后，向海关申报核放单数据，海关审核通过后，车辆可以过卡口。海关会对核放单或者报关单进行布控查验，被布控的车辆需要到查验场接受查验，没有布控的车辆，过卡出入区。

（5）报关单对应的核放单货物都过卡之后，对应的核注清单核扣账册底账。

“海关特殊监管区域”管理系统业务类型及操作模块如表4-3所示。

表4-3　“海关特殊监管区域”管理系统业务类型及操作模块

	核注清单（进口）	核注清单（出口）	进出口报关单	进出境备案清单	核放单
二线出口入区	√		√		√
二线进口出区		√	√		√
一线进境入区	√			√	√
一线出境出区		√		√	√

3. 海关特殊监管区与境内区外企业之间进出货物

（1）二线出口入区申报流程。货物在到达海关特殊监管区卡口之前，区内企业先根据区外企业提供的发票、箱单、合同录入保税核注清单（进口）生成QD号；按要求在单一窗口申报出口报关单（报关单申报地应选择特殊区域、场所对应关区代码、出口发货人为区外企业），将QD号录入在随附单据里发送海关；海关放行之后区内企业录入核放单（入区），核放单放行后，载货车辆可自行通过海关特殊监管区（或保税监管场所）卡口进区，涉及中控（海关对出入境货物实施随机抽查的一种方式）的车辆，配合海关查验后放行，报关单结关、物流账册实增货物入区数据（图4-2）。

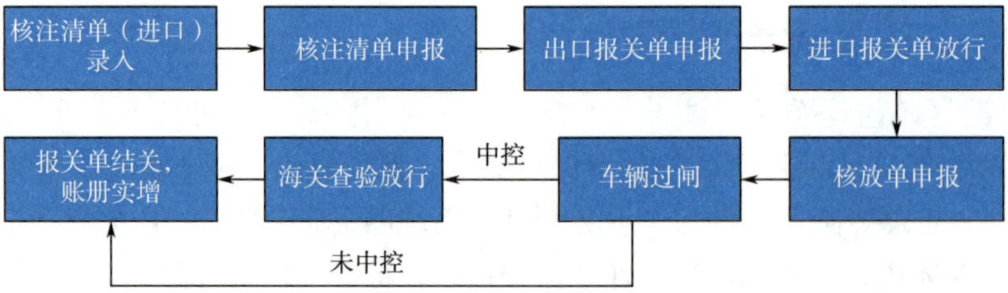

图4-2　二线出口入区流程图

（2）出区申报流程。区内企业根据发票、箱单、合同信息，录入保税核注清单（出口）生成QD号；在单一窗口填报进口报关单（区外企业为进口收货人），把QD号加随附单据里发送海关，待海关放行报关单后，录入核放单（出区），核放单放行之后载货车辆可自行通过海关特殊监管区（或保税监管场所）卡口出区，涉及中控的车辆，配合海关查验后放行，报关单结关、物流账册实扣货物出区数据（图4-3）。

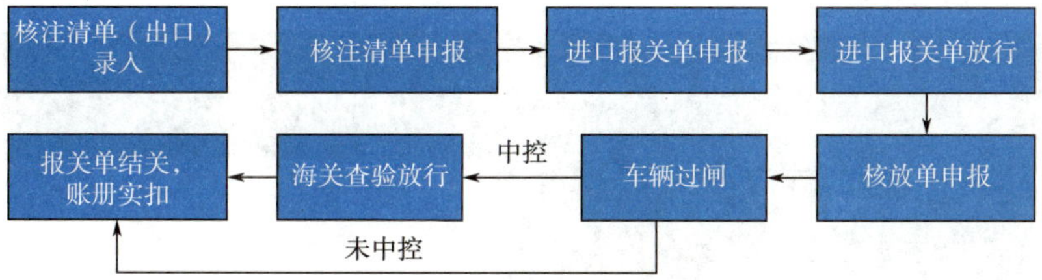

图4-3　二线进口出区流程图

二、保税物流管理系统

保税物流管理系统适用于海关保税监管区域，主要有保税物流中心A型、保税物流中心B型、保税仓库、出口监管仓库等。该系统的功能模块与操作流程与海关特殊监管区域管理系统基本一致，此处不再赘述。

三、保税货物流转管理系统

1. 保税货物流转管理模式

根据海关总署公告2018年第52号《关于海关特殊监管区域和保税物流中心（B型）保税货物流转管理的公告》，新的保税货物流转管理模式有以下特点：

（1）简化了办理流程。对海关特殊区域、保税物流中心（B型）间保税货物流转管理采用“核注清单对碰模式”实施管理，取消了原有的流转申报表备案，收、发货登记，集中报关等作业流程，流程更为简化。

（2）优化了管理模式。对转出、转入企业的申报数据比对（即核注清单比对），采用汇总比对模式进行，不再要求双方企业进行对应拆分和建立“一对一”关系，最大限度适应了双方企业各自的管理实际。

（3）拓展了适用范围。在满足保税货物流转管理业务需求的同时，将设备结转也纳入了流转管理范畴，解决了区域间保税设备结转管理操作问题，满足了部分企业的实际需求。同时，明确海关特殊监管区域和保税监管场所与区外加工贸易企业、其他保税监管场所间的保税货物流转参照该规定办理，为此类业务明确了操作依据。

2. 保税货物流转管理系统

保税货物流转管理系统建设配合金关工程（二期）的建设以及业务制度的建设同步开发与应用，在充分借鉴现有深加工流转系统、外发加工系统以及区间保税货物流转系统（一期）的运行管理和建设开发经验基础上，建设一个功能齐全、精简统一、高效便捷的信息化系统，以满足保税货物国内流转的所有业务类型。同时，对现有保税货物国内流转的业务管理制度加以修订，确保相同或类似业务在管理上趋于一致（图4-4）。

金关二期保税流转管理系统应用范围涵盖全部加工贸易企业，包括区外加工企业、监管场所、特殊监管区域，满足海关对加工贸易货物监管、监控的需要。

3. 特殊监管区域（场所）结转操作

在金关二期“加工贸易”—“保税货物流转”系统内进行申报。

（1）保税核注清单申报。转入、转出企业按“先报进、后报出”的原则分别申报保税核注

图4-4 中国国际贸易单一窗口界面“保税货物流转”系统

清单（进口）、保税核注清单（出口），清单类型填报普通清单，关联清单编号由转出企业填报对应转入企业的进口保税核注清单编号，关联备案编号填写对方手（账）册备案号。流转类型栏目填写保税货物流（结）转的实际类型，包括：加工贸易深加工结转、加工贸易余料结转、不作价设备结转、区间深加工结转、区间料件结转。设备结转时，监管方式应填设备进出区（监管方式代码5300）。

（2）保税核注清单比对。转入、转出保税核注清单按10位商品编码进行汇总比对，商品编码比对一致且法定数量相同的，双方核注清单比对成功；系统比对不成功的，按双方核注清单商品编码前8位进行汇总比对，商品编码比对一致且法定数量相同的，转人工比对。商品编码比对不一致或法定数量不同的，对转出保税核注清单予以退单，由转入转出双方协商，并根据协商结果对保税核注清单进行相应修改或撤销。流转双方对同一商品的商品编码协商不一致时应按转入地海关依据商品归类的有关规定认定的商品编码确定。

（3）实际收发货。转入、转出保税核注清单均已审核通过的，企业进行实际收发货，并按相关要求办理卡口核放手续。流转双方企业可不再办理报关申报手续。

思政园地

《海南自由贸易港建设总体方案》确定了在2025年之前这段时间的18项重点任务，第一项就是在洋浦保税港区等具备条件的海关特殊监管区域率先实行“一线放开、二线管住”的进出口管理制度。“一线放开”是指海南自贸港与中华人民共和国关境外其他国家和地区之间进出口的货物、物品除禁止、限制外，自由进出自贸港，海南自由贸易港进口征税商品目录货物，免征进口关税，即实行“零关税”政策；“二线管住”就是指货物、物品从海南自贸港进入内地，原则上按进口规定办理相关手续，照章征税。

海关监管制度是海南自贸港一项必不可少的制度安排。海关监管制度创新和突破在海南自贸港建设中发挥着非常重要的作用。得益于离岛免税新政，从2020年7月1日至2021年4月6日，海关共监管离岛免税购物金额347亿元，件数4326万件，购物旅客496万人次，同比分别增长244%、215%、101%。

在海关总署缉私局统一指挥、海南省打私办统一协调下，海口海关缉私部门联合地方公安部门，截至2020年7月，已经开展第三轮打击海南离岛旅客免税购物渠道走私集中收网行动，共打掉免税品套购走私团伙6个，抓获涉案人员45人，共立案侦办11宗刑事案件，打掉走私团伙13个，抓获涉案人员200余人，采取强制措施41人，现场查扣涉案化妆品、箱包、配饰等数千余件。同时，海口海关对违反离岛免税购物监管规定的63名旅客处以“三年内不得享受离岛免税购物政策”的处罚。

技能实训

根据本项目任务二背景资料，以下单证资料，填报进口报关单相关栏目。

1. 进境备案清单

中华人民共和国海关进境备案清单（表体）

预录入编号：*********** 海关编号：***************

项号	商品编码	商品名称及规格型号	数量及单位	单价/总价/币制	原产国（地区）	最终目的国（地区）	境内目的地
1（0）	3304990039	茜斯爽肤水 4丨3丨保湿护肤用丨200mL/瓶	45 597.6千克 22 798件 227 988瓶	*** ***** 欧元	德国（DEU）	中国（CHN）	（44017）广州保税物流园区
2（0）	3304990039	茜斯洁面乳 4丨3丨保湿护肤用丨190mL/瓶	10 294.2千克 54 180件 54 180瓶	*** ***** 欧元	德国（DEU）	中国（CHN）	（44017）广州保税物流园区
3（0）	3304990039	茜斯水凝平衡保湿霜 4丨3丨保湿护肤用丨50mL/瓶	995.4千克 19 908件 19 908瓶	*** ***** 欧元	德国（DEU）	中国（CHN）	（44017）广州保税物流园区
4（0）	3304990039	茜斯精华素 4丨3丨保湿护肤用丨30mL/瓶	97.2千克 3 240件 3 240瓶	*** ***** 欧元	德国（DEU）	中国（CHN）	（44017）广州保税物流园区

2. 运保费单据（中山某国际货运代理有限公司出具）

DEBIT NOTE（1）

收费项目	数量	单价	RMB
运费	1	698.26	698.26
保费	1	115.68	115.68

DEBIT NOTE（2）

收费项目	数量	单价	RMB
运费	1	757.13	757.13
保费	1	52.23	52.23

3. 订购合同

PURCHASE CONTRACT

This Contract is made by and between Buyer and Seller, whereby the Seller agrees to sell and the Buyer agree to buy the under-mentioned goods according to the terms and conditions stipulated below:

Specification of Goods 货物规格	Quantity 数量	Unit price 单价	Amount 总价 FOB
Sancis MOISTURE 茜斯水润平衡保湿霜 盒子	2520 15360	** **	***** ****
TOTAL	17880	*****	

Loading Port 装运港：ROTTERDAM

Destination 目的港：HUANGPU

Terms of Payment 支付方式：T/T

4. 商业发票

INVOICE

TO: Guangzhou Baer Cosmetics Co., LTD.		NO.：15785&15786 DATE：2018-12-05 S/C NO.：BR20181206		
ARTICLE NUMBER	DESCRIPTIONS OF GOODS	QUANTITY	UNIT PRICE	AMOUNT（EUR）
4088332	Sancis MOISTURE 50ML Folding box	2520 15360	*** **	**** ***

1）TIME OF SHIPMENT：****

2）PACKING：3 pallets

3）PORT OF DISCHARGE：HUANGPU

4）COUNTRY OF ORIGIN：GERMANY

5）PAYMENT：T/T

6）PORT OF RECEIPT：BADEN，GERMANY

7）PAYMENT RULES：FOB GERMANY

5. 装箱单

PACKING LIST

CONSIGNEE： Guangzhou Baer Cosmetics Co., LTD.			NO.：201809200019 DATE：2018-12-05 S/C NO.：BR20181206		
ARTICLE NUMBER	DESCRIPTIONS OF GOODS	QUANTITY（PCS）	NET WEIGHT（KG）	GROSS WEIGHT（KG）	NET NET WEIGHT（KG）
4088332	Sancis MOISTURE 50ML Folding box	2520 15360	496，440 130，000	578，000 151，000	126，000
TOTAL：		17. 880	626，440	729，000	126，000

① TIME OF SHIPMENT：****
② PACKING：3 pallet
③ PORT OF DISCHARGE：HUANGPU
④ COUNTRY OF ORIGIN：GERMANY
⑤ PAYMENT：T/T
⑥ PORT OF RECEIPT：BADEN，GERMANY
⑦ PAYMENT RULES：FOB GERMANY

注：德国开具的票据中，“,”（逗号）代表小数点，“.”（点）代表三位分隔符。用逗号表示小数点的国家，除了德国，还有法国、巴西等国家。

6. 申报要素

序号	金二项号	中文品名	HS CODE	包装	用途	标签备案号	CIQ
1	143	茜斯水凝平衡保湿霜	3304990039	50ml/瓶	保湿护肤用	JH123468158	213成人面部用美容化妆品
2	159	包装纸盒	48192000	非瓦楞纸或纸板			999其他纸或纸制品

电子账册号：YW12345K005
品牌类型：境外品牌（其他）
境外发货人：德国巴尔化妆品有限公司

中华人民共和国海关进口货物报关单

预录入编号： 海关编号： （××海关） 页码/页数：

境内收货人	进境关别		进口日期		申报日期	备案号 ①	
境外发货人	运输方式 ②		运输工具名称及航次号		提运单号	货物存放地点	
消费使用单位	监管方式 ③		征免性质 ④		许可证号	启运港	
合同协议号	贸易国（地区）⑤		启运国（地区）⑥		经停港	入境口岸	
包装种类 ⑦	件数 ⑧	毛重（千克）	净重（千克）	⑨	运费 ⑩	保费 ⑪	杂费
随附单证及编号							
标记唛码及备注							
项号 商品编号	商品名称及规格型号	数量及单位	单价/总价/币制	原产国(地区)	最终目的国(地区)	境内目的地	征免
⑫							⑬
⑭							⑮

① 备案号______ ② 运输方式______ ③ 监管方式______ ④ 征免性质______ ⑤ 贸易国（地区）______

⑥ 启运国______ ⑦ 包装种类______ ⑧ 件数__________ ⑨ 成交方式______ ⑩ 运费________________

⑪ 保费________ ⑫ 项号__________ ⑬ 征免__________ ⑭ 项号__________ ⑮ 征免________________

项目五

跨境电商通关

知识目标

- 了解国家和地方支持跨境电子商务B2B出口业务的相关政策
- 熟悉跨境电子商务B2B出口业务线下通关流程
- 了解跨境电商B2C进口通关的相关监管政策
- 了解保税模式下跨境电商B2C进口监管涉及的信息管理系统
- 熟悉保税模式下跨境电商B2C进口通关业务的各阶段操作流程
- 了解9610模式下B2C进口通关的相关监管政策

能力目标

- 能够核实跨境电商B2B出口通关操作所需要的单证
- 能够办理跨境电子商务B2B出口通关业务
- 能够参与保税模式下跨境电商B2C进口业务的注册备案操作
- 能够参与保税模式下跨境电商B2C进口业务特殊监管区信息管理系统的操作
- 能够办理保税模式下跨境电商B2C进口通关业务
- 能够办理9610模式下跨境电商B2C进口通关业务

素质目标

- 理解跨境电商B2B出口、跨境电商B2C进口报关程序和法律法规制度设计背后的价值导向
- 遵守诚信守法、爱岗敬业、务实创新的职业规范
- 具有一定实践创新能力和精益求精的工匠精神，增强自我管理、团队合作与沟通能力

任务一 跨境电商出口通关作业

任务导入

2020年4月国务院常务会议决定，在已设立59个跨境电商综合试验区基础上，再新设46个跨境电商综合试验区，重点扶持跨境B2B出口业务。广东东方皮具有限公司主营箱包出口业务。2020年7月，该公司在阿里巴巴国际站成交一笔出口订单业务，委托四通物流报关有限公司办理该票货物的出口通关手续。

相关知识

一、跨境电商海关管理

1. 世界海关组织跨境电商标准框架

《世界海关组织跨境电商标准框架》（以下简称《标准框架》）于2018年6月经世界海关组织审议发布。《标准框架》因跨境电子商务体量的迅速增长而产生，旨在为跨境电商建构一个综合、全面、高效、透明的监管体系，促进监管标准在国与国之间实现标准化、体系化和统一化。《标准框架》从八个方面为跨境电商订立了标准，包括数据处理与风险管理、程序的便利化与简捷化、公平而高效的税收征管制度、安全性与可靠性、合作关系、公众意识推广与能力建设、标准与分析方法以及变革技术的运用。

2. 跨境电子商务经营者

根据《电子商务法》第九条的规定，电子商务经营者包括：电子商务平台经营者、平台内经营者以及通过自建网站、其他网络服务销售商品或者提供服务的电子商务经营者。跨境电子商务经营者通常包括以下类型：

（1）跨境电子商务企业。跨境电子商务企业是指自境外向境内消费者销售跨境电子商务零售进口商品的境外注册企业（不包括在海关特殊监管区域或保税物流中心内注册的企业），或者境内向境外消费者销售跨境电子商务零售出口商品的企业，为商品的所有权人。

（2）跨境电子商务平台企业。跨境电子商务平台企业是指在境内办理工商登记，为交易双方（消费者和跨境电子商务企业）提供网页空间、虚拟经营场所、交易规则、信息发布等服务，设立供交易双方独立开展交易活动的信息网络系统的经营者。

（3）跨境电子商务支付企业。跨境电子商务支付企业是指在境内办理工商登记，接受跨境电子商务平台企业或跨境电子商务企业境内代理人委托为其提供跨境电子商务零售进口支付服务的银行、非银行支付机构以及银联等。

（4）跨境电子商务物流企业。跨境电子商务物流企业是指在境内办理工商登记，接受跨境电子商务平台企业、跨境电子商务企业或其代理人委托为其提供跨境电子商务零售进出口物流服务的企业。

3. 跨境电子商务企业注册登记

跨境电子商务平台企业、物流企业、支付企业等参与跨境电子商务零售进口业务的企业，应当依据海关报关单位注册登记管理相关规定，向所在地海关办理注册登记；境外跨境电子商务企业应委托境内代理人（以下称跨境电子商务企业境内代理人）向该代理人所在地海关办理注册登记。

4. 跨境电子商务企业AEO认证

跨境电子商务平台企业申请适用海关认证企业管理的，应当同时符合《海关认证企业标准》中的通用标准、进出口货物收发货人（海关总署公告2018年第177号）和跨境电子商务平台企业单项标准（海关总署公告2019年第229号）。

进出境快件运营人申请适用海关认证企业管理的，应当同时符合《海关认证企业标准》中的通用标准、报关企业（海关总署公告2018年第177号）和进出境快件运营人单项标准（海关总署公告2019年第229号）。

5. 跨境电子商务综合试验区

跨境电子商务综合试验区是由中华人民共和国国务院批准设立的跨境电子商务贸易试验区域，是指划出部分城市区域并在所划区域内，在跨境电子商务交易、支付、物流、通关、退税、结汇等环节的技术标准、业务流程、监管模式和信息化建设等方面先行先试，通过制度创新、管理创新、服务创新和协同发展，破解跨境电子商务发展中的深层次矛盾和体制性难题，打造跨境电子商务完整的产业链和生态链，逐步形成一套适应和引领全球跨境电子商务发展的管理制度和规则，为推动中国跨境电子商务健康发展提供可复制、可推广的经验。

截至2020年4月，自2015年3月在杭州设立第一个跨境电子商务综合试验区以来，国务院共发布五次批复，批准在4个直辖市、26个省份，共计105个城市和地区设立跨境电子商务综合试验区（表5-1）。

表5-1 跨境电子商务综合试验区设立一览表

文件依据	跨境电子商务综合试验区名称	批准日期
国务院关于同意设立中国（杭州）跨境电子商务综合试验区的批复（国函〔2015〕44号）	杭州	2015年3月7日
国务院关于同意在天津等12个城市设立跨境电子商务综合试验区的批复（国函〔2016〕17号）	天津市、上海市、重庆市、合肥市、郑州市、广州市、成都市、大连市、宁波市、青岛市、深圳市、苏州市	2016年1月12日
国务院关于同意在北京等22个城市设立跨境电子商务综合试验区的批复（国函〔2018〕93号）	北京市、呼和浩特市、沈阳市、长春市、哈尔滨市、南京市、南昌市、武汉市、长沙市、南宁市、海口市、贵阳市、昆明市、西安市、兰州市、厦门市、唐山市、无锡市、威海市、珠海市、东莞市、义乌市	2018年7月24日
国务院关于同意在石家庄等24个城市设立跨境电子商务综合试验区的批复（国函〔2019〕137号）	石家庄市、太原市、赤峰市、抚顺市、珲春市、绥芬河市、徐州市、南通市、温州市、绍兴市、芜湖市、福州市、泉州市、赣州市、济南市、烟台市、洛阳市、黄石市、岳阳市、汕头市、佛山市、泸州市、海东市、银川市	2019年12月15日
国务院关于同意在雄安新区等46个城市和地区设立跨境电子商务综合试验区的批复（国函〔2020〕47号）	雄安新区、大同市、满洲里市、营口市、盘锦市、吉林市、黑河市、常州市、连云港市、淮安市、盐城市、宿迁市、湖州市、嘉兴市、衢州市、台州市、丽水市、安庆市、漳州市、莆田市、龙岩市、九江市、东营市、潍坊市、临沂市、南阳市、宜昌市、湘潭市、郴州市、梅州市、惠州市、中山市、江门市、湛江市、茂名市、肇庆市、崇左市、三亚市、德阳市、绵阳市、遵义市、德宏傣族景颇族自治州、延安市、天水市、西宁市、乌鲁木齐市	2020年4月27日

中国（杭州）跨境电子商务综合试验区创新构建以“六体系两平台”为核心的制度体系，即信息共享、金融服务、智能物流、电商信用、统计监测和风险防控“六体系”，以及线上单一窗

口和线下综合园区“两平台”的顶层设计框架，并在全国范围内复制推广。

跨境电商综合试验区政策优势主要包括：实行对综合试验区内跨境电商企业未取得有效进货凭证的货物，凡符合规定条件的，出口免征增值税和消费税等税收优惠政策；允许登记跨境电商企业和个人开立个人外汇结算账户凭合同或运单直接在银行办理跨境电子商务涉及的外汇收支而不受5万美元个人结售汇年度额度限制、逐步提高货物贸易单笔金额上限等结汇优惠政策；海关总署计划实施《跨境电商标准框架》，进一步简化申报并实现集中纳税、代扣代缴、允许批量的转关、创新退换货的流程、提供税款担保服务等通关便利措施；支持企业共建共享海外仓。

二、进出境邮递物品通关

（1）邮递物品的定义。进出境邮递物品是指通过邮寄方式进出境的物品，包括：包裹、小包邮件和印刷品等。海关对邮递物品的监管是指海关对邮运进出境货物、货样、商业性宣传品、广告品、个人物品、使领馆公私用物品、企事业单位赠送、交换交流物品、贸易性和非贸易性印刷品、邮政快件等的行政执法行为。例如：我国境内消费者在海关未备案的境外跨境电商平台购买商品，通过国际邮运方式进境的包裹，属于海关对邮递物品的监管范围。

（2）分类。按照国际惯例，对通过国际邮运方式进出口的物品、函件称为“国际邮件”。国际邮件的种类从邮运方式来分，有水陆邮件、航空邮件、快递邮件。按照邮件性质分为函件和包裹两类，函件包括信函、保价信函、明信片、印刷品和小包；包裹分为普通包裹、脆弱包裹和保价包裹。函件和包裹中除信件以外都属海关监管范围，也就是我们所称的进出境邮递物品。

（3）海关监管的原则。进出境的个人邮递物品，应该以自用合理数量为限，并要符合海关关于个人物品限值及个人物品范围的规定。个人邮递物品，即个人邮递包裹和小包按照国际邮件处理规则，小包限值在1千克以内、包裹在20千克以内，另有协议的按协议办理。

（4）关于个人物品的限制。个人寄自或寄往港、澳、台地区的物品，每次限值为800元人民币；寄自或寄往其他国家和地区的物品，每次限值为1000元人民币。

个人邮寄进出境物品超出规定限值的，应办理退运手续或者按照货物规定办理通关手续。但邮包内仅有一件物品且不可分割的，虽超出规定限值，经海关审核确属个人自用的，可以按照个人物品规定办理通关手续。

依据相关规定，中药材、中成药均属国家限制出境物品。个人邮寄中药材、中成药出境，寄往港澳地区的，总值限人民币100元，寄往国外的，限人民币200元。

（5）海关征税。个人邮寄进境物品，海关依法征收进口税，但应征进口税税额在人民币50元（含50元）以下的，海关予以免征。进出境个人邮递物品应征的关税和其他法定由海关征收的税费，可由邮局凭海关签发的税款缴纳证代缴代收。

邮运进出口的商业性邮件，应按照货物规定办理通关手续。

（6）通关手续。进出境的个人邮递物品，应该由收件人到邮局向派驻邮局的海关办理进境报关手续，收件人不能亲自到海关办理手续的，可委托他人或邮局向海关办理报关手续。

从设有海关的地区寄出的个人邮递物品，可由寄件人向驻邮局的海关申报交验，办理出境手续。在未设立海关的地区，可按上述手续直接向邮局投寄，由邮局交驻出境地驻邮局海关验放。寄件人在邮寄出境邮包时，应填写报关单、绿色验关标签等单证，如实填报内装物品的品名、数量、价值等（如邮寄大包裹应另外填写发寄单，免填绿色验关标签），向驻邮局的海关申报，经海关验放后，交邮局投寄。

三、进出境快件通关

（1）进出境快件的含义。进出境快件是指进出境快件营运人，以向客户承诺的快递商业运作方式承揽、承运的进出境的货物、物品。

（2）进出境快件的分类。进出境快件可分为文件类、个人物品类和货物类。

文件类进出境快件（也称为A类快件）是指法律、法规规定予以免税且无商业价值的文件、单证、票据及资料。

个人物品类进出境快件（也称为B类快件）是指海关法规规定自用、合理数量范围内的进出境的旅客分离运输行李物品、亲友间相互馈赠物品和其他个人物品。

货物类进出境快件是指文件类进出境快件和个人物品类进出境快件以外的快件。价值在5000元人民币（不包括运、保、杂费等）及以下的货物（涉及许可证件管制的，需要办理出口退税、出口收汇或者进口付汇的除外）称为C类快件或低值快速货物。D类快件为A类、B类、C类快件以外的快件，该类快件应当向海关提交进出口货物报关单及货物通关相关的单证办理报关手续。

（3）进出境快件的申报。除另有规定外，进出境快件运营人办理进出境快件报关手续时，应当按照进出境快件的分类分别向海关提交有关报关单证并办理相应的报关、纳税手续。进境快件自运输工具申报进境之日起14天内，出境快件在运输工具离境3小时之前，应当向海关申报。

（4）海关快件通关管理系统。为规范海关对进出境快件监管，加大信息化技术运用，提高通关效率，方便进出境快件通关，海关总署启用快件通关管理系统。系统适用于文件类进出境快件（以下简称A类快件）、个人物品类进出境快件（以下简称B类快件）和低值货物类进出境快件（以下简称C类快件）报关。D类快件不适用于该系统，应通过货物报关系统进行申报。

A类快件通关，快件运营人应当向海关提交A类快件报关单、总运单（复印件）和海关需要的其他单证。

B类快件通关，快件运营人应当向海关提交B类快件报关单、每一进出境快件的分运单、进境快件收件人或出境快件发件人身份证影印件和海关需要的其他单证。B类快件的限量、限值、税收征管等事项应当符合海关总署关于邮递进出境个人物品相关规定。快件运营人应核实确认物品的名称、数量、价值、品牌等情况，收取海关需要的单证资料，通过快件通关系统向海关申报并提交相关单证。

C类快件通关，快件运营人应当向海关提交C类快件报关单、代理报关委托书或者委托报关协议、每一进出境快件的分运单、发票和海关需要的其他单证，并按照进出境货物规定缴纳税款。进出境C类快件的监管方式为：一般贸易或货样广告品；征免性质为：一般征税；征减免税方式为：照章征税。

快件运营人按照上述规定提交复印件（影印件）的，海关可要求快件运营人提供原件验核。跨境电商快件以B类和C类快件为主，海关监管场所通常为机场快件监管中心。

国际贸易单一窗口快件申报系统如图5-1所示。

图5-1 国际贸易单一窗口快件申报系统

四、跨境电商出口通关

跨境电商出口是指国内电子商务企业通过电子商务平台达成出口交易、进行支付结算，并通过跨境物流配送的一种国际商业活动。跨境电商的特征主要为电子化、个性化、碎片化、高频次和低货值。根据交易性质的不同，可以分为跨境电商企业对企业（B2B）出口与跨境电商零售（B2C）出口。

1. 跨境电商B2B出口通关

跨境电商一般贸易（B2B）是指商主体与商主体之间利用互联网平台达成跨境交易，从本质上讲其仍为一般贸易类型，只是促成交易的手段与时俱进，享受了科技便利的成果。跨境电商B2B出口全称“跨境电商企业对企业出口”，是指境内企业通过跨境物流将货物运送至境外企业或海外仓，并通过跨境电商平台完成交易的贸易形式，企业根据海关要求传输相关电子数据。

（1）跨境电商B2B出口的两种模式。

① 9710模式。B2B直接出口，境内企业通过跨境电商平台与境外企业达成交易后，通过跨境物流将货物直接出口至境外企业。采用“跨境电商B2B直接出口”（代码9710）监管方式申报。

② 9810模式。出口海外仓，境内企业先将货物通过跨境物流出口至海外仓，通过跨境电商平台实现交易后从海外仓送达境外购买者。采用“跨境电商出口海外仓”（代码9810）监管方式申报。创新跨境电商出口海外仓货物退运监管，对跨境电商出口海外仓货物1年内退运进境的，以企业和商品为单元建立底账数据，企业多个报关单出口的货物可在同一报关单退回。

（2）跨境电商B2B出口通关流程。根据海关总署公告2020年第75号《关于开展跨境电子商务企业对企业出口监管试点的公告》增列跨境电商B2B出口的海关监管方式代码“9710”“9810”，具体通关流程如下：

① 办理企业注册登记。跨境电商企业、跨境电商平台企业、物流企业等参与跨境电商B2B出口业务的境内企业，应当依据海关报关单位注册登记有关规定在海关办理注册登记，并在跨境

电商企业类型中勾选相应的企业类型；已办理注册登记未勾选企业类型的，可在国际贸易“单一窗口”提交注册信息变更申请。

② 海外仓业务备案。开展跨境电商出口海外仓业务的企业，还应在海关办理出口海外仓业务模式备案。开展跨境电商出口海外仓业务的境内企业应在海关办理注册登记，且企业信用等级为一般信用及以上。向海关提交《跨境电商出口海外仓企业备案登记表》《跨境电商海外仓信息登记表》、海外仓所有权文件（自有海外仓）、海外仓租赁协议（租赁海外仓）、其他可证明海外仓使用的相关资料（如海外仓入库信息截图、海外仓货物境外线上销售相关信息）等。

③ H2018通关管理系统通关。对于单票金额超过人民币5000元，或涉证、涉检、涉税的跨境电商B2B出口货物，企业应通过H2018通关管理系统办理通关手续。跨境电商B2B直接出口（9710）申报前，跨境电商企业或跨境电商平台企业应向海关传输交易订单信息；跨境电商出口海外仓（9810）申报前，跨境电商企业应向海关传输海外仓订仓信息。跨境电商企业或其代理人向海关申报报关单，系统对企业资质及申报内容进行校验，通过的向H2018申报报关单。

④ 跨境电商出口统一版系统通关。对于单票金额在人民币5000元（含）以内，且不涉证、不涉检、不涉税的，企业可以通过跨境电商出口统一版系统办理通关手续。跨境电商B2B直接出口（9710）货物申报前，跨境电商企业、物流企业应分别向海关传输交易订单、物流信息；跨境电商出口海外仓（9810）货物申报前，跨境电商企业、物流企业应分别向海关传输海外仓订仓信息、物流信息。跨境电商企业或其代理人向海关申报清单，系统对企业资质及申报内容进行校验，通过的向出口统一版申报清单。清单无须汇总申报报关单。通过清单申报的方式通关，较普通报关单减少了57项申报要素，符合条件的申报清单还可按照6位HS编码简化申报。

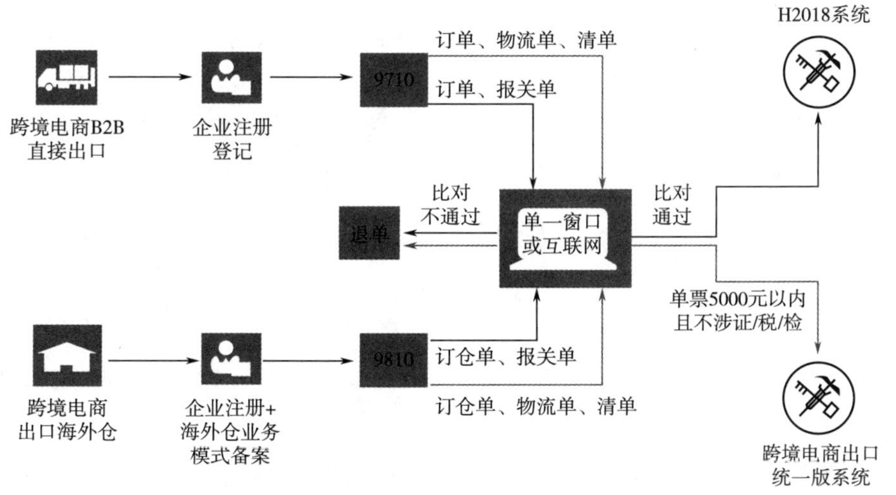

图5-2 跨境电商B2B出口通关流程

⑤ 退货监管措施。根据海关总署公告2020年第44号公告规定，跨境电子商务出口企业、特殊区域［包括海关特殊监管区域和保税物流中心（B型）］内跨境电子商务相关企业或其委托的

报关企业（以下简称“退货企业”）可向海关申请开展跨境电子商务出口退货业务。

退货企业可以对原《中华人民共和国海关出口货物报关单》《中华人民共和国海关跨境电子商务零售出口申报清单》或《中华人民共和国海关出境货物备案清单》所列全部或部分商品申请退货。跨境电子商务出口退货商品可单独运回也可批量运回，退货商品应在出口放行之日起1年内退运进境。

2. 跨境电商B2C出口通关

跨境电商零售B2C是分属不同关境的企业与消费者在线上交易，企业销售商品或提供服务的商业模式。境内电子商务企业通过电子商务交易平台实现交易，可采用“清单核放、汇总申报”（海关总署公告2014年第12号）或“清单核放、汇总统计”（海关总署公告2018年第194号）模式办理通关手续的电子商务零售出口商品，监管方式为“跨境贸易电子商务”（代码9610）。9610模式介绍详见本项目任务二，此处不再赘述。

跨境电子商务零售商品出口后，跨境电子商务企业或其代理人应当于每月15日前（当月15日是法定节假日或者法定休息日的，顺延至其后的第一个工作日），将上月结关的《申报清单》依据清单表头同一收发货人、同一运输方式、同一生产销售单位、同一运抵国、同一出境关别，以及清单表体同一最终目的国、同一10位海关商品编码、同一币制的规则进行归并，汇总形成《中华人民共和国海关出口货物报关单》向海关申报。

跨境电子商务综合试验区内符合条件的跨境电子商务零售商品出口，允许以“清单核放、汇总统计”方式办理报关手续的，不再汇总形成《中华人民共和国海关出口货物报关单》。

表5-2　9610出口业务通关申报单证及对应主体

序号	9610模式出口申报业务单证	申报主体
1	订单	跨境电子商务企业
2	支付单（收款信息）	跨境电子商务企业
3	物流单（运单）	跨境电子商务物流企业
4	运抵单（运抵报告）	跨境电子商务监管场所
5	申报清单	跨境电子商务企业/具有代理报关资质的物流企业
6	离境单	跨境电子商务物流企业
7	汇总申报清单（用于汇总统计）	跨境电子商务企业/具有代理报关资质的物流企业

不同通关模式下的区别，详见项目一任务一　海关通关一体化改革中的“表1-3　跨境电商出口通关不同监管方式比较”。

知识巩固

一、判断题

1. 跨境电商B2B出口货物适用全国通关一体化，也可采用“跨境电商”模式进行转关。(　　)

2. 跨境电子商务零售商品出口时，跨境电子商务企业或其代理人应提交《申报清单》，采取“清单核放、汇总申报”方式办理报关手续。(　　)

3. 跨境电子商务综合试验区内符合条件的跨境电子商务零售商品出口，可采取“清单核放、汇总统计”方式办理报关手续。(　　)

二、思考题

1. 深圳某跨境电商企业主要是在亚马逊、eBay、Wish等海外跨境电商平台上小额批发以及零售电子产品，根据仓储和订单实际情况，公司发货结合采用空运直发、亚马逊FBA、FBW海外仓、中国邮政小包、国际快递，请问在不同的物流发货方式下，如何选择合适的海关监管方式并办理相应的出口通关手续呢?

2. 深圳某跨境电商企业入驻前海（全球）跨境电子商务产业园，如何查询深圳市跨境电子商务综合试验区通关操作流程?

技能实训

根据本项目任务一案例背景及以下资料，填报该笔业务的清单表体部分相关内容。

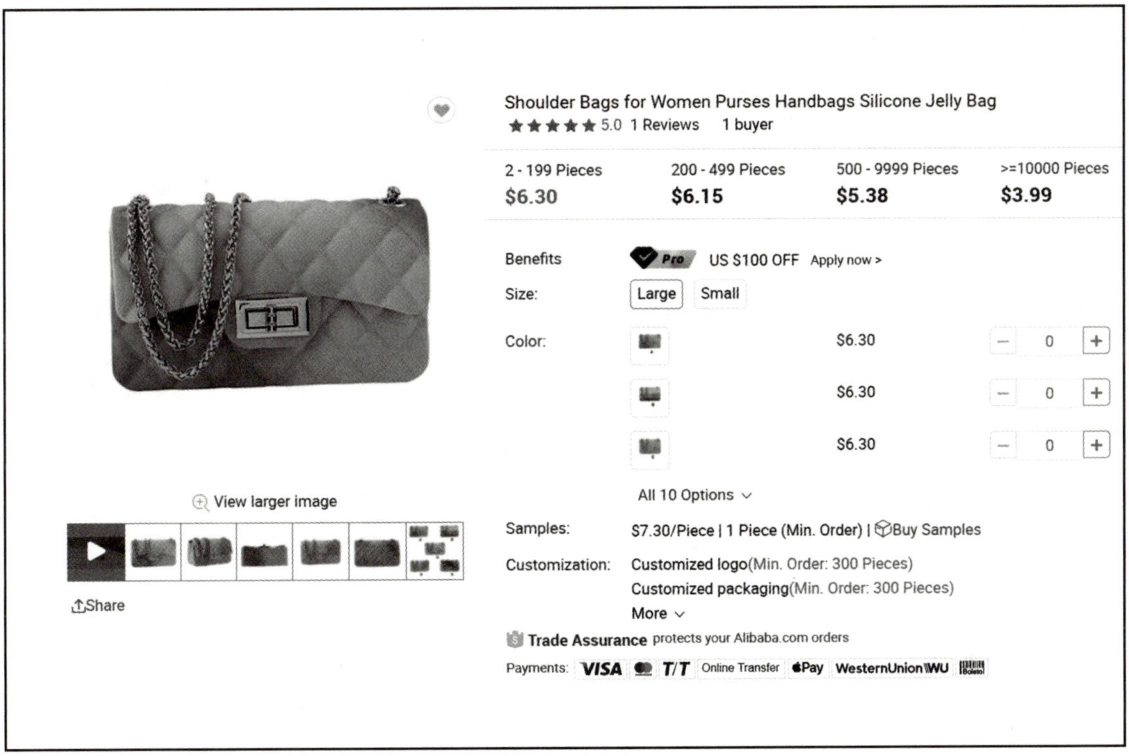

Material材质：	PVC
Bag Usage箱包用途（类型）：	Purses and Handbags，Shoulder Bag，Handbag，Cross body Bag
Size尺寸：	Large size：22cm × 12cm × 8cm
Weight重量：	550 gram/PC
Design设计（商品名称）：	Colored Jelly Clear Transparent Bag
Style款式：	Western
Quantity数量：	200 PCS
Logo商标：	Customized logo acceptable
Packing包装：	PE bag
Lead Time制造周期（交货期）：	25 days

“单一窗口”跨境电商出口录入界面：

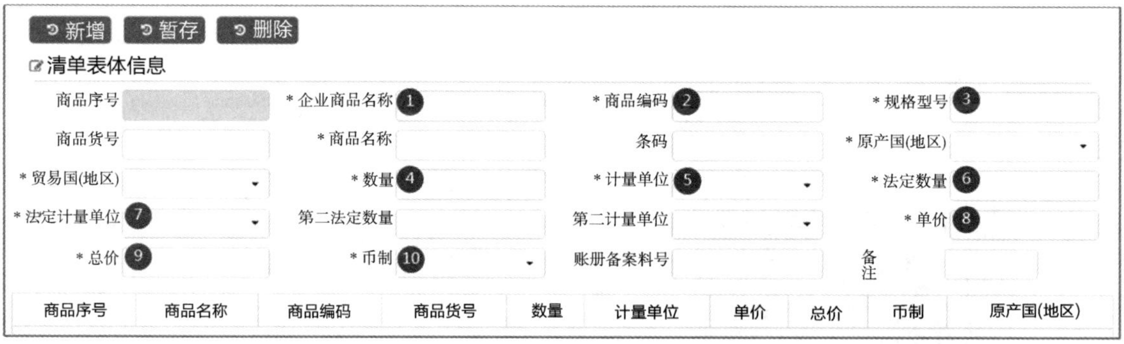

① 企业商品名称：____________________；

② 商品编码：____________________；

③ 规格型号：____________________；

④ 数量：____________________；

⑤ 计量单位：____________________；

⑥ 法定数量：____________________；

⑦ 法定计量单位：____________________；

⑧ 单价：____________________；

⑨ 总价：____________________；

⑩ 币制：____________________。

任务二 跨境电商进口通关作业

任务导入

广州中天网络科技有限公司是一家新近成立的跨境贸易电子商务公司，拟从事跨境电子商务B2C进口业务，致力于为中国消费者提供高质量的境外品牌美妆、食品和日用品，深入产品原产地直接采购，从源头杜绝假货。现公司有两批货物，分别采用保税备货模式、直邮模式进口，委托四通物流报关有限公司办理这两票货物的进口通关手续。

相关知识

一、跨境电商零售进口

1. 定义

跨境电商零售进口是指中国境内消费者通过跨境电商第三方平台经营者自境外购买商品，并通过海关跨境零售进口监管方式，运递进境的消费行为。我国政府近年来围绕跨境电商零售进出口业务新增列的三种监管方式，即电子商务（代码“9610”）、保税电商（代码“1210”）、保税电商A（代码“1239”）适用的监管对象均为跨境电商零售商品。

跨境电商零售进口不同于一般贸易，主要是满足国内居民品质化、多元化消费需求，必须是直接面对消费者且仅限于个人自用。基于这一前提，海关对通过“网购保税进口”（代码“1210”）或“直购进口”（代码“9610”）的跨境电商零售进口商品按个人自用进境物品监管，跨境电子商务零售进口商品清单中商品免于向海关提交许可证件，不执行首次进口许可批件、注册或备案要求。但对相关部门明令暂停进口的疫区商品和对出现重大质量安全风险的商品启动风险应急处置时除外。

2. 商品范围

（1）属于《跨境电子商务零售进口商品清单》内、限于个人自用并满足跨境电商零售进口税收政策规定的条件。

（2）通过与海关联网的电子商务交易平台交易，能够实现交易、支付、物流电子信息“三单”比对。

（3）未通过与海关联网的电子商务交易平台交易，但进出境快件运营人、邮政企业能够接受相关电商企业、支付企业的委托，承诺承担相应法律责任，向海关传输交易、支付等电子信息。

3. 跨境电商零售进口主要参与主体

（1）跨境电商零售进口经营者（以下简称跨境电商企业）。自境外向境内消费者销售跨境电商零售进口商品的境外注册企业，为商品的货权所有人。

（2）跨境电商第三方平台经营者（以下简称跨境电商平台）。在境内办理工商登记，为交易双方（消费者和跨境电商企业）提供网页空间、虚拟经营场所、交易规则、交易撮合、信息发布等服务，设立供交易双方独立开展交易活动的信息网络系统的经营者。

（3）境内服务商。在境内办理工商登记，接受跨境电商企业委托为其提供申报、支付、物流、仓储等服务，具有相应运营资质，直接向海关提供有关支付、物流和仓储信息，接受海关、市场监管等部门后续监管，承担相应责任的主体。

（4）境内消费者。跨境电商零售进口商品的境内购买人。

4. 跨境零售进口商品征税

跨境电子商务零售进口商品比照货物征收关税和进口环节增值税、消费税。根据《关于完善跨境电子商务零售进口税收政策的通知》（财关税〔2018〕49号），跨境电子商务零售进口商品的单次交易限值为人民币5000元，年度交易限值为人民币26000元。在购买额度范围内，可享受税收优惠，即关税为零，进口环节增值税、消费税按法定应纳税额的70%征收。

完税价格超过5000元单次交易限值但低于26000元年度交易限值，且订单下仅一件商品时，可以自跨境电商零售渠道进口，按照货物税率全额征收关税和进口环节增值税、消费税，交易额计入年度交易总额，但年度交易总额超过年度交易限值的，应按一般贸易管理。

在限值以内进口的跨境电子商务零售进口商品，关税税率暂设为0%，进口环节增值税、消费税取消免征税额，暂按法定应纳税额的70%征收，计算规则如下：

$$\text{应纳税额}=\text{进口货物完税价格}\times\frac{\text{增值税税率}+\text{消费税税率}}{1-\text{消费税税率}}\times 70\%$$

进口货物完税价格超过5000元单次交易限值但低于26000元年度交易限值，且订单下仅一件商品时，可以自跨境电商零售渠道进口，按照货物税率全额征收关税和进口环节增值税、消费税，交易额计入年度交易总额。计算规则如下：

$$\text{应纳税额}=\text{进口货物完税价格}\times\frac{\text{进口关税税率}+\text{增值税税率}+\text{消费税税率}+\text{进口关税税率}\times\text{增值税税率}}{1-\text{消费税税率}}$$

注：

① 进口货物完税价格=商品零售价格+运费+保险费。

② 进口关税税率视中国对原产国/地区相关贸易政策而定，表5-3所列为最惠国关税税率，仅供参考，以最新版《进出口税则》或海关总署公告税率为准。

表5-3 部分跨境电商商品进口税率

类目		最惠国关税率（%）	增值税率（%）	消费税率（%）	跨境电商综合税（%）
婴儿奶粉	婴儿奶粉	15	13	0	9.1
成人奶粉	成人奶粉	10	13	0	9.1
纸尿裤	纸尿裤	4	13	0	9.1
保健品	保健品	12	13	0	9.1
食品	麦片、薯片、膨化食品	10	13	0	9.1
	巧克力	10	13	0	9.1

续表

类目		最惠国关税率（%）	增值税率（%）	消费税率（%）	跨境电商综合税（%）
食品	水果干	25	13	0	9.1
	坚果类	25	13	0	9.1
	咖啡	15	13	0	9.1
	矿泉水	5	13	0	9.1
	汽水	5	13	0	9.1
	液态奶	15	13	0	9.1
	果汁饮料	5	13	0	9.1
	口香糖	12	13	0	9.1
	软糖	10	13	0	9.1
	黑糖	10	13	0	9.1
	蔬菜泥	5	13	0	9.1
	果泥	5	13	0	9.1
	调味品	12	13	0	9.1
	面食	10	13	0	9.1
	饼干	10	13	0	9.1
	菜籽油	9	9	0	6.3
	橄榄油	10	9	0	6.3
	亚麻籽油	15	9	0	6.3
	天然蜂蜜	15	9	0	6.3
	葡萄酒	14	13	10	17.9
	葡萄汽酒	14	13	10	17.9
	啤酒	0	13	0	9.1

二、网购保税进口通关

网购保税进口是指跨境电商企业先以“入区保税”模式整批进口跨境电商零售商品，存入海关特殊监管区或保税物流中心（B型），再根据境内消费者的网购订单，办理订单商品的出区申报手续并配送给消费者的跨境电商零售进口业务。网购保税进口模式充分利用了海关特殊监管区域或保税监管场所“入区保税”的政策优势，提升消费者购物体验。

1.“1210试点城市（地区）”模式

（1）适用范围。海关总署公告2014年第57号公告增列海关监管方式代码“1210”，全称“保税跨境贸易电子商务”，简称“保税电商”。适用于境内个人或电子商务企业在经海关认可的电子商务平台实现跨境交易，并通过海关特殊监管区域或保税监管场所进出的电子商务零售进出境商品。“1210”监管方式用于进口时仅限经批准开展跨境贸易电子商务零售进口试点城市（地区）的海关特殊监管区域和保税物流中心（B型）（表5-4）。

表5-4　跨境电商零售进口试点城市（地区）一览表

文件依据	跨境电商零售进口试点城市（地区）
《关于完善跨境电子商务零售进口监管有关工作的通知》（商财发〔2018〕486号）	北京、天津、上海、唐山、呼和浩特、沈阳、大连、长春、哈尔滨、南京、苏州、无锡、杭州、宁波、义乌、合肥、福州、厦门、南昌、青岛、威海、郑州、武汉、长沙、广州、深圳、珠海、东莞、南宁、海口、重庆、成都、贵阳、昆明、西安、兰州、平潭37个城市（地区）
《关于扩大跨境电商零售进口试点的通知》（商财发〔2020〕15号）	石家庄、秦皇岛、廊坊、太原、赤峰、抚顺、营口、珲春、牡丹江、黑河、徐州、南通、连云港、温州、绍兴、舟山、芜湖、安庆、泉州、九江、吉安、赣州、济南、烟台、潍坊、日照、临沂、洛阳、商丘、南阳、宜昌、襄阳、黄石、衡阳、岳阳、汕头、佛山、北海、钦州、崇左、泸州、遵义、安顺、德宏、红河、拉萨、西宁、海东、银川、乌鲁木齐50个城市（地区）和海南全岛

“1210”模式包括网购保税进口和特殊监管区出口。其中，网购保税进口商品（跨境电商零售进口）按个人自用进境物品监管，不执行首次进口许可批件、注册或备案要求（图5-3）。

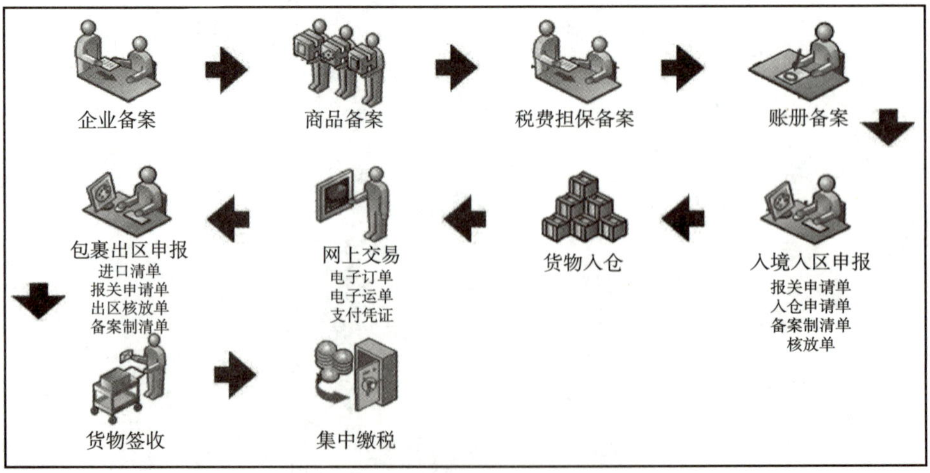

图5-3　网购保税进口通关流程示意图

（2）进口通关流程。跨境电子商务企业完成企业商品、税费担保、账册备案及通关手续，跨境电商货物批量入境，进入海关监管场所或保税监管区域，根据境内消费者的网购订单分拣商品后，在区内打包并申报清单数据，车辆配送出区，事后在海关规定的时间内集中缴纳税款。

2.“1239非试点城市（地区）”模式

海关总署公告2016年第75号公告增列海关监管方式代码“1239”，全称“保税跨境贸易电子商务A”，简称“保税电商A”。适用于境内电子商务企业通过海关特殊监管区域或保税物流中心（B型）一线进境的跨境电子商务零售进口商品。跨境电商零售进口试点城市（地区）开展跨境电子商务零售进口业务暂不适用“1239”监管方式。

在该模式进口通关时，网购保税商品“一线”进区时需按货物监管要求执行，“二线”出区时参照个人物品监管要求执行。

依法需要执行首次进口许可批件、注册或备案要求的化妆品、婴幼儿配方奶粉、药品、医疗器械、特殊食品（包括保健食品、特殊医学用途配方食品等）等，按照国家相关法律法规的规定执行。

三、直购进口模式通关

1.“9610模式”概述

海关总署公告2014年第12号公告增列海关监管方式代码“9610”，全称“跨境贸易电子商务”，简称“电子商务”，适用于境内个人或电子商务企业通过电子商务交易平台实现交易，并采用“清单核放、汇总申报”模式或“清单核放、汇总统计”模式办理通关手续的电子商务零售进出口商品（通过海关特殊监管区域或保税监管场所一线的电子商务零售进出口商品除外）。

以“9610模式”开展电子商务零售进出口业务的电子商务企业、监管场所经营企业、支付企业和物流企业应当按照规定向海关备案，并通过电子商务通关服务平台实时向电子商务通关管理平台传送交易、支付、仓储和物流等数据。“9610模式”包括直购进口和一般出口，与保税备货模式（监管代码“1210”“1239”）不同，该模式是根据跨境电商零售订单，进行国际包裹运输和进出境申报，而不是批量货物进入海关特殊监管区或保税物流中心（B型）进行备货等待生成跨境电商零售订单后再进行包裹派送。

2. 直购进口通关流程

跨境电商企业完成备案手续，网上产生订单后，跨境电商包裹按照现有跨境快速通关方式入境，进入海关监管场所（邮政快件监管中心、邮政国际邮件处理中心）分拣、清关，放行包裹捆绑车辆配送出区，事后集中缴纳税款（图5-4）。

四、跨境电商零售进口退货监管

根据海关总署公告2020年第45号公告，在跨境电子商务零售进口模式下，跨境电子商务企业境内代理人或其委托的报关企业（以下简称“退货企业”）可向海关申请开展退货业务。跨境电子商务企业及其境内代理人应保证退货商品为原跨境电商零售进口商品，并承担相关法律责任。

退货企业可以对原《中华人民共和国海关跨境电子商务零售进口申报清单》（以下简称《申报清单》）内全部或部分商品申请退货。

退货企业在《申报清单》放行之日起30日内申请退货，并且在《申报清单》放行之日起45日内将退货商品运抵原海关监管作业场所、原海关特殊监管区域或保税物流中心（B型）的，相应税款不予征收，并调整消费者个人年度交易累计金额。

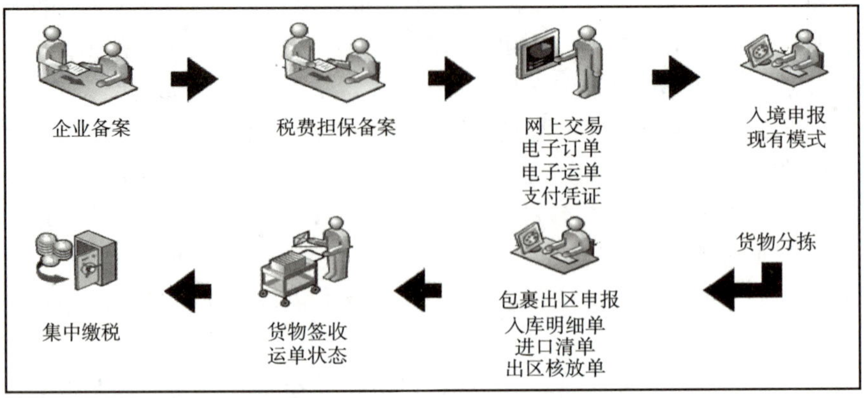

图5-4　直购进口通关流程示意图

思政园地

案例1：某海关对当事人进口商品进行查验时，发现以直邮跨境电商模式进口的商品包含创口喷雾、脚气、静脉曲张片等药品。该批药品不属于跨境电商正面清单的范畴，属于国家限制进出口的物品，且当事人未提供进口药品和销售药品的许可。当事人进口国家限制进口的商品未提交许可证件，根据有关法律规定，海关决定对当事人涉案进口商品不予放行，并处以罚款。

案例2：当事人以保税电商监管方式向海关申报进口3票电扇，申报商品编码均为8414599091，申报数量合计1650台，其中1608台通过海关跨境电子商务平台进行了销售。经查，发现上述电扇不属于跨境电子商务零售进口正面清单内商品，应归入商品编码8414519200项下。当事人进口货物，商品编码申报不实，影响国家税款征收。经计核，上述1608台电扇的价值共计人民币131.85万元，漏缴应纳税款共计人民币102447.9元。

请谈谈对上述两则案例的思考，如何避免类似违规案件的发生？

知识巩固

一、判断题

1. 某跨境电商企业从韩国进口一批零售商品，计划进入郑州（试点城市）保税物流中心（B型）做网购销售，应采用“区内物流货物（监管代码5034）”申报入区。（　）
2. 网购保税进口货物，境内消费者购买后因款式不喜欢问题原装退回保税区（7天内），原购买时缴纳的税金，予以退回。（　）
3. 跨境电商零售进出口商品在申报前，跨境电商企业或其代理人、物流企业应当如实向海关传输三单信息。三单信息是指交易、支付和物流电子信息。（　）

二、不定项选择题

1. 跨境电商零售进口业务类型适用的海关监管方式不包括（　）。

A. 0110　　B. 9610　　C. 1210　　D. 1239

2. 某跨境电商从韩国进口一批零售商品，以保税模式进入郑州（试点城市）保税物流中心（B型）做网购销售，入区应采用的监管方式是（　）。

A. 区内物流货物（代码5034）　B. 物流中心进出境货物（代码6033）

C. 保税电商（代码1210）　D. 电子商务（代码9610）

3. 小王通过亚马逊购买了一双价值500元人民币的鞋子（随附购物发票），店家寄到国内，她收到国内邮局“国际邮件办理手续通知单”，要求她去办理个人物品纳税手续，这种情况小王应该办理的海关手续是（　）。

A. 按照电子商务（代码9610）申报进口　B.按照保税电商（代码1210）申报进口

C. 按照保税电商A（代码1239）申报进口　D. 缴纳个人物品税金后提取包裹

4. 跨境电商零售进出口业务类型包括（　）。

A. 一般出口　B. 直购进口　C. 特殊区域出口　D. 网购保税进口

技能实训

（1）根据本项目任务二背景资料以及《跨境电子商务零售进口商品清单（2019年版）》（2019年第96号）填写下列商品备案表的清单序号。

清单序号	项号	HS编码	商品名称
	120	3304200092	DHC睫毛修复液
	121	3304990029	DIOR化妆水
	122	3304990049	兰芝面膜
	123	3305100090	资生堂洗发水
	124	3306101090	狮王牙膏
	125	9617001910	ZOJI保温杯
	126	0308120090	冻原只海参

（2）广州中天网络科技有限公司拟从冰岛采购冻海参，通过跨境电商平台销售。

商品品名	品牌	商品编码	制作或保存方法	是否经水煮	包装
冻原只海参	无品牌	0308120090	原只急冻，低温保存	无经水煮	9千克/箱

① 可否采用9610模式进口，为什么？

② 该批货物以跨境电商保税进口模式，从冰岛Thorlakshofn港口启运，经中国香港中转，佛山勒流港入境，转关运输到广州黄埔综合保税区，转关申报单编号为1234567890123456。成交方式为CIF Leliu，共计2880箱，净重25920千克，毛重27360千克。根据以上资料和提单，修改进口报关单的错误栏目。

Shipper ***************** ***********	B/L No. WHL1901020012 WENCO SHIPPING（HK）LIMITED 寰通船務（香港）有限公司 ORIGINAL as the Carrier
Consignee or order TO ORDER B/L NO：240810179583 ISSUED BY E.S.LINES LTD.	
Notify address ***************** *********** 船舶编号：7203550072	Forwarding Agent 船務代理

Pre-carriage by	Place of Receipt 中国香港		
Ocean Vessel/Voyage No. 富粤886 515801901060	Port of Loading 中国香港		
Port of Discharge 勒流港	Place of Delivery 勒流港	Freight payable at 中国香港	Number of original Bs/L THREE（3）

Marks and Nos. Number and kind of packages Description of goods Gross weight（kgs.）Measurement（m^3）

N/M SHIPPER'S LOAD，COUNT & SEAL G.W.：27360.00KGS

（1X40'RP）CONTAINERS S.T.C 52. 000 CBM

2880箱 冻原只海参

Container No./Size No，of PKGS/Seal No. N.W/G. W/CBM

CGMU49644918/40'/SCS759504

运输方式	水路运输	运输工具名称	7203550072	航次号	515801901060		
提运单号	WHL1901020012	监管方式	一般贸易	征免性质	一般征税		
许可证号		启运国（地区）	冰岛	经停港	香港（中国香港）	成交方式	C&F
运费		保费		杂费		件数	2880
包装种类	纸制或纤维板制盒/箱		其他包装	毛重（kg）	27360	净重（kg）	25920
贸易国（地区）		中国香港				启运港	冰岛

项号	商品编码	备案序号	商品名称	规格	目的地	数量	单位	币制	总价	征免
1	0308120090		冻原只海参	03		25920	千克	美元	******	照章征税

在以上单一窗口进口报关录入界面中，哪些栏目填报错误？应如何修改？

项目六

其他进出境货物通关

知识目标

- 了解特定减免税货物的通关制度
- 了解暂准进出境货物的通关制度
- 了解无代价抵偿、进出境修理货物、退运货物的通关制度
- 理解一般退运、直接退运、退关货物的区别
- 熟悉特定减免税的申请、通关操作流程

能力目标

- 能够核实特定减免税申请所需要的单证
- 能够办理特定减免税进口通关业务
- 能够参与进境修理物品通关操作
- 能够参与直接退运货物通关操作
- 能够参与一般退运货物通关操作

素质目标

- 理解特定减免税、暂准进出境货物报关程序和法律法规制度设计背后的价值导向
- 遵守诚信守法、爱岗敬业、务实创新的职业规范
- 具有一定实践创新能力和精益求精的工匠精神，增强自我管理、团队合作与沟通能力

任务一　特定减免税货物通关作业

任务导入

广州超视科技有限公司（440193180，海关一般信用企业），采购无尘室玻璃卡匣自动升降机一台，从深圳蛇口码头海运进境，该设备是国家重点项目采购设备，有减免税证明。该公司委托四通物流报关有限公司办理该票货物的进口通关手续。

相关知识

一、特定减免税货物概述

1. 含义

特定减免税货物是指海关根据国家的政策规定准予减征或者免征关税、进口环节海关代征税进境，使用于特定地区、特定企业、特定用途的货物。

特定地区是指我国关境内由行政法规规定的某一特别限定区域，如经国务院批准的海关特殊监管区域，享受减免税优惠的进口货物只能在这一特别限定的区域内使用。

特定企业是指由国务院制定的行政法规专门规定的企业，如外商投资企业、勘探和开发海洋或陆地石油等企业，享受减免税优惠的进口货物只能由这些专门规定的企业使用。

特定用途是指根据规定可以享受减免税优惠的进口货物只能用于行政法规专门规定的用途，如科学研究机构和学校进门的专用科教用品，残疾人专用用品及残疾人组织和单位进口的货物，国家重点项目进口货物，通信、港口、铁路、公路、机场建设进口设备等。

2. 特征

（1）特定条件下减免进口关税。特定减免税是我国关税优惠政策的重要组成部分，是国家对符合条件进口货物使用的企业提供的关税优惠，其目的是优先发展特定地区的经济，鼓励外商在我国的直接投资，促进国有大中型企业和科学、教育、文化、卫生事业的发展，因而这种关税优惠具有鲜明的特定性，只能在国家行政法规的特定条件下使用。

（2）除另有规定外，应提交进口许可证件。特定减免税货物是实际进口货物。由于其货物流向十分确定，因而对于特定减免税货物进口申报，应按一般进口货物的有关规定办理。在进境时，凡属于进口需要交验进口许可证件的货物，收货人或其代理人都应在进口申报时向海关提交进口许可证件。

（3）特定的海关监管期限。特定减免税是国家给予特定范围内的进口货物的关税优惠待遇，这种优惠待遇的给予是一次性的，指定的货物在特定的范围内使用，那么就可以按照有关规定享受减免待遇，只能在规定的地区、企业内，规定的用途范围内使用，并接受海关的监管。进口减免税货物的监管年限为：船舶、飞机8年；机动车辆6年；其他货物3年，其监管年限自货物进口放行之日起计算。

二、特定减免税货物通关流程

特定减免税货物报关程序主要包括前期报关阶段（办理减免税申请手续）、进出境报关阶段、后续处置阶段（解除监管）。2019年中国国际贸易单一窗口的减免税申报子系统正式推行后，企业将可直接通过“单一窗口”平台向海关在线申报减免税申请及减免税后续申报业务。该系统可实现减免税申请、备案变更申请、备案作废申请、证明修改申请、证明作废申请数据的状态查询、查看明细、打印功能及上传附件功能。

1. 减免税申请

申请人可在首次办理进口货物减免税手续时一并向海关提交涉及主体资格、项目资质、免税进口额度（数量）等信息相关材料，无须提前单独向海关办理政策项目备案。

“减免税申报”界面中黄色字段为必填项；灰色底色的字段为返填项。申报地海关、录入单位、操作员、暂存单编号（18位，以Z开头）、中心统一编号等栏目信息由系统自动生成。

申请人首次填报政策项目信息时，对征免性质为789的，应将《国家鼓励发展的内外资项目确认书》(以下简称《项目确认书》)中编号填入申请表；无《项目确认书》的，将海关提供的项目编号填入。

其他征免性质的政策项目编号由系统自动生成。

申报方式为无纸时，需要上传随附单据。随附单证中涉及申请人主体资格、免税额度（数量）以及进口商业发票等，应全文上传。进口合同页数较多的，含有买卖双方及进口代理人的基本信息，进口货物的名称、规格型号、技术参数、单价及总价、生产国别，合同随附的供货清单，运输方式及付款条件，价格组成条款，双方签字等内容的页面应当上传。进口货物相关技术资料和说明文件中，属于判定该货物能否享受优惠政策的内容应当上传。

提交符合规定的申请资料后，海关予以受理，进行审核确认后做出进出口货物征税、减税或者免税的决定。

2.“进出口货物征免税证明”的使用

减免税申报系统申请办理减免税手续并通过审核后，海关签发《中华人民共和国海关进出口货物征免税证明》(以下简称《征免税证明》)。《征免税证明》的有效期为6个月，持证人（减免税申请人）应当在《征免税证明》有效期内办理有关进出口货物通关手续。

《征免税证明》实行“一批一证”制，即该证明使用一次有效。同一合同项下货物分批到货的，应向主管海关申明，并按到货日期分别申请此证明。收发货人或受委托的报关企业在进口《征免税证明》所列货物通关环节，无须提交纸质《征免税证明》第二联（即送海关凭以减免税联）或其扫描件。如果《征免税证明》电子数据与申报数据不一致，海关需要验核纸质单证的，有关企业应予以提供。

进口货物申报时，收发货人或受委托的报关企业应按规定将《征免税证明》编号填写在进口货物报关单“备案号”栏目中。《征免税证明》编号可通过减免税申报系统查询。减免税申请人如需要纸质《征免税证明》留存的（即申请单位留存的第三联），可在该《征免税证明》有效期内向主管海关申请领取。

3. 减免税后续管理

根据规定，在海关监管年限内，减免税申请人应当自进口减免税货物放行之日起，在每年的第1季度向主管海关递交《减免税货物使用状况报告书》，报告减免税货物使用状况。

进口减免税货物的海关监管年限内，减免税申请人将减免税货物转让、抵押、质押、移作他用或者进行其他处置的，应当事先向主管海关提出申请，可在“减免税后续”管理系统中进行相关申请操作（图6-1）。

减免税货物监管期限到期后，在海关监管期内未发生违反海关监管规定行为的，自动解除海关监管。在海关监管年限及其后3年内，海关依照《中华人民共和国海关法》和《中华人民共和国海关稽查条例》有关规定对减免税申请人进口和使用减免税货物情况实施稽查。减免税申请人需要海关出具解除监管证明的，可以自办结补缴税款和解除监管等相关手续之日或者自海关监管年限届满之日起1年内，向主管海关申请领取解除监管证明。海关审核同意后出具《中华人民共和国海关进口减免税货物解除监管证明》。

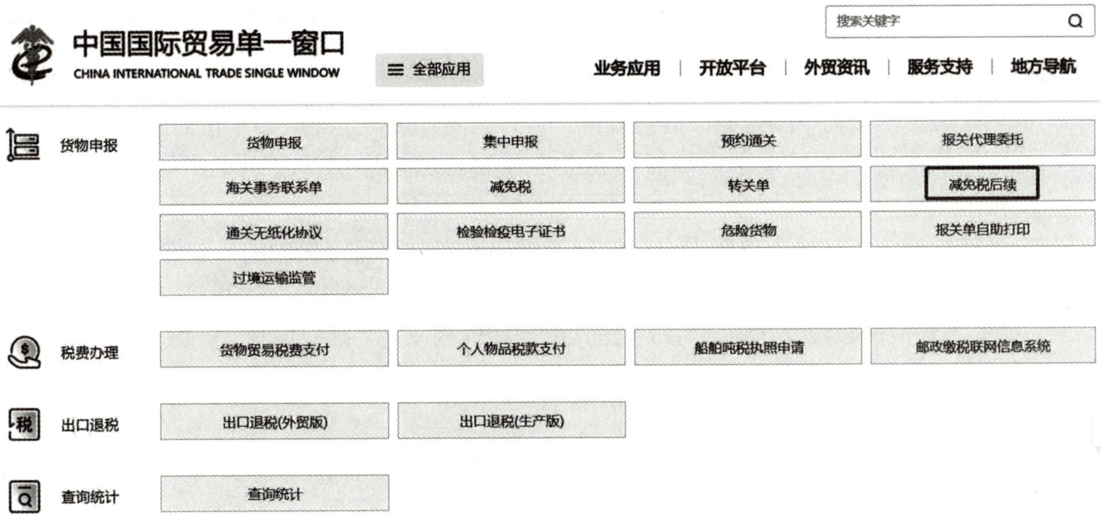

图6-1 “减免税后续”管理系统登录入口

小贴士

根据《中华人民共和国海关法》(以下简称《海关法》)规定，关税减免分为法定减免税、特定减免税和临时减免税。特定减免税和临时减免税都属于政策性减免税范围，两者并无明显的区别。

法定减免税是指依据《海关法》《关税条例》以及其他法律、法规所实施的减免税，除外国政府、国际组织无偿赠送的物资外，一般无须办理减免税审批手续。

思政园地

2020年2月1日，财政部、海关总署、税务总局联合发布了《关于防控新型冠状病毒感染的肺炎疫情进口物资免税政策的公告》(2020年第6号公告)，明确自2020年1月1日至3月31日期间，实行更优惠的进口税收政策，对捐赠用于疫情防控的进口物资，免征进口关税和进口环节增值税、消费税，大大提升了可享受免税情况的范围，有利于促进国内急需的医疗防护等物资进口，支援疫情防控工作开展。用于疫情防控的进口物资，可按照海关总署公告2020年第17号，紧急情况下先登记放行，再按规定补办相关手续。

随着新冠肺炎疫情蔓延全球，防疫物资紧缺成为各国亟待解决的难题。中国在保障国内防控和复工复产需求基础上，尽己所能不断对外输送防疫物资，为国际社会共同抗击疫情提供了巨大支持和坚强保障。2020年3月，广州海关在空港口岸共验放出口塞尔维亚、伊朗、伊拉克、卡塔尔、土耳其等地的防疫物资总重超2700吨，其中包括8架货运包机。中国救援物资快速出口驰援全球抗疫一线，收获多国感谢。

知识巩固

一、判断题

1. 特定减免税货物不豁免进口许可证件，但是对海外投资企业进口本企业自用的机器设备可以豁免进口许可证；外商投资企业在投资总额内进口涉及机电产品自动进口许可证的也可以豁免。 （ ）
2. 外商投资企业在投资总额内进口的自用机器设备在填写报关单的“监管方式”（原贸易方式）栏目时，应按照企业性质不同类型，分别填写“合资合作设备”或“外资设备物品”；在投资总额以外用自有资金进口的自用机器设备，则应填写“一般贸易”。 （ ）
3. 特定减免税进口设备可以在两个享受特定减免税优惠的企业之间结转，结转手续分别向企业主管海关办理。 （ ）
4. 出口加工区企业进口免税的机器设备等应填制“出口加工区进境备案清单”，保税区企业进口免税的机器设备则应填写“进口货物报关单”。 （ ）
5. 首批进口的特定减免税货物，其特定减免税审批手续可与减免税申请人备案手续合并办理。 （ ）
6. “免税不免证”是特定减免税进口监管制度的一个特征。 （ ）

二、单项选择题

1. 作为特定减免税货物的机动车辆，海关的监管年限为（ ）。

   A. 1年 B. 5年 C. 6年 D. 8年

2. 进出口货物征免税证明的有效期为（ ）。

   A. 3个月 B. 6个月 C. 9个月 D. 1年

3. 甲企业与乙企业都属于享受进口减免税优惠的企业，甲企业将特定减免税货物转让给乙企业，由（ ）应当先向主管海关申领“进出口货物征免税证明”，凭以办理货物的结转手续。

   A. 甲企业 B. 乙企业 C. 其他企业 D. 以上答案都不对

4. 特定减免税货物在海关监管期内在境内销售、转让的，企业应向海关办理（ ）。

   A. 缴纳进口税费的手续 B. 缴纳出口税费的手续
   C. 不需要办理纳税手续 D. 以上答案都不对

5. 北京某外企从美国购进大型机器成套设备，分三批运输进口，其中一批从天津进口、一批从青岛进口、一批从北京进口。该企业在向海关申请办理该套设备的减免税手续时，下列做法正确的是（ ）。

   A. 向北京海关分别申领两份征免税证明
   B. 向北京海关分别申领三份征免税证明
   C. 向天津海关、青岛海关、北京海关各申领一份征免税证明
   D. 以上答案都不对

三、案例分析

某公司进口的一台大型设备需要维修，但是维修该设备需要使用一种专用仪器，该公司使用“修理物品”的监管方式（贸易方式）进口这种专用仪器，在申报过程中关务人员发现问题并予以纠正。

请你分析具体是什么问题，应该如何纠正？

技能实训

根据本项目任务一案例背景及以下资料，请填报该笔业务的进口报关单的相关栏目。

进出口货物征免税申请表

企业代码	44019[redacted]88		企业名称	[redacted]	
审批依据	署税(1997)1062号文	进(出)口标志	进口	征免性质/代码	鼓励项目/789
项目统一编号	A00320185[redacted]05	产业政策审批条目/代码	M032102		
审批部门/代码	国家发改委	许可证号		合同号	SDPG[redacted]2018-037
经营单位/代码	[redacted]		成交方式	FOB	
项目性质	鼓励项目/789		进(出)口岸	蛇口海关	
货物是否已向海关申报进口		否	有效日期		

序号	商品编码	商品名称	规格型号	法定数量	法定计量单位	申报数量	申报计量单位	金额	币制	原产地
1	84864039	自动升降机	2LFT0100/Lifter	1	台	1	台	[redacted].00	USD	日本
2										
3										
4										
5										
备注										
减免税申请人签章	[redacted]有限公司 年 月 日							联系人：[redacted] 电话：1[redacted]		

中华人民共和国海关
进出口货物征免税证明

编号：Z52031800012

减免税申请人名称：**				征免性质/代码：鼓励项目/789			政策依据：署税（1997）1062号文			
主管单位名称：				免税物资确认表编号:			物资确认表有效期:			
发证日期：2018年10月28日				有效期： 至2019年4月28日止						
进（出）口岸：蛇口海关/5304				合同号：***			项目性质/代码：中外合资/A			
序号	商品名称	规格型号	商品编码	申报数量	申报计量单位	金额	币制	征免意见		
								关税	增值税	其他
1	自动升降机	境外品牌（其他）	84864039	1	台	**	美元	0	16%	
备注										
主管海关签章: 企业留存单，无须签章；如需海关签章，可前往主管海关领取					注意事项及权利义务提示： 1. 除海关总署另有规定外，本证明使用一次有效；同一合同项下货物分批到货的，应向主管海关申明，并按到货日期分别申请此证明 2. 除海关总署另有规定外，货物进口时应向海关交验本证明，复印件无效 3. 本证明有效期应按照具体政策规定确定，但最长不得超过半年；如需延期，应在有效期内向原主管海关提出延期申请 4. 规定由海关监管使用的减免税货物，在海关监管年限内，减免税申请人应按照特定用途、特定企业、特定地区使用；未经海关许可，不得擅自转让、抵押、质押、移作他用或者进行其他处置，否则，海关将依法处理 5. 如不服本证明决定，依照《中华人民共和国行政复议法》第九条、第十二条、第十六条，《中华人民共和国海关法》第六十四条之规定，可以在本证明送达之日起六十日内向上一级海关（海关总署）申请行政复议，对复议决定仍不服的，依照《中华人民共和国行政诉讼法》第三十八条第二款之规定，可以自收到复议决定书之日起六十日内，向人民法院提起诉讼					

中华人民共和国海关进口货物报关单

预录入编号：　　　　　　　　　　　　　　　　　　　　　　　海关编号：

进境关别	备案号①	进口日期	申报日期
境内收发货人	运输方式	运输工具名称	提运单号
境外收发货人	监管方式②	征免性质③	许可证号

① 备案号:__________；② 监管方式:__________；③ 征免性质：__________。

任务二　暂时进出境货物通关作业

任务导入

广州西姆科技有限公司拟进口一批塑料小托盘，该批货物作为公司出口打印机零件的包装辅材，进口后半年内复出口。该公司委托四通物流报关有限公司办理该票货物的进口通关手续。

相关知识

一、暂时进出境货物概述

1. 含义

暂时进出境货物是指为了特定目的暂时进境或暂时出境，有条件暂时免纳进出口关税并豁免进出口许可证件。在特定的期限内（进出境之日起6个月内）除因使用中正常的损耗外按原状复运出境或复运进境的货物。

2. 范围

根据《中华人民共和国海关暂时进出境货物管理办法》（海关总署令第233号），暂时进出境货物包括：

（1）在展览会、交易会、会议以及类似活动中展示或者使用的货物。

（2）文化、体育交流活动中使用的表演、比赛用品。

（3）进行新闻报道或者摄制电影、电视节目使用的仪器、设备以及用品。

（4）开展科研、教学、医疗活动使用的仪器、设备和用品。

（5）在本款第（一）项至第（四）项所列活动中使用的交通工具以及特种车辆。

（6）货样。

（7）慈善活动使用的仪器、设备以及用品。

（8）供安装、调试、检测、修理设备时使用的仪器以及工具。

（9）盛装货物的包装材料。

（10）旅游用自驾交通工具及其用品。

（11）工程施工中使用的设备、仪器以及用品。

（12）测试用产品、设备、车辆。

（13）海关总署规定的其他暂时进出境货物。

二、暂时进出境货物涉及的法规

暂时进出境货物涉及的法规主要包括如下各项：

（1）《中华人民共和国进出口关税条例》。

（2）《中华人民共和国海关审定进出口货物完税价格办法》。

（3）《中华人民共和国海关暂时进出境货物管理办法》，以下简称《管理办法》。

（4）《关于暂时进出境货物监管有关事宜的公告》（海关总署公告2019年第13号）。

（5）《中华人民共和国海关暂时进出境货物监管操作规程（试行）》。

三、暂时进出货物通关

1. ATA单证册通关

ATA单证册是一份国际通用的海关文件，适用于暂准进口货物的，用以替代进出口货物报关单及相关担保的国际性通关单证，又称暂时进出口货物的通关护照。中国国际贸易促进委员会（中国国际商会）是我国ATA单证册的出证和担保机构，负责签发出境ATA单证册，向海关报送所签发单证册的中文电子文本，协助海关确认ATA单证册的真伪，并且向海关承担ATA单证册持证人因违反暂时进出境规定而产生的相关税费、罚款。

办理ATA单证册可登录网址http：//www.eatachina.com申办系统，进行注册、在线填写申请表、在线填写或上载货物总清单、申请确认、缴纳费用等流程，领取ATA单证册。

使用 ATA单证册暂时进境的货物限于我国加入的有关货物暂准进口的国际公约中规定的货物。ATA单证册持证人应向进出境地海关提交有效的ATA单证册以及相关商业单据或者证明材料。

2. 非ATA单证册通关

非ATA单证册项下暂时进出境货物收发货人可以在申报前向主管地海关提交《暂时进出境货物确认申请书》，申请对有关货物是否属于暂时进出境货物进行审核确认，并且办理相关手续，也可以在申报环节直接向主管地海关办理暂时进出境货物的有关手续。

（1）暂时进出货物进口操作。

① 对接收到的单据进行审核，确认收到的单据是否齐全、准确且有效。

② 根据提货场站的要求，决定是否换取提货单（有些场站提货需要正本提货单）。

③ 在货物到港前，向主管海关办理暂时进出境货物的确认申请业务，境内收货人或其代理人向海关递交境内收货人出具的暂时进出境货物确认申请书、暂时进出境货物清单、保证函、报关单草单以及提运单、发票、箱单、暂时进口协议等海关需要的单证。海关对递交单据进行审核，对符合有关规定的，海关做出准予暂时进出口的决定。

2020年3月，暂时进出境货物管理系统（包括暂时进出境货物审核确认和暂时进出境货物延期子系统）正式上线运行。登录“互联网+海关”平台主界面，点击“暂时进出境货物管理”服务事项名称下方的“服务申办”，在线上向海关申报信息、上传随附单证、获取审核结果，实现向海关申报电子化业务数据，不必再奔波往返于企业和海关之间（图6-2）。

图6-2 “互联网+海关”暂时进出货物管理系统登录界面

④ 报关企业凭海关签发的暂时进出境货物审核确认书正式向海关进行申报。

a.“监管方式”栏，应当填报“暂时进出货物（2600）”。

b.“标记唛码及备注”栏，应填报以下信息：

· 根据《管理办法》第三条第一款所列项目，应当填报暂时进出境货物类别，如暂进六，暂出九。

· 根据《管理办法》第十条规定，应当填报复运出境或者复运进境日期，期限应当在货物进出境之日起6个月内，如20180815前复运进境，20181020前复运出境。

· 根据《管理办法》第七条，向海关申请对有关货物是否属于暂时进出境货物进行审核确认的，应当填报《中华人民共和国××海关暂时进出境货物审核确认书》编号，如<ZS海关审核确认书编号>，其中英文为大写字母，< >为英文半角；无此项目的，无须填写。

上述内容在“标记唛码及备注”栏内依次填报，项目间用“/”分隔，前后均不加空格。

例如：进口货物的包装材料符合《管理办法》第三条第九款，审核确认书编号：暂进230820150400123，2018年1月15日前应复运出境。该案例“标记唛码及备注”栏应填报：暂进九/20180115前复运出境/<ZS暂进230820150400123>。

c.“征免性质”栏填报“299其他法定”。

d. 报关单表体“征免”栏按照担保的情况填报“6保证金”或“7保函”。

⑤ 对于暂时进口的货物，按有关规定应提供税款担保，申请人向主管地海关缴纳保证金后，办理凭保放行手续。

⑥ 提货人员凭海关放行通知书、提运单、换单保函（有些关区需要）等单据办理提货运输手续。

（2）暂进货物复运出境核销操作。

① 向海关申请销保并退还保证金。所需提交单据如下：

· 境内收货人出具的退还保证金申请。
· 用于调取原进口报关文件的调单申请表。
· 用于海关内部流程签署文件保证金/保函核销情况表。
· 境内收货人委托代理人办理核销手续的退还保证金委托书。
· 暂时进出货物复出口的报关单。

② 审核通过后，对原进口报关单的担保办理退转手续。原进口报关单，按实际征免情况修改“征免方式”栏目，办理销案手续。

③ 核销手续完结后，向海关递交由境内收货人提供的退还保证金的收据，海关留存作为账务处理凭证。

知识拓展

某海关调阅一家生产发光二极管的外资电子企业的进出口数据发现，该公司长期以进料加工进口发光二极管所需的发光素子，申报商品编码为8541900000（8541所列货品零件）；以监管方式为“其他进出口免费（3339）”方式出口商品编码为7326901000（其他工业用钢铁制品）的“置物圈”，申报要素为：工业用，CHIP附着，不锈钢，片状环形，锻造冲压及再加工。海关对该出口商品进行查验，申报出口的“置物圈”就是承装“发光素子”的金属圈。该“置物圈”是循环使用的“盛装货物的包装材料”。根据《中华人民共和国海关暂时进出境货物管理办法》，该“置物圈”应该按照监管方式“暂时进出口（2600）”向海关办理通关手续。该企业长期未按照海关相关规定办理通关手续，属于违规行为，故将此情况作为案件线索转海关缉私部门予以处罚。

知识巩固

一、判断题

1. 暂时进出口货物的收发货人可以向海关申请办理转关手续，开展转关运输。 （ ）
2. 暂时进出货物属于列入海关统计的进出口货物。 （ ）

二、不定项选择题

1. 以下进出口货物，在报关工作中不适合“自报自缴”的是（ ）。

A.涉及公式定价的进口货物
B.涉及自动进口许可证的进口货物
C.优惠贸易项下进口货物
D.暂时进出口货物

2. 适用于ATA单证册货物通常包括（ ）。

A. 各类国际博览会、交易会、展览会、国际会议及类似活动上陈列或使用的物品
B. 以寻求境外供货订单为目的向客户展示或演示的商业样品
C. 各类专业人员使用的专业设备，如赴境外报道、录制节目的摄影设备
D. 以销售为进口目的的货物

技能实训

（1）根据本项目任务二案例背景及以下资料，填报该笔业务的《暂时进出境货物确认申请书》。

Guangzhou SIM Science-Tech co.,Ltd.

Address: 188 Zhongshan Road ,Guangzhou，510800，China

TEL：86-20-88928788　　FAX：86-20-22928778

Free Agreement

Supplied by:

发货人:

PPP Office Products

NO:S122204-PSC1

7 Founders Bivd Suite E

DATE:10-DEC-14

EL Paso,TX 79906

Sold to/Consignee:

收货人:

Guangzhou SIM Science-Tech co.,Ltd.

Attention：Kwella Gao

188 Zhongshan Road ,Guangzhou，510800，China

Delivery term：CIF Guangzhou

成交方式：CIF Guangzhou

Time of shipment :Before the date of Aug.26th，2019

装运期限：不迟于2019年8月26日

Payment term： free of charge

付款条件：免费

Packing：To be export standard packing suitable for long-distance ocean and land transportation and able to withstand the change of climate ,well protected against dampness ,moisture shocks,rust and rough handing

包装：标准出口包装，适宜远洋运输和陆地运输，可经受天气变化带来的危害，有效防潮、防锈和粗暴搬运

Pos.	Description 品名描述	Article No. 货号	Qty 数量	Unit 单位	Price/PCS (USD)单价	Amount (USD)总值
1	Plastic Trays 塑料小托盘	××	70000	Pcs	0.1	7000.00
Total US Dollars						7000.00

Remarks: Free charge to SIM using. The goods will returned to USA within six months

备注：免费提供给SIM使用，货物在六个月内返回美国

Buyer :

SIM Science-Tech,co.,Ltd.

CHINA

Shipper:

PPP Office Products

USA

广州西姆科技有限公司

Guangzhou SIM Science-Tech co., Ltd.

地址：广州市海珠区中山路188号　电话：020-88928788　传真：020-22928778

情况说明

致黄埔新港海关:

我公司于2019年4月从美国进口一票货物，品名为塑料小托盘，共计 70000个，货物金额7000USD，此塑料小托盘为我公司出口产品（打印机零件——刮刀）的包装辅材，因该托盘作为包装容器可以循环使用，为节约成本，我公司现申请以*******监管方式报关，并保证在半年内复出口，以上情况完全属实，望贵关批准为盼!

特此说明。

广州西姆科技有限公司

2019-04-02

暂时进出境货物确认申请书

编号：＿＿＿＿＿＿＿＿

＿＿＿（1）＿＿＿海关：

我单位拟对＿＿＿＿＿＿＿＿＿＿（2）＿＿＿＿＿＿＿＿＿＿按照《中华人民共和国海关暂时进出境货物管理办法》第三条第一款第＿＿（3）＿＿项＿＿＿（3）＿＿＿办理暂时进/出境手续，特向你关提出确认申请。

＿＿＿（4）＿＿＿（公章）

年　月　日

填写规范说明：

（1）海关名称；

（2）货物名称、规格型号、数量、颜色、品牌；

（3）海关总署令第233号第三条第一款中所列项目编号及内容；

（4）申请单位名称。

（2）完成上题申请资料申报后，通过海关审核，海关出具《暂时进出境货物审核确认书》编号：暂进0820181100123，2019年10月15日前应复运出境。货物进境时，请填报该笔业务的单一窗口进口申报相关栏目。

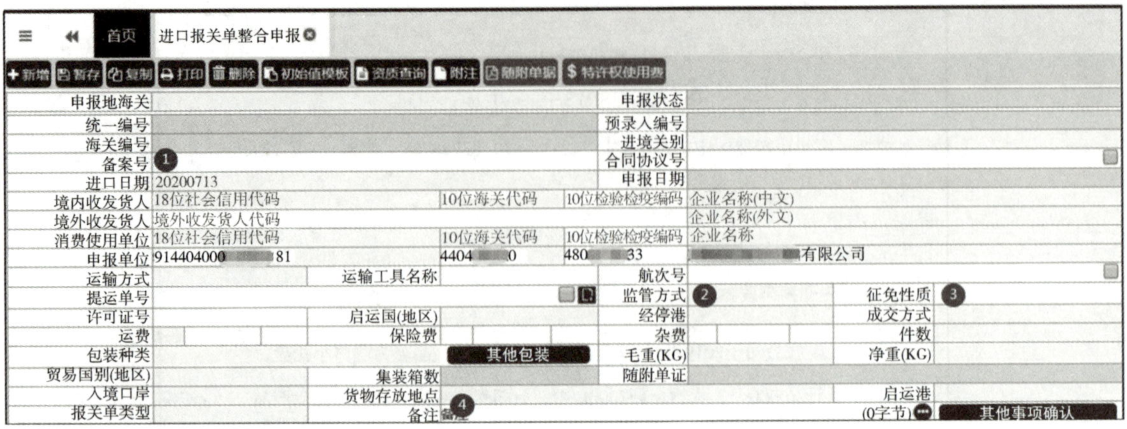

① 备案号:________________________；② 监管方式:________________________；

③ 征免性质:________________________；④ 备注:________________________。

任务三　其他通关作业

任务导入

广州三树玩具有限公司出口一批玩偶（9503.0029）到美国。货物到达后，客户发现部分玩偶质量不合格。经双方协商，将质量不合格的玩偶退回进行整改，并在规定的期限内运回至美国奥克兰。该公司委托四通物流报关有限公司办理相关通关手续。现在该批货物已经退运回深圳盐田港，需要办理该批货物的进口手续，报关员李铭同在思考应该按照什么监管方式办理手续，是无代价抵偿、修理物品、退运货物还是直接退运？

相关知识

一、无代价抵偿货物

1. 无代价抵偿货物的定义

无代价抵偿货物是指进出口货物海关放行后，因残损、短少、品质不良或者规格不符的原因，由进出口货物的发货人、承运人或保险公司免费补偿或更换的与原货物相同或者与合同规定相符的货物，其进出口通关的监管方式代码为“3100”，简称“无代价抵偿”。

“无代价抵偿货物”必须同时具备五个条件：一是发生在原进出口货物被海关已放行后，但应在“原进出口合同规定的索赔期内，且不超过原货物进出口之日起3年”；二是产生的原因是“品质与合同不符”或“数量短少”；三是货物的提供者须为进出口货物的发货人、承运人或者保险公司；四是重新进出口的货物必须是免费补偿或更换的；五是重新进出口的货物必须是与原货物相同或者与合同规定相符的货物。若与原货物不完全相同或与合同规定不完全相符，经收、发货人说明理由，海关审核认为理由正当且税则号列（即8位HS商品编码）未发生改变的，仍可视为符合上述条件。

2. 无代价抵偿进口货物基本特征

（1）无代价抵偿货物是执行合同过程中发生的损害赔偿。无代价抵偿是买卖双方在执行合同中，进口方根据货物的事实状态向货物供应商请求偿付，而供货商根据合同有关规定及国际惯例进行赔偿的一种行为；如果违反了有关进口管理规定而索赔进口的，不能按无代价抵偿货物办理。

（2）海关对原申报进口的货物已经放行。被抵偿货物的原有货物已经办理了海关的相关手续，并已经按规定缴纳了进口税或者享受减免税的优惠政策，经海关放行之后，发现了损害而索赔进口。

（3）抵偿货物是对损坏部分或短缺部分进行赔偿。根据国际惯例，除合同另有规定除外，抵偿一般只限于成交商品所发生的直接损失（仅指残损、短少或品质不良方面的问题）以及合同规定的有关方面。对于所发生的间接损失（如因设备损坏而造成的经济损失等）一般不能包括在抵偿范围之内。

3. 无代价抵偿货物的报关程序

无代价抵偿大体上可以分为两种：一种是短少抵偿，另一种是残损、品质不良或规格不符抵偿。对两种抵偿引起的两类进出口无代价抵偿货物在报关程序上有所区别。

残损、品质不良或规格不符引起的无代价抵偿货物，进出口前应先办理被更换的原进出口货物中残损、品质不良或规格不符货物的有关海关手续。

（1）原进口货物退运出境，以及原出口货物退运进境。原进口货物的收货人或其代理人应当办理被更换的原进口货物中残损、品质不良或规格不符货物的退运出境的报关手续。被更换的原进口货物退运出境时不征收出口关税。

原出口货物的发货人或其代理人应当办理被更换的原出口货物中残损、品质不良或规格不符货物的退运进境的报关手续。被更换的原出口货物退运进境时不征收进口关税和进口环节海关代征税。

（2）原进口货物不退运出境，放弃交由海关处理。被更换的原进口货物中残损、品质不良或规格不符货物不退运出境，但原进口货物的收货人愿意放弃，交由海关处理的，海关应当依法处理并向收货人提供依据，凭以申报进口无代价抵偿货物。

（3）原进口货物不退运出境也不放弃，以及原出口货物不退运进境。被更换的原进口货物中残损、品质不良或规格不符货物不退运出境且不放弃交由海关处理的，原进口货物的收货人应当按照海关接受无代价抵偿货物申报进口之日适用的有关规定申报进口，并按照海关对原进口货物重新估定的价格计算的税额缴纳进口关税和进口环节海关代征税，属于许可证件管理的商品还应当交验相应的许可证件。

被更换的原出口货物中残损、品质不良或规格不符的货物不退运进境，原出口货物的发货人应当按照海关接受无代价抵偿货物申报出口之日适用的有关规定申报出口，并按照海关对原出口货物重新估定的价格计算的税额缴纳出口关税，属于许可证件管理的商品还应当交验相应的许可证件。

4. 无代价抵偿货物的报关单证

（1）申报进口无代价抵偿货物。应当提交下列单证：

① 原进口货物报关单。

② 原进口货物退运出境的出口报关单或者原进口货物交由海关处理的货物放弃处理证明（因原进口货物短少而进口无代价抵偿货物，不需要提交该项单证）。

③ 原进口货物税款缴款书或者《征免税证明》。

④ 买卖双方签订的索赔协议。

⑤ 海关认为需要时，纳税义务人还应当提交具有资质的商品检验机构出具的原进口货物残损、短少、品质不良或者规格不符的检验证明书或者其他有关证明文件。

（2）申报出口无代价抵偿货物。应当提交下列单证：

① 原出口货物报关单。

② 原出口货物退运进境的进口报关单（因原出口货物短少而出口无代价抵偿货物，不需要提交）。

③ 原出口货物税款缴款书或者《征免税证明》。

④ 买卖双方签订的索赔协议。

⑤ 海关认为需要时，纳税义务人还应当提交具有资质的商品检验机构出具的原出口货物残损、短少、品质不良或者规格不符的检验证明书或者其他有关证明文件。

二、进出境修理货物

1. 进出境修理货物适用的范围

进境修理货物是指运进境进行维护修理后复运出境的机械器具、运输工具或者其他货物，以及为维修这些货物需要进口的原材料、零部件。

进境修理包括原出口货物运进境修理和其他货物运进境修理。出境修理货物是指运出境进行维护修理后复运进境的机械器具、运输工具或者其他货物，以及为维修这些货物需要出口的原材料、零部件。出境修理包括原进口货物运出境修理和其他货物运出境修理。原进口货物出境修理包括原进口货物在保修期内运出境修理和原进口货物在保修期外运出境修理。

按加工贸易保税货物管理的进境维修业务，如进口料件和出口成品进出境维修不适用“修理物品”（代码1300）这种监管方式，应分别申报“来料料件退换0300”“来料成品退换4400”“进料料件退换0700”和“进料成品退换4600”。

2. 修理货物的暂时进出境期限

修理物品的进出境期限与暂时进出口货物进出境期限一样为6个月，即自修理物品运出境或运进境之日起6个月内复运进出境，如果需要延长复运出境的期限，经批准可以延长，延长期限最长不超过6个月。

3. 进出境修理货物的报关程序

（1）进境修理货物。报关流程：

① 进境申报。货物进境后，收货人或其代理人持维修合同或者含有保修条款的原出口合同及申报进口需要的所有单证办理货物进口申报手续，并提供进口税款担保。

② 复运出境申报。修理货物复运出境申报时应当提供原修理货物进口申报时的报关单（留存联或复印件）。

③ 核销结案。修理货物复运出境后应当申请销案，如正常销案，海关应退还保证金或撤销担保，原进口报关单的征免方式如为“保证金”（“保函”）应修改为“全免”。未复出境部分货物应当办理进口申报纳税手续，原进境修理货物的进口报关单征免性质修改为“照章征税”。

（2）出境修理货物。报关流程：

① 出境申报。发货人在货物出境时，向海关提交维修合同或含有保修条款的原进口合同，以及申报出口需要的所有单证，办理出境申报手续。

② 复运进境申报。货物复运进境时应当向海关申报在境外实际支付的修理费和材料费，由海关审查确定完税价格，计征进口关税和进口环节海关代征税；进口货物通常可免税，但是超过海关规定期限复运进境的，海关按一般进口货物计征进口关税和进口环节海关代征税。

关于海关特殊监管区域内保税维修业务有关监管问题，依据海关总署公告2015年第59号公告办理（表6-1）。

表6-1 进出境修理物品报关单易错栏目填制

<table>
<tr><th colspan="2">报关环节</th><th>监管方式</th><th colspan="2">征免性质</th><th>备注</th><th>关联报关单</th><th>征免（方式）</th></tr>
<tr><td rowspan="3">进境修理货物</td><td rowspan="2">进境：进口报关单</td><td rowspan="2">修理物品（1300）</td><td colspan="2" rowspan="2">其他法定（299）</td><td rowspan="2">维修合同号或者含有保修条款的原进口合同号</td><td rowspan="2">原出口报关单号</td><td>保证金/保函</td></tr>
<tr><td>核销后根据情况修改：全免/照章征税</td></tr>
<tr><td>复运出境：出口报关单</td><td>修理物品（1300）</td><td colspan="2">其他法定（299）</td><td>审批表编码、中检证书编号、修理原因</td><td>进境修理进口报关单号</td><td>全免</td></tr>
<tr><td rowspan="3">出境修理货物</td><td>出境：出口报关单</td><td>修理物品（1300）</td><td colspan="2">其他法定（299）</td><td>维修合同号或者含有保修条款的原进口合同号</td><td>原进口报关单号</td><td>全免</td></tr>
<tr><td rowspan="2">复运进境：进口报关单</td><td rowspan="2">修理物品（1300）</td><td>修理费和料件费单列一项</td><td rowspan="2">其他法定（299）</td><td rowspan="2">货物原值、修理费和料件费</td><td rowspan="2">出境修理出口报关单号</td><td>照章征税</td></tr>
<tr><td>货物</td><td>全免/照章征税</td></tr>
</table>

三、退运货物和退关货物

1. 退运货物

退运货物是指原出口货物或进口货物因各种原因造成退运进口或者退运出口的货物。退运货物包括一般退运货物和直接退运货物。

（1）一般退运货物。一般退运货物是指已办理申报手续且海关已放行出口或进口，因各种原因造成退运进口或者退运出口的货物。监管方式为“退运货物”（代码4561）。

① 本监管方式适用以下监管方式进出口货物退运出进境（表6-2）。

表6-2　适用于“退运货物”的范围

代码	名称	代码	名称
0110	一般贸易	1523	租赁贸易
0139	旅游购物商品	2025	合资合作设备
1616	寄售代销	2225	外资设备物品
1831	外汇免税商品	3010	货样广告品
3339	其他进出口免费	1039	市场采购
3422	对外承包出口	3410	承包工程进口
3612	捐赠物资	3511	无偿援助
4039	对台小额	4019	边境小额
0130	易货贸易	9739	其他贸易

② 本监管方式不适用：

a. 货物进境后、放行结关前退运的货物，其监管方式为“直接退运”（4500）。

b. 加工贸易进出口货物退运，其监管方式为“来料料件退换”（0300）、“进料料件退换”（0700）、“来料成品退换”（4400）、“进料成品退换”（4600）。

c. 加工贸易设备退运，其监管方式为“加工设备退运”（0466）。

d. “租赁不满一年”（1500）、“免税品”（1741）退运出境，其监管方式为“其他”（9900）。

e. 出口加工区进口设备退运出境，其监管方式为“区内设备退运”（5361）。

f. 进出口无代价抵偿货物，被更换的原进口货物退运出境，其监管方式为“其他”（9900）。

③ 退运货物报关手续，具体如下：

a. 退运进口报关手续。原出口货物退运进境时，原发货人或其代理人应填写进口货物报关单，并提供原货物出口时的出口报关单，以及保险公司证明、承运人溢装、漏卸的证明、国税局《出口商品退运已补税证明》等有关资料。

因品质或者规格原因，出口货物自出口之日起1年内原状退货复运进境的，原出口时已经征收出口税的，只要重新缴纳因出口而退还的国内环节税的，自缴纳出口税款之日1年内准予退还。因品质或者规格原因，出口货物自出口之日起1年内原状退货复运进境的，经海关核实后不予征收进口税款，但货物复运进境时间超过1年，则该货物不享受免征进口关税和进口环节海关代征税的措施。

b. 退运出口通关手续。因故退运出口的境外进口货物，原收货人或其代理人应填写出口货物报关单申报出境，并提供原货物进口时的进口报关单，以及保险公司、承运人溢装、漏卸的证明等有关资料。

因品质或者规格原因，进口货物自进口之日起1年内原状退货复运出境的，经海关核实后不予征收出口税，已征收的进口税，自缴纳进口税款之日起1年内准予退还。

（2）直接退运货物。直接退运货物是指在有关货物进境后、放行手续前，进口货物收货人、原运输工具负责人或者其代理人申请直接退运境外，或者海关根据国家有关规定责令直接退运境外的全部或部分货物。直接退运有两种情况：第一种是依据当事人申请退运；第二种是海关责令退运。

① 当事人申请直接退运。有下列情形之一的，当事人可以向海关申请办理直接退运手续：

a. 因国家贸易管理政策调整，收货人无法提供相关证件的。

b. 属于错发、误卸或者溢卸货物，能够提供发货人或者承运人书面证明文书的。

c. 收发货人双方协商一致同意退运，能够提供双方同意退运的书面证明文书的。

d. 有关贸易发生纠纷，能够提供法院判决书、仲裁机构仲裁决定书或者无争议的有效货物所有权凭证的。

e. 货物残损或者国家检验检疫不合格，能够提供国家检验检疫部门根据收货人申请而出具的相关检验证明文书的。

办理直接退运手续的进口货物未向海关申报的，当事人应当向海关提交《进口货物直接退运表》以及证明进口实际情况的合同、发票、装箱清单、提运单或者载货清单等相关单证、证明文书，填制报关单，办理直接退运的申报手续。

办理直接退运手续的进口货物已向海关申报的，当事人应当向海关提交《进口货物直接退运表》、原报关单或者转关单以及证明进口实际情况的合同、发票、装箱清单、提运单或者载货清单等相关单证、证明文书，先行办理报关单或者转关单删除手续。

② 海关责令退运。在货物进境后、办结海关放行手续前，有下列情形之一依法应当退运的，由海关责令当事人将进口货物直接退运境外：

a. 进口国家禁止进口的货物，经海关依法处理后的。

b. 违反国家检验检疫政策法规，经国家检验检疫部门处理并且出具《检验检疫处理通知书》或者其他证明文书后的。

c. 未经许可擅自进口属于限制进口的固体废物用作原料，经海关依法处理后的。

d. 违反国家有关法律、行政法规，应当责令直接退运的其他情形。

对需要责令进口货物直接退运的，由海关根据相关政府行政主管部门出具的证明文书，向当事人制发《中华人民共和国海关责令进口货物直接退运通知书》（以下简称《责令直接退运通知书》）。当事人收到《责令直接退运通知书》之日起30日内，应当按照海关要求向货物所在地海关办理进口货物直接退运的申报手续。

③ 直接退运报关手续。目前海关直接退运业务已实现无纸化作业，即企业办理直接退运业务无须再向海关提交纸质申请材料，只需通过“互联网+海关”的“进口货物直接退运”子系统，向海关发起直接退运申请，并在系统中提交相关电子材料，由海关核批完成即可。

a. 当事人办理进口货物直接退运的申报手续时，除另有规定外，应当先填写出口报关单向海关申报，再填写进口报关单（“先申报出口，再申报进口”），并在进口报关单“关联报关单”栏填报出口报关单号。

由于承运人的责任造成货物错发、误卸或者溢卸的，当事人办理直接退运手续时可以免予填制报关单。

b. 报关单“备注”栏填写《进口货物直接退运表》或者《责令直接退运通知书》编号，即填报“<ZT” + “海关审核联系单号或者《海关责令进口货物直接退运通知书》编号” + “>”。

c. “监管方式”栏均填写“直接退运”（代码“4500”）；“征免性质”栏目免于填报；“征免”栏填写“全免”。

无代价抵偿、一般退运、直接退运报关常见填报内容如表6-3所示。

表6-3　　无代价抵偿、一般退运、直接退运报关常见填报内容

<table>
<tr><th rowspan="2">栏目</th><th colspan="2">无代价抵偿进口货物</th><th colspan="2">一般退运货物
（品质规格原因）</th><th colspan="2">直接退运货物</th></tr>
<tr><th>退运出境</th><th>补偿进境</th><th>进境</th><th>出境</th><th>先出口报关</th><th>后进口报关</th></tr>
<tr><td>监管方式</td><td>其他</td><td>无代价抵偿</td><td colspan="2">退运货物 4561</td><td colspan="2">直接退运4500</td></tr>
<tr><td>征免性质</td><td colspan="4">其他法定 299</td><td colspan="2">免于填报</td></tr>
<tr><td>备注/关联报关单号</td><td colspan="2">原进口报关单号</td><td>原出口报关单号</td><td>原进口报关单号</td><td>直接退运表/责令直接退运通知书编号</td><td>出口报关单号；直接退运表/责令直接退运通知书编号</td></tr>
<tr><td>征免</td><td colspan="6">全免（符合海关规定情况下，如时效性规定——无代价抵偿货物3年内，一般退运1年内）</td></tr>
</table>

2. 退关货物

（1）含义。退关货物又称出口退关货物，它是指出口货物在海关申报出口后海关放行，因故未能装上运输工具，发货单位申请将货物退运出海关监管区不再出口的货物。

（2）出口退关货物的报关程序。具体如下：

① 出口货物的发货人及其代理人应该在得知出口货物未装上运输工具，并决定不再出口之日起3天内，向海关申请退关。

② 经海关核准且撤销出口申报后方能将货物运出海关监管场所。

③ 已缴纳出口税的退关货物，可以在缴纳税款之日起1年内，向海关申请退税。

④ 办理出口货物退关手续后，海关对所有单证予以注销，并删除有关报关电子数据。

知识巩固

一、不定项选择题

1. 天津某海洋进出口有限公司与中东地区客户订立销售60台中型计算机（服务器）的合同，委托天津某报关公司向天津新港海关办理出口报关手续。海关放行后，其中2台计算机（服务器）因故未装上船。

（1）该批计算机出口报关时，应向海关提交的单证包括（　　）。

A. 出口许可证

B. 两用物项和技术出口许可证

C. 原产地证书

D. 发票、装箱单等商业单证

（2）因故未装上船的2台计算机，应适用的海关监管制度是（　　）。

A. 直接退运　　B. 一般退运

C. 出口退关　　D. 无代价抵偿

2. 进口“无代价抵偿货物”（　）。
   A. 须向海关提交原进口报关单
   B. 免于交验进口许可证
   C. 无须缴纳进口税费
   D. 海关放行后即结关
3. 出境修理货物按期复运进境时，（　）应当计入完税价格。
   A. 原出境货物价格
   B. 境外修理费
   C. 境外材料费
   D. 复运进境的运输及相关费用和保险费
4. 上海某贸易公司向美国某公司出口的200辆电动自行车（监管条件：A6）因品质不良被退运，该退运进口货物在向海关申报时需要递交的随附单证有（　）。
   A. 原出口报关单
   B. 入境货物通关单
   C. 退运协议
   D. 进口货物直接退运表

二、判断题

1. 货物进境后、海关放行前，进口货物收发货人、原运输工具负责人或者其代理人发现错发货物，需要将原货物退运境外，此情况应按“退运货物”监管方式申报。（　）
2. 无代价抵偿进出口货物应当在原进出口合同规定的索赔期内且不超过原货物进出口之日起1年，向海关申报办理无代价抵偿货物的进出口手续。（　）

技能实训

根据本项目任务三背景资料以及下列单证资料，完成单一窗口进口货物申报相关栏目填报。

修理协议
REPAIR AGREEMENT

甲方：MOLLMANIS，INC.
乙方：广州三树玩具有限公司
GUANGZHOU SANSHU TOYS CO.,LTD.

乙方于2019年7月29日出口至甲方一批动物玩偶（9200PCS）,甲方收到货物后，发现其中2800PCS的玩偶喷油颜色存在严重色差，属质量不合格，经双方协商，同意将有质量问题的货物撤回，重新喷油，免费返修处理。

Party B exported 9,200 pcs of plush toy to Party A on July 29,2019. 2,800 pcs of the plush toy were rejected by Party A due to poor airbrushing. After negotiation，both parties agree that Party A return the 2,800 pcs of plush toy for free repairment. After repairing the airbrushing，they will be exported back to Party A.

甲方：	乙方：
MOLLMANIS,INC.	广州三树玩具有限公司 GUANGZHOU SANSHU TOYS CO.,LTD.

进出口税款保证金申请书

申请单位：

签　　章：

商品名称	玩偶	税则号列	9503002900	数量及单位	2800个	货值（CIF）	USD19000+运费RMB10286.9 (USD1=RMB6)
原产国（地区）	中国	运输工具及提运单号	CMA CGM BIANCA HJSCLGBA00347202	进（出）口日期	××××	报关单号	224820131480034248

申请理由：

我单位因 ____××××____ 正在办理中，现申请凭保证金放行货物。我单位保证在××××年××月××日前办结海关手续，逾期同意由海关将保证金转为税款，并承担相应法律责任。

单一窗口进口申报：

① 监管方式：________；② 征免性质：________；③ 征免：________。

项目七

报关企业内部管理

知识目标

- 熟悉报关单修改或撤销的办理流程
- 了解海关事务担保管理规定
- 了解海关税收担保的业务类型和担保方式
- 熟悉汇总征税的办理流程

能力目标

- 能够办理报关单的修改业务
- 能够参与海关税收担保业务
- 能够设计报关应急处理预案

素质目标

- 理解报关单修改或撤销、海关事务担保等制度设计背后的价值导向
- 遵守诚信守法、爱岗敬业、务实创新的职业规范
- 具有一定实践创新能力和精益求精的工匠精神，增强自我管理、团队合作与沟通能力

任务一　报关作业异常情况处理

任务导入

四通物流报关有限公司代理报关的一票出口货物，被海关抽中查验，查验发现毛重异常，实际重量与申报重量不符合，经查证，委托人提供的相关单证有误，需要修改出口货物报关单。请完成该业务操作。

相关知识

一、报关作业异常情况与成因分析

报关作业异常情况是指在报关作业的某一环节，由于突发或不可预知的情形，导致正常的报关作业无法按照计划继续进行的情况。

报关作业异常情况的产生，可能由于主观原因，如申报准备工作不够充分、报关流程设计不当、单证准备环节失误、报关工作交接不当、报关人员粗心大意等，除此之外，由于报关人员未能认真审核相关货物的申报要求，申报单证不齐全等均可导致报关异常情况发生。但更多

情况是，由于进出口货物通关涉及诸多口岸部门，出现外部不可控的因素导致。例如：委托人提供的信息有误差、计算机系统故障、国家贸易政策突变等，均有可能发生在报关作业的任何一个环节。

1. 造成报关异常的主要原因

① 舱单信息、检验检疫信息、许可证件信息、加工贸易备案信息、其他审批信息等联网核查电子数据信息与申报单证信息不相符。

② 申报单证信息与实际进出口货物不相符。

③ 进口货物不符合检验检疫要求。

④ “互联网+海关”、国际贸易“单一窗口”等通关系统发生故障。

⑤ 因国家政策调整，导致监管条件和税率变动。

⑥ 即将进出口的货物涉嫌侵犯知识产权。

⑦ 电子账册报核底账不符等。

2. 报关作业异常情况与报关差错的区别

报关作业异常情况与报关差错有本质区别，采取的处理方法也有所不同。

报关差错主要是由于报关人员业务素质不高、不够细致等主观原因造成。提高报关人员的业务素质和加强内部管理可以有效地减少和杜绝报关差错。

报关异常情况的产生，主要来自报关作业的复杂性。对报关作业异常情况的处理，其核心是正确有效的处理方法。因为从报关作业的性质来看，报关企业和报关人员的最终目的是实现对委托人的承诺，及时、便捷、合法地办理海关通关手续。正确有效的处理方法，可以在异常情况下给报关企业和委托人减少不合理或不必要的损失，避免争端。

针对报关异常情况，报关企业内部必须建立迅速有效的处理制度与机制，其根本目的是完善报关作业体系，建立全面、完善、科学的企业制度，提高企业的竞争力。因此，对于报关异常情况，不仅仅应该着眼于问题一时的解决，更应该着眼于对报关异常情况的总结、归纳和分析，以建立有效、可控的防范和解决机制。

二、报关作业异常情况的处理方法

报关过程中出现异常情况，报关人员首先应在第一时间做出反应，准确判断发生异常的报关业务环节涉及哪些政府管理部门，在了解事情发生的直接原因后，主要围绕以下三个方面进行处理工作：

（1）立即向本单位主管领导进行口头和书面汇报，收集相关单证和资料，组成异常情况处理小组或机构，制定解决方案和时间进度表。

（2）及时向海关进行书面情况报告，说明事实真相，寻求海关的理解、支持和帮助，并应向海关了解有关的政策信息，了解有无先例、如何处理等有助于问题解决的信息。

（3）对报关异常情况进行评估，锁定可能导致的损失金额，及时向报关委托人通报相关信息的解决方案，要求其予以协助。

报关异常情况的产生原因各异，情况复杂，难以对其表现和处理方法进行全面的归类总结。本书列举了进出口结关阶段的典型异常情况，并对可以采取的处理方法给予提示（表7-1）。

表7-1　报关结关作业典型异常情况处理

报关作业阶段	异常情况描述	产生异常原因	处理方法
出口后续作业	海关已放行，但报关单显示未结关	舱单数据异常、无核销标志、大船舱单数据错误	与代理公司及驳船代理公司确定具体原因，由其处理相关数据信息，接受对方反馈后查询相关确定已结关，办理证明联申领手续
	加工贸易无法核销	加工贸易手册超量	通知客户做手册数量变更，变更后与代理公司及驳船代理公司确定具体原因，由其处理相关数据信息
进口后续作业	已放行提货，但海关网站显示未放行	主要原因是报关单在放行时出现网络故障	企业可书面向海关申请重新放行，海关放行后即可结关，企业此时可办理证明联申领手续

三、进（出）口报关单修改和撤销

进出口货物收发货人或者其代理人符合《中华人民共和国海关进出口货物报关单修改和撤销管理办法》（海关总署令第220号）规定情形的，可通过“互联网+海关”的“报关单修改和撤销”功能模块，向海关办理进出口货物报关单修改或者撤销手续。

海关办理后通过预录入系统将办理情况反馈当事人，当事人可通过预录入系统查询已提交的修改或者撤销手续的办理进度。

对于海关发现报关单需要修改或者撤销的，海关通过预录入系统向当事人发起报关单修改或者撤销确认。当事人应通过预录入系统及时查询并在5个工作日内向海关确认“同意办理”或者“不同意办理”的意见（表7-2）。

表7-2　进（出）口货物报关单修改和撤销的情形及相关规定

进（出）口货物报关单修改和撤销的情形		所需材料	要求
客观原因	出口货物放行后，由于装运、配载等原因造成原申报货物部分或者全部退关、变更运输工具的	《进出口货物报关单修改/撤销表》、退关、变更运输工具证明材料	当事人向海关提交材料符合规定，并且齐全、有效的，海关应当及时进行修改或者撤销
	进出口货物在装载、运输、存储过程中发生溢短装，或者由于不可抗力造成灭失、短损等，导致原申报数据与实际货物不符的	《进出口货物报关单修改/撤销表》、商检机构或者相关部门出具的证明材料	
	由于办理退补税、海关事务担保等其他海关手续而需要修改或者撤销报关单数据的	《进出口货物报关单修改/撤销表》、签注海关意见的相关材料	
	根据贸易惯例先行采用暂时价格成交、实际结算时按商检品质认定或者国际市场实际价格付款方式需要修改申报内容的	《进出口货物报关单修改/撤销表》、发票、合同、提单、装箱单、与货物买卖有关的支付凭证以及证明申报价格真实、准确的其他商业单证	

续表

进（出）口货物报关单修改和撤销的情形		所需材料	要求
客观原因	已申报进口货物办理直接退运手续，需要修改或者撤销原进口货物报关单的	《进出口货物报关单修改/撤销表》《进口货物直接退运表》或者《责令进口货物直接退运通知书》	当事人向海关提交材料符合规定，并且齐全、有效的，海关应当及时进行修改或者撤销
	由于计算机、网络系统等技术原因导致电子数据申报错误的	《进出口货物报关单修改/撤销表》、计算机、网络系统运行管理方出具的说明材料	
主观原因	由于报关人员操作或者书写失误造成申报内容需要修改或者撤销	《进出口货物报关单修改/撤销表》、证明进出口货物实际情况的合同、发票、装箱单、提运单或者载货清单等相关单证、证明文书；详细情况说明；其他证明材料	海关未发现报关人员存在逃避海关监管行为的，可以修改或者撤销报关单
海关主动要求	将电子数据报关单退回，并详细说明修改的原因和要求	按照海关退单提示要求作业	当事人应当按照海关要求进行修改后重新提交，不得对报关单其他内容进行变更
	向当事人制发《进出口货物报关单修改/撤销确认书》，通知当事人要求修改或者撤销的内容	按照海关制发确认书要求作业	当事人应当在5日内对进出口货物报关单修改或者撤销的内容进行确认，确认后海关完成对报关单的修改或者撤销
海关直接撤销	海关将电子数据报关单退回修改，当事人未在规定期限内重新发送的 海关审结电子数据报关单后，当事人未在规定期限内递交纸质报关单的 出口货物申报后未在规定期限内运抵海关监管场所的 海关总署规定的其他情形		

四、补充申报

补充申报是指进出口收发货人、受委托的报关企业依照海关有关行政法规和规章的要求，在进（出）口报关单之外采用补充申报单，向海关进一步申报为确定货物的完税价格、商品编码、原产地等所需信息的行为。有下列情形的，应该进行补充申报：

（1）海关对申报时货物的价格、商品编码等内容进行审核时，为确定申报内容的完整性和准确性，要求进行补充申报的。

（2）海关对申报货物的原产地进行审核时，为确定货物原产地的准确性，要求收发货人提交原产地证书，并进行补充申报的。

（3）海关对已放行货物的价格、商品编码和原产地等内容进行进一步核实时，要求进行补充申报的。

进出口发货人、报关企业应当在收到海关补充申报电子指令之日起5个工作日内，通过“互联网+海关”的“补充申报”功能模块，向海关申报电子数据补充申报单。法律、行政法规和海关规章另有规定的除外。

思政园地

海关AEO认证标准的“守法规范标准”中第18项“申报规范”要求认证企业“连续4个季度单季度报关差错率不超过同期全国一般信用企业的平均差错率”。连续365天内，任何因海关查验而产生的删改单，前两次扣减企业信用分数，最后一次（第三次）系统直接自动移送简单案件和简易程序案件（简称“两简”）立案进行行政处罚。

请思考报关差错率是如何产生的？如何降低报关差错率？

知识巩固

一、不定项选择题

1. 进口货物在装载过程中发生短装，导致原申报数据与实际货物不符。向海关申请修改相关数据，除应递交《进出口货物报关单修改/撤销表》外，还需提交（　）。

A. 相关检验机构出具的鉴定证书　　B. 商业发票

C. 装箱单　　D. 合同

2. 珠海A公司从日本进口汽车变速箱500台，该货物凭自动进口许可证进口。货物于2020年8月8日运抵深圳盐田港，装载变速箱的铁料架为循环使用包装进口后需原状返还给日本供应商。该公司于2020年8月8日向深圳大鹏海关申报，收到海关查验通知书，企业对该票单证重新审核后发现因委托企业提交资料错误导致变速箱净重申报错误，需修改报关单。

（1）关于该批进口货物的申报，下列表述正确的是（　）。

A. 需分单申报，变速箱以进料对口申报，铁料架以一般贸易申报

B. 需分单申报，变速箱以一般贸易申报，铁料架以暂时进出境申报

C. 需分单申报，变速箱以进料对口申报，铁料架以暂时进出境申报

D. 需分单申报，变速箱以一般贸易申报，铁料架以其他进出口免费申报

（2）按海关监管要求，该批铁料架应（　）。

A. 缴纳等额进口税费的保证金　　B. 缴纳进口关税及进口环节增值税

C. 12个月内复运出境　　D. 6个月内复运出境

（3）关于该份报关单的修改，以下表述正确的是（　）。

A. 海关查验前修改报关单

B. 海关查验后修改报关单

C. 递交《进出口货物报关单修改/撤销表》

D. 递交《进出口货物报关单修改/撤销确认书》

二、判断题

1. 进出口货物报关单的修改或者撤销应当遵循修改优先的原则。 （ ）
2. 货物放行后，由于装运原因造成原申报货物全部退关，不能修改报关单数据。 （ ）
3. 电子支付下，税单已打印未核注的情况下，可以修改报关单。 （ ）

技能实训

根据本项目任务一案例背景，操作的环节和提交的单证应包括：

（1）____。

（2）____。

任务二　担保作业实施

任务导入

四通物流报关有限公司2020年1月10日代理广东某钢铁有限公司报关的一批铁矿石，如果以一般贸易方式进口，并以通关作业无纸化的方式向海关进行申报，税款金额超过60万元。该客户资金周转紧张（已全额支付国外客户采购款，但是国内应收销售款还未到账，预计1月底到账），与报关行协商是否能够先行垫付税款。作为初次合作的业务伙伴，应如何处理该笔业务？

相关知识

一、海关事务担保

1. 海关事务担保的含义

海关事务担保是指公民、法人或其他组织为本人或他人办理特定的海关事务或从事海关特许的经营业务，经海关同意，以规定的方式，保证在规定期限内履行义务或者承担责任的法律行为。

担保人提供的担保，具有在规定期限内由承担人履行其在正常情况下应当履行其承诺义务（办理某项海关手续）的性质。若由于担保人的过错，不能履行担保事项所列明的义务，海关将依法对担保人给予惩罚，让其承担一定的法律责任，以达到惩戒和教育的目的。

对涉及税款的担保，无论是责令补交税款，或是通知银行扣缴税款，主要目的还是在于补偿关税的收入。海关事务担保制度，从本质上讲，便利进出境活动，促进对外贸易效率的提高。同时，担保制度对进出境活动的当事人也将产生较强的制约作用，促进企业守法自律，按时履行其承诺的诸如补交单证、补缴税款、按规定复出（进）口等义务。

2. 海关事务担保的形式及其适用情形

（1）申请提前放行货物须提供担保。进出口货物在报关现场阶段，有关海关手续尚未办结（提取或装运出境）前，报关人可以向海关提供担保，要求海关提前放行货物。

其主要情形有：进出口货物的商品归类、完税价格、原产地尚未确定的；有效报关单证尚未提供的；在纳税期限内税款尚未缴纳的；滞报金尚未缴纳的；其他海关手续尚未办结的。

（2）当事人申请办理下列特定海关业务的，按照海关规定提供担保。其主要情形有：运输企业承担来往内地与港澳公路货物运输、承担海关监管货物境内公路运输的；货物、物品暂时进出境的；货物进境修理和出境加工的；租赁货物进口的；货物和运输工具过境的；将海关监管货物暂时存放在海关监管区外的；将海关监管货物向金融机构抵押的；为保税货物办理有关海关业务的。

（3）因涉案须提供担保。进出口货物的纳税义务人在规定的纳税期限内有明显的转移、藏匿其应税货物以及其他财产迹象的，海关可以责令纳税义务人提供担保；有违法嫌疑的货物、物品、运输工具应当或者已经被海关依法扣留、封存的当事人可以向海关提供担保，申请免予或者解除扣留、封存；法人、其他组织受到海关处罚，在罚款、违法所得或者依法应当追缴的货物、物品、走私运输工具的等值价款未缴清前，其法定代表人、主要负责人出境的，应当向海关提供担保；进口已采取临时反倾销措施、临时反补贴措施的货物应当提供担保的，或者进出口货物收发货人、知识产权权利人申请办理知识产权海关保护相关事务等，依照《中华人民共和国海关事务担保条例》的规定办理海关事务担保。

3. 海关事务担保的方式

具有履行海关事务担保能力的法人、其他组织或者公民可以成为担保人。法律规定不得为担保人的除外。

担保人可以以下列财产、权利提供担保：人民币、可自由兑换货币；汇票、本票、支票、债券、存单；银行或者非银行金融机构的保函；海关依法认可的其他财产、权利。

4. 担保作业无纸化

为深入推动通关作业无纸化改革，打通关企双向无纸化联系通道，海关总署决定自2017年12月15日起，在全国海关推广担保核批作业无纸化。进出口货物收发货人符合《中华人民共和国海关法》《中华人民共和国进出口关税条例》和《中华人民共和国海关进出口货物征税管理办法》规定的担保情形的，可通过中国国际贸易单一窗口海关事务联系系统（以下简称“系统”）向海关提交担保放行申请（图7-1）。

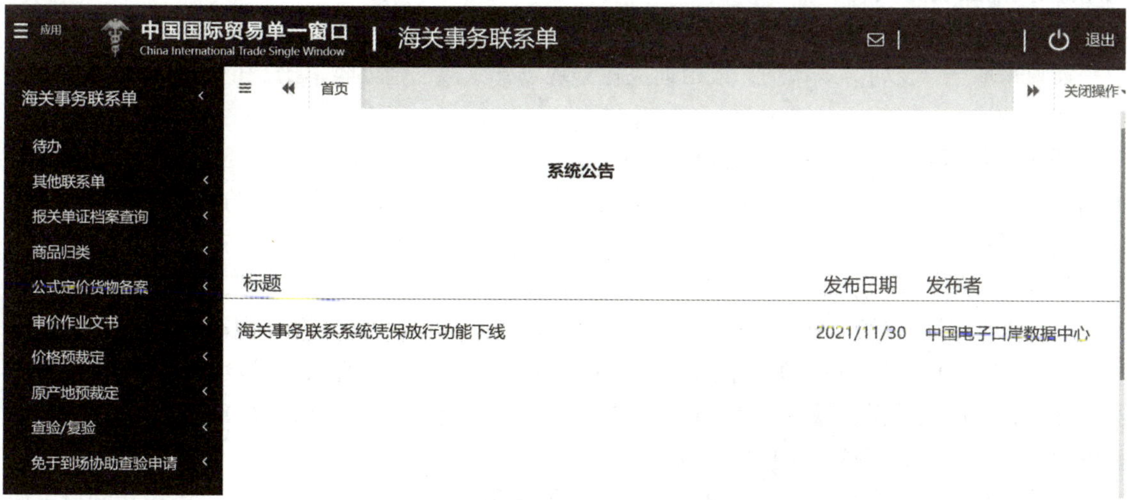

图7-1　中国国际贸易单一窗口海关事务联系系统

系统可实现多个作业场景：凭保放行、担保延期、担保销案、数据查询、海关通知查询、报关单证档案查询、归类行政裁定申请、价格预裁定申请、原产地预裁定申请、查验（复验）申请。总之，海关担保业务全流程，担保申请、担保延期、担保销案，都能通过系统实现。

二、税收担保

1. 汇总征税担保

（1）汇总征税的含义。汇总征税是海关对进出口税收进行征缴的一种作业模式，与现行逐票征税模式不同，对经审核符合条件的进出口纳税义务人，海关可以对其一段时期内多次进出口产生的税款集中进行汇总计征。

（2）交税期限。每月第5个工作日结束前，完成上月应纳税款的汇总电子支付。保险金额可根据企业税款缴纳情况在保险期间内循环使用。税款缴库后，企业担保额度自动恢复。

（3）备案方式。有汇总征税需求的企业，向注册地直属海关关税职能部门提交税款总担保备案申请，总担保应当依法以保函等海关认可的形式；保函受益人应包括企业注册地直属海关以及其他进出口地直属海关；担保范围为担保期限内企业进出口货物应缴纳的海关税款和滞纳金；担保额度可根据企业税款缴纳情况循环使用。电子数据备案（冻结）由属地直属海关完成。一份担保可以在包括属地海关在内的一个、多个乃至全国海关使用。

2. 纳税期限担保

纳税期限担保是指符合《中华人民共和国海关事务担保条例》第四条第三项规定的担保事务，即在纳税期限内税款尚未缴纳的，当事人可以在办结海关手续前向海关申请提供担保，要求提前放行货物。应自报关单审结生成电子税款信息之日起10日内，按照海关总署公告2018年第74号和第117号的规定，通过新一代海关税费电子支付系统缴纳税款。

3. 征税要素担保

征税要素担保是指符合《中华人民共和国海关事务担保条例》第四条第一、第二、第五项及第五条第二、第三、第四项规定的担保事务，即当事人申请办理特定海关业务而提供担保等，通常为保证金（保函）担保，当事人在海关批准的担保期限内履行纳税义务。

4. 税收担保主要方式

（1）保证金。企业凭海关开具的保证金收据将相应款项缴纳至海关保证金账户。企业可在单一窗口采取电子支付方式缴纳，或由通关业务现场开具保证金征收单据，企业采取银行柜台支付方式缴纳。

（2）银行保函。银行保函是银行应申请人的请求，向第三方开立的，银行作为保证人的书面信用担保凭证。银行保函的担保电子备案按照海关总署文件要求办理。已与海关联网的银行，由出具保函的银行将保函电子数据推送到海关保函备案系统中实现备案。未与海关联网的银行，由银行在海关的备案人员将保函纸质正本送达直属海关关税处备案。

（3）关税保证保险。海关总署、银保监会决定于2018年11月1日在全国海关范围内开展以《关税保证保险单》作为税款类担保的关税保证保险改革试点。关税保证保险是以政府机构（海关）作为被保险人的保证保险产品，投保人是进出口纳税企业，企业凭保险公司出具的《关税保证保险单》向海关办理税款类担保手续，即可实现“先放行后缴税”。目前参与关税保证保险试点的保险公司都实现了与海关系统的联网，由出具保单的保险公司将保单电子数据推送到海关保单备案系统中实现备案。

（4）企业集团财务公司担保。企业集团财务公司担保是指企业集团内进出口公司由集团财务公司提供税收保函，向海关申请办理担保通关手续。按照“一企一议”原则，由直属海关审定相关资质、研究制定管理和操作细则后报关税司审定。

5. 海关税收担保相关法律法规

（1）《中华人民共和国海关法》。

（2）《中华人民共和国海关事务担保条例》。

（3）《中华人民共和国海关进出口货物征税管理办法》。

（4）海关总署公告2017年第45号《海关总署关于优化汇总征税制度的公告》。

（5）海关总署公告2018年第155号《关于开展关税保证保险通关业务试点的公告》。

（6）海关总署公告2018年第215号《关于关税保证保险应用于汇总征税的公告》。

思政园地

2021年广州海关升级出台AEO企业便利措施“2.0版”，包括优先办理、信任监管、免担保、创新监管、联合激励、专属服务大类25条措施。其中，免担保政策是此次“2.0版”措施的新亮点。广州海关关区19家高级认证企业获批“两步申报”模式下免除担保的资格，在加快进出口货物通关流程基础上，免除担保额度共计5100万元，大幅降低企业资金压力。

知识巩固

一、不定项选择题

1. 在进出境报关过程中，对（　　）的担保不属于办理特定海关业务担保范围。

A. 暂时进出境货物　　B. 有归类争议的货物

C. 进境修理物品　　D. 进口租赁货物

2.（　　）可以向海关申请提前放行货物担保。

A. 进出口货物的商品归类存在争议尚未确定的

B. 在纳税期限内税款尚未缴款的

C. 进口许可证尚未提供的

D. 有效报关单证尚未提供的

3. 某企业对斯里兰卡出口照相机因品质不良被退回修理。退回修理货物进境时，企业向海关申请了为期6个月的担保并缴纳了保证金。企业在照相机复运出境后办理担保销案时应（　　）。

A. 自担保到期后30日内向海关提出申请　　B. 提供原出口货物报关单

C. 提供海关“保证金收据”　　D. 向海关开具发票

4. 有下列（　　）情形之一的，当事人可以在办结海关手续前向海关申请提供担保，要求提前放行货物。

A. 在纳税期限内税款尚未缴纳的　　B. 滞报金尚未缴纳的

C. 应当提供许可证件而不能提供的　　D. 有效报关单证尚未提供的

二、简答题

请简述特定海关业务担保作业无纸化操作流程。

技能实训

根据本项目任务二案例背景，设计税收担保方案。

项目八

报关技能实训

知识目标

- 理解归类总规则的适用
- 掌握进出口税则的层级结构
- 掌握商品归类信息收集的方法
- 掌握商品归类基本操作程序
- 理解规范申报要素的填报规则
- 理解关检融合后报关单填制规范

能力目标

- 能够判断多种成分货物的商品归类规则适用
- 能够完成常见的食品、化工产品、服装、机电商品的归类
- 能够准确填报商品的归类要素
- 能够完成单一窗口进出口货物申报基础操作

素质目标

- 理解进出口商品归类、规范申报制度设计背后的价值导向
- 遵守诚信守法、爱岗敬业、务实创新的职业规范
- 具有一定实践创新能力和精益求精的工匠精神，增强自我管理、团队合作与沟通能力

任务一　进出口商品归类

任务导入

在通关一体化模式下，企业自报自缴，通关速度大幅提升。通关环境趋于宽松并不意味企业的通关申报行为可以违规而不受监管，相反海关通过加大核查、稽查的力度和频次来加强进出口监管。各直属海关公示的行政处罚案件，企业因商品归类错误案件是其中比例最大的一种类型。四通物流报关有限公司报关员李铭同，报名参加中国报关协会的进出口商品归类专业能力水平评价考试，努力成为专业的商品归类师，提升服务客户的专业报关水平。

相关知识

一、进出口商品归类概述

1. 进出口商品归类的定义

进出口商品归类是指在《商品名称及编码协调制度公约》商品分类目录体系下，以《中华人民共和国进出口税则》为基础，按照《进出口税则商品及品目注释》《中华人民共和国进出口税则本国子目注释》以及海关总署发布的关于商品归类的行政裁定、商品归类决定的要求，确定进出口货物商品编码的活动。

2. 商品归类工作的意义

商品归类作为海关业务的基础工作之一，贯穿于海关工作的多个方面，如海关征税、海关统计、海关监管等业务。在海关征税工作中，只有准确的商品归类才能保证依法征收，使国家的税收不受损失，使纳税人的利益得到保障；在海关统计工作中，只有准确的商品归类才能保证国际贸易统计的准确性，为国家的宏观调控和贸易政策的调整提供可靠的依据；在海关监管工作中，只有准确的商品归类才能使国家对进出口商品的各项管理措施得到实施。

专业的报关人员，应当具备对商品归类基本原则和方法的掌握，运用商品知识、归类规则对常见进出口商品进行正确归类，对机电产品类或非机电产品类的疑难归类问题进行专业分析和判断，才能做到规范申报、顺利通关。

3. 进出口商品归类的基本原则

（1）实际状态。进出口货物的商品归类应当按照收发货人或者其代理人向海关申报时货物的实际状态确定。以提前申报方式进出口的货物，商品归类应当按照货物运抵海关监管场所时的实际状态确定。

（2）合并归类。由同一运输工具同时运抵同一口岸并且属于同一收货人、使用同一提单的多种进口货物，按照商品归类规则应当归入同一商品编码的，应视为同一报验状态，该收货人或者其代理人应当将有关商品一并归入该商品编码向海关申报。

二、协调制度的结构

《商品名称及编码协调制度》简称《协调制度》，又称HS（The Harmonized Commodity Description and Coding System的简称），是指在原海关合作理事会商品分类目录和国际贸易标准分类目录的基础上，协调国际上多种商品分类目录而制定的一部多用途的国际贸易商品分类目录。在现实工作中，为了适用于海关监管、海关征税及海关统计，需要按照进出口商品的性质、用途、功能或加工程度等将商品准确地归入《协调制度》中与之对应的类别和编号。

随着新产品的不断出现和国际贸易结构的变化，世界海关组织（WCO）每隔若干年就要修订《协调制度》。自1988年《协调制度》生效以来，进行了多次修订，形成了1988年、1992年、1996年、2002年、2007年、2012年、2017年共七个版本。经修订的2017年版《协调制度》共有1222个4位数品目、5387个6位数子目，分别比原来减少了2个4位数品目和增加了182个子目。

协调制度的结构贸易商品分为21个类、97个章（第77章是空章）。整个分类体系法律效力文本由归类总规则、注释（类注、章注、子目注释）和商品名称及编码表三部分组成。

1. 归类总规则

协调制度归类总规则，位于协调制度文本的卷首，是指导整个协调制度商品归类的总原则。归类总规则共有6条，是商品具有法律效力的归类依据，适用于品目条文、子目条文以及注释无法解决商品归类的场合。

（1）规则一。类、章及分章的标题，仅为查找方便而设。具有法律效力的归类，应按品目条文和有关类注或章注确定，如品目、类注或章注无其他规定，按以下规则确定。

关于规则一的解释："类、章及分章的标题，仅为查找方便而设"。要将数以万计的商品归入编码表中的几千个子目之内并非易事，为便于查找编码，《协调制度》将一类或一章商品加以概括并冠以标题。由于现实中的商品种类繁多，通常情况下一类或一章标题很难准确地对本类、章商品加以概括，所以类、章及分章的标题仅为查找方便而设，不具有法律效力。换句话说，类章中的商品并不是全部都符合标题中的描述。例如：第十五类的标题为"贱金属及其制品"，但许多贱金属制品并不归入该类，如铜纽扣归入第96章"杂项制品"；贱金属制的机械设备归入第84章"核反应堆、锅炉、机器、机械器具及其零件"；如第22章的标题为"饮料、酒及醋"，但是瓶装蒸馏饮用水却不归入该章，而应归入第28章"无机化学品"；针织束腰胸衣不能归入第61章"针织或钩编的服装及衣着附件"，而归入第62章"非针织或钩编的服装及衣着附件"，类似的例子还很多。

"具有法律效力的归类，应按品目条文和有关类注或章注确定，如品目、类注或章注无其他规定，按以下规则确定"。这里有两层含义：一是具有法律效力的商品归类，是按品目名称和有关类注或章注确定商品编码；二是品目归类时，应按照顺序运用归类依据，即规则一至规则四依次适用，确定品目。

（2）规则二。具体如下：

① 品目所列货品，应包括该项货品的不完整品或未制成品，只要在进口或出口时该项不完整品或未制成品具有完整品或制成品的基本特征；还应包括该项货品的完整品或制成品（或按本款可作为完整品或制成品归类的货品）在进口或出口时的未组装件或拆散件。

② 品目中所列材料或物质，应视为包括该种材料或物质与其他材料或物质混合或组合的物品。品目所列某种材料或物质构成的货品，应视为包括全部或部分由该种材料或物质构成的货品。由一种以上材料或物质构成的货品，应按规则三归类。

关于规则二的解释：规则二分两大部分，第一部分实际上是扩大编码的商品范围，这里有两层意思，第一层意思是品目所列商品包括其不完整品或未制成品，只要其具有完整品或制成品的基本特征，就应包括在内。例如：缺少一个轮胎或倒车镜等零部件的汽车，因其缺少的部件并不能影响产品本身的特征，故应按完整的汽车归类；缺少键盘的便携式电脑仍应按完整的便携式电脑归类等。第二层意思是还应视为包括该项货品的完整品或制成品在进口或出口时的未组装件或拆散件。已具备了成品的形状特征，但还不能直接使用，需经进一步加工才能使用的商品，如已具有钥匙形状的铜制钥匙坯片按照铜制钥匙归类；已经裁剪成片的手套按照制成手套归类等；因运输、包装、加工贸易等原因，进口时未组装件或拆散的货品，如机电产品的成套散件，此类成套散件只需简单组装即可成为完整成品。之所以这样规定是因为编码品目有限，不可能将各种情况的商品一一列出。如没有这项规则，则需将每缺一个零部件的商品单列一个子目，一是难以列全，二是很烦琐且浪费目录资源。

规则二第二部分，有两层意思：一是品目中所列某种材料包括了该种材料的混合物或组合物，也是对品目商品范围的扩大；二是其适用条件是加进去的东西或组合起来的东西不能失去原商品的特征，如含10%柑橘皮的绿茶仍然是绿茶，按照绿茶归入品目09.02；天然软木塞，虽然外包一层纱布，但是并没有改变基本特征，因此还是按照天然软木制品归入品目45.03。如混合或组合后的商品失去原商品的特征，可归入两个及以上品目，则需要运用规则三。

（3）规则三。当货品按规则二第二条或由于其他原因看起来可归入两个或两个以上品目时，应按以下规则归类：

① 列名比较具体的品目，优先于列名一般的品目。但是，如果两个或两个以上品目都仅述及混合或组合货品所含的某部分材料或物质，或零售的成套货品中的某些货品，即使其中某个品目对该货品描述得更为全面、详细，这些货品在有关品目的列名应视为同样具体。

② 混合物、不同材料构成或不同部件组成的组合物以及零售的成套货品，如果不能按规则三第一条归类时，在本款可适用的条件下，应按构成货品基本特征的材料或部件归类。

③ 货品不能按规则三第一条或第二条归类时，应按号列顺序归入其可归入的最末一个品目。

关于规则三的解释："不论是按规则二第二条或其他任何原因归类，货品看起来可归入两个或两个以上品目时，应按以下规则归类"，这是规则三运用的前提。

规则三的三条规则可概括为"具体列名、基本特征、从后归类"，这三条规则应按照先后次序依次加以运用。

规则三第一条主要内容是具体列名优先于一般列名的品目，如汽车用钢化安全玻璃，看起来可以归入汽车零件（品目87. 08）或钢化安全玻璃（品目70.07），品目70.07"钢化或层压的安全玻璃"更为具体，因此该商品归入该品目。

规则三第二条所称的"基本特征"一般可综合分析货品的外观形态、结构、功能、用途、最终使用目的、商业习惯、价值比例、社会习惯等多方面因素。例如：魔术贴，由无纺布、聚丙烯离型胶带、聚乙烯薄膜等几种材料制成，其中纺织物部分起主要作用，应按照其纺织制品的基本特征归入品目63. 07，而不是按照塑料制品归入第39章。

规则三第二条所称"零售的成套货品"是指同时符合以下三个条件的货品：

① 至少由两种看起来可归入不同编码的不同物品构成的。

② 为了适应某一项活动的特别需要而将几件产品或物品包装在一起的。

③ 其包装形式适于直接销售给用户而货物无须重新包装的。

规则三第三条只能适用于不能按规则三第一条或第二条归类的货品。如果一个商品可以归入两个或两个以上品目时，每个品目都同样具体，不存在基本特征，那么就按在商品编码表中位置靠后的那个品目进行归类。例如：大麦（50%）和燕麦（50%）的等量混合物，即按照大麦（品目10. 03）、燕麦（品目10. 04）中的后一品目10. 04归类。

（4）规则四。根据上述规则无法归类的货品，应归入与其最相类似的品目。

关于规则四的解释：这条规则所述的"最相类似"是指名称、功能、用途或结构上的相似。实际操作中往往难以统一认识。一般来说，这条规则较少使用。

（5）规则五。除上述规则外，本规则适用于下列货品的归类：

① 制成特殊形状仅适用于盛装某个或某套物品并适合长期使用的，如照相机套、乐器盒、枪套、绘图仪器盒、项链盒及类似容器，如果与所装物品同时进口或出口，并通常与所装物品一同出售的，应与所装物品一并归类。但本款不适用于本身构成整个货品基本特征的容器。

② 除规则五第一条规定的以外，与所装货品同时进口或出口的包装材料或包装容器，如果通常是用来包装这类货品的，应与所装货品一并归类。但明显可重复使用的包装材料和包装容器可不受本款限制。规则解释：规则五是关于包装物品归类的专门条款。

关于规则五的解释：解决货物包装物归类的专门条款。

规则五第一条仅适用于同时符合以下各条规定的容器：

① 制成特定形状或形式，专门盛装某一物品或某套物品的，专门设计的，有些容器还制成所装物品的特殊形状。

② 适合长期使用的，容器的使用期限与所盛装某一物品使用期限是相称的："在物品不使用期间，这些容器还起保护作用。"

③ 与所装物品一同进口或出口，不论其是否为了运输方便而与所装物品分开包装；单独进口或出口的容器应归入其应归入相应的品目。

④ 通常与所装物品一同出售的。

⑤ 包装物本身并不构成整个货品的基本特征，即包装物本身无独立使用价值。

规则五第一条不适用于本身构成整个商品基本特征的容器。例如：装有茶叶的银质茶叶罐，本身价值昂贵，远远超出茶叶的价格，并已构成整个货品的基本特征，因此应按银制品归入税则号列7114. 1100。

规则五第二条实际上是对规则五第一条规定的补充。当包装材料或包装容器不符合规则五第一条条件时，如果通常是用来包装某类货品的，则应与所装货品一同归类。但本款不适用于明显可以重复使用的包装材料或包装容器，如装有压缩液化气体的钢瓶应按钢铁制品（品目73. 11）和液化气（品目27. 11）分别归类。

（6）规则六。货品在某一品目项下各子目的法定归类，应按子目条文或有关的子目注释以及以上各条规则来确定，但子目的比较只能在同一数级上进行。除《协调制度》条文另有规定的以外，有关的类注、章注也适用于本规则。

关于规则六的解释：为解决某一品目下各级子目的法定归类而设定该规则。

以上规则一至五在必要的地方加以修改后，可适用于同一品目下的各级子目。

规则六中所称"同一数级"子目是指同为五位数级或同为六位数级的子目。据此，当按照规则三第一条规定考虑某一物品在同一品目项下的两个及两个以上五位数级子目的归类时，只能依据有关的五位数级子目条文来确定哪个五位数级子目所列名称更为具体或更为类似。只有在确定了列名更为具体的五位数级子目后，而且该子项目下又再细分了六位数级子目时，才能根据有关六位数级子目条文考虑物品应归入这些六位数级子目中的哪个子目。

"除条文另有规定的以外，有关的类注、章注也适用于本规则"是指类、章注释与子目条文或子目注释不相矛盾时，类、章注释适用于子目归类的场合。如果类、章注释与子目条文或子目注释相矛盾时，应服从于子目条文或子目注释。例如：第71章注释四第二条所规定的"铂"的范围，与第71章子目注释二所规定的"铂"的范围不相同，在解释子目7110. 11及7110. 19的商品范围时，应采用子目注释二，而不应考虑该章注释四第二条。

2. 注释

（1）协调制度中的注释是解释说明性的规定。位于类标题下的注释为类注释，简称类注；位于章标题下的注释为章注释，简称章注。

①类注

第一类 活动物；动物产品	SECTION I LIVE ANIMALS；ANIMAL PRODUCTS
注释： 一、本类所称的各属种动物，除条文另有规定的以外，均包括其幼仔在内。 二、除条文另有规定的以外，本协调制度所称干的产品，均包括经脱水、蒸发或冷冻干燥的产品。	Notes： 1.Any reference in this Section to a particular genus or species of animal，except where the context otherwise requires，includes a reference to the young of that genus or species. 2.Except where the context otherwise requires，throughout the Nomenclature any reference to "dried" products also covers products which have been dehydrated，evaporated or freeze-dried.

②章注

第一章 活动物	Chapter 1 Live animals
注释： 本章包括所有活动物，但下列各项除外： 一、税目03.01、03.06、03.07或03.08的鱼、甲壳动物、软体动物及其他水生无脊椎动物； 二、税目30.02的培养微生物及其他产品； 三、税目95.08的动物。	Notes： This Chapter covers all live animals except： 1.Fish and crustaceans，molluscs and other aquatic invertebrates，of heading No.03.01,03.06,03. 07 or 03.08； 2.Cultures of micro-organisms and other products of heading No.30.02; 3.Animals of heading No.95.08.

（2）《进出口税则商品及品目注释》。以下简称《税则注释》，是商品归类的重要依据之一。我国是《商品名称及编码协调制度公约》（以下简称《公约》）的缔约方，按照《公约》规定，中国海关根据世界海关组织编制的2017年版《商品名称及编码协调制度注释》，编制了我国2017年版《税则注释》，并已于2017年1月1日起执行。在《税则注释》中可查询品目注释、子目注释。

01.01	马、驴、骡：		
		—	马：
	21	— —	改良种用
	29	— —	其他
	30	—	驴
	90	—	其他

品目注释

> 本品目包括马（母马、未阉雄马、已阉雄马、马驹、矮种马)、驴、马骡及驴骡，不论是畜养或野生的。
>
> 马骡是公驴和母马杂交所生。驴骡是公马和母炉杂交所生。

。
。 。

子目注释：

子目0101.21
子目 0101.21所称“改良种用动物”，仅包括由本国主管部门认定为“纯种”的种用动物。

注释的作用在于准确限定子目、品目、章或类的范围，保证商品归类的唯一性和正确性，常见的形式有：排他法（用排除性条款列举某个子目、品目、章或类不包括的商品）、定义法（用一般定义法来限定某个子目、品目的范围或解释子目条文、品目条文及章、类中出现的专业术语或名词）、列举法（分为全部列举和不完全列举）。

以下注释包括协调制度类注、章注、子目注释（以第十七类为例），综合运用各种形式。

第十七类　车辆、航空器、船舶及有关运输设备

【注释】

（1）本类不包括品目95.03或95.08的物品以及品目95. 06的长雪橇、平底雪橇及类似品。

（2）本类所称“零件”及“零件、附件”，不适用于下列货品，不论其是否确定为供本类货

品使用：

① 各种材料制的接头、垫圈或类似品（按其构成材料归类或归入品目84. 84）或硫化橡胶（硬质橡胶除外）的其他制品（品目40.16）。

② 第十五类注释二所规定的贱金属制通用零件（第十五类）或塑料制的类似品（第三十九章）。

③ 第八十二章的物品（工具）。

④ 品目83.06的物品。

⑤ 品目84.01至84.79的机器或装置及其零件；品目84.81或84.82的物品及品目84. 83的物品（这些物品是构成发动机或其他动力装置所必需的）。

⑥ 电机或电气设备（第八十五章）。

⑦ 第九十章的物品。

⑧ 第九十一章的物品。

⑨ 武器（第九十三章）。

⑩ 品目94. 05的灯具或照明装置。

⑪ 作为车辆零件的刷子（品目96.03）。

（3）第八十六章至第八十八章所称“零件”或“附件”，不适用于那些非专用于或非主要用于这几章所列物品的零件、附件。同时，符合这几章内两个或两个以上品目规定的零件、附件，应按其主要用途归入相应的品目。

（4）在本类中：

①既可在道路上又可在轨道上行驶的特殊构造的车辆，应归入第八十七章的相应品目。

②水陆两用的机动车辆，应归入第八十七章的相应品目。

③可兼作地面车辆使用的特殊构造的航空器，应归入第八十八章的相应品目。

（5）气垫运输工具应按本类最相似的运输工具归类，其规定如下：

① 在导轨上运行的（气垫火车），归入第八十六章。

② 在陆地行驶或水陆两用的，归入第八十七章。

③ 在水上航行的，不论能否在海滩或浮码头登陆及能否在冰上行驶，一律归入第八十九章。

气垫运输工具的零件、附件，应按照上述规定，与最相类似的运输工具的零件、附件一并归类。

气垫火车的导轨固定装置及附件应与铁道轨道固定装置及附件一并归类。气垫火车运行系统的信号、安全或交通管理设备应与铁路的信号、安全或交通管理设备一并归类。

第八十八章　航空器、航天器及其零件

【子目注释】

子目8802.11至8802.40所称“空载重量”，是指航空器在正常飞行状态下，除去机组人员、燃料及非永久性安装设备后的重量。

第八十九章　船舶及浮动结构体

【注释】

已装配、未装配或已拆卸的船体、未完工或不完整的船舶以及未装配或已拆卸的完整船舶，如果不具有某种船舶的基本特征，应归入品目89.06。

3. 商品名称及编码表

商品名称及编码表由协调制度编码（简称HS编码）和货品名称构成（包括品目条文和子目条文），是协调制度商品分类目录的主体，从属于21类，分布在97章中（第77章是章，仅有标题，保留为协调制度将来所用）。商品编码居左，货品名称居右。世界海关组织编制的协调制度编码共有6位数字，前四位为品目（其中前两位代表章的序号，如“01”代表第一章），后两位为子目（包括一级子目和二级子目）。品目左侧的文字说明为品目条文，子目左侧的文字说明为子目条文。

Heading 品目	H.S. Code		
01.04		Live sheep and goats.	
	0104.10	– Sheep	
	0104.20	–Goats	
01.05		Live poultry，that is to say，fowls of the species *Gallus domesticus*，ducks，geese，turkeys and guinea fowls.	
		– Weighing not more than 185 g :	① 品目条文
	0105.11	-- Fowls of the species *Gallus domesticus*	
	0105.12	-- Turkeys	
	0105.13	-- Ducks	
	0105.14	-- Geese	
	0105.15	--Guinea fowls	
		–Other :	② 子目条文(一级子目)
	0105.94	-- Fowls of the species *Gallus domesticus*	
	0105.99	--Other	③ 子目条文(二级子目)

HS编码被200多个国家和经济体使用，作为关税征收和国际贸易统计数据的基础。国际贸易中98%以上的商品都是按HS编码进行商品分类的。参与协调制度的国家，通常在6位HS编码的基础上，自行编制本国子目和本国注释，比如电动真空吸尘器（功率1000瓦，带有容积为10升的集尘袋）的HS编码8508.70，该商品在中国的商品编码为8508.7010，该商品在欧盟的商品编码为8508.700020，该商品在美国的商品编码为8508.70.0000。

85.08		Vacuum cleaners.
		–With self–contained electric motor :
	8508.11	--Of a power not exceeding 1,500 W and having a dust bag or other receptacle capacity not exceeding 20L
	8508.19	--Other
	8508.60	–Other vacuum cleaners
	8508.70	–Parts

注：

① HS CODE 资料来自世界海关组织官网http：//www.wcoomd.org/en/topics/nomenclature/instrument-and-tools/hs-nomenclature-2017-edition/hs-nomenclature-2017-edition.aspx。

② 中国商品编码资料来自国务院关税税则委员会关于发布《中华人民共和国进出口税则（2020）》的公告 http：//gss.mof.gov.cn/gzdt/zhengcefabu/201912/t20191230_3452186. htm。

③ 欧盟商品编码资料来源于欧盟税收与关税委员会官方网站https：//ec.europa.eu/taxation_customs/dds2/taric/taric_consultation.jsp?Lang=en。

④ 美国商品编码资料来源于美国国际贸易委员会官方网站 https：//hts.usitc.gov/current。

协调制度对商品分类遵循科学的分类原理和规则，采用常见的商品分类标志进行分类，使商品归类有章可循。协调制度基本上以商品所属的生产行业为“类”的划分依据，如第六类为化学工业及相关工业的产品，第十一类为纺织工业的产品等。通常以商品的自然属性（原材料及其制成品）或所具有的原理、功能及用途（制成品）为设“章”原则，如第28章无机化学品（自然属性相同），第57章地毯及其他铺地用品（功能相似）。类次及同类内章次的编排，主要依照从简单到复杂（加工程度由低到高）、从农业（先动物、后植物）到工业的顺序，如活动物以及动物产品在第一类、植物产品在第二类、矿物产品在第五类、化学及相关工业产品在第六类、纺织制品在第十一类；又如在第十一类中第50、51章为动物纤维，第52、53章为植物纤维。同章内按照原材料商品在前，半制成品居中，制成品居后的顺序编排，如第39章按照初级形态塑料（原材料）、塑料板（半成品）、塑料制用具（制成品）的顺序列目。

三、《中华人民共和国进出口税则》层级结构

现行的《中华人民共和国进出口税则》（以下简称《进出口税则》）以协调制度为基础，结合我国实际进出口情况（国务院关税税则委员会根据中国与贸易伙伴贸易协议的签署内容和对外经济贸易发展的需要，每年对进出口税率进行调整）编制而成。

《进出口税则》结构与协调制度商品分类目录结构基本相同，也由归类总规则、注释和商品名称及编码表三部分组成。两者相比较，前者在商品名称及编码表增设了进口税率栏（最惠国税率、协定税率、特惠税率、普通税率），并将商品编码改称为“税则号列”，税则号列的前六位与协调制度完全一致，增设了第七、八位本国子目（分别是三级子目、四级子目）。

税则号列	中文货品名称	最惠国税率（%）	协定税率（%）		特惠税率（%）	普通税率（%）
	--鸡：					
0105.1110	---改良种用	0			0 受惠国L D	0
0105.1190	---其他	10	0	东盟AS，智利CL，新西兰NZ，秘鲁PE，哥CR，瑞士CH，冰岛IS，澳AU，香港HK，澳门MO，格GE	0 缅甸MM，老挝LA，受惠国LD	50
			4	韩国KR		
			4.5	巴PK		

下面以品目0105为例说明我国商品分类目录的结构：

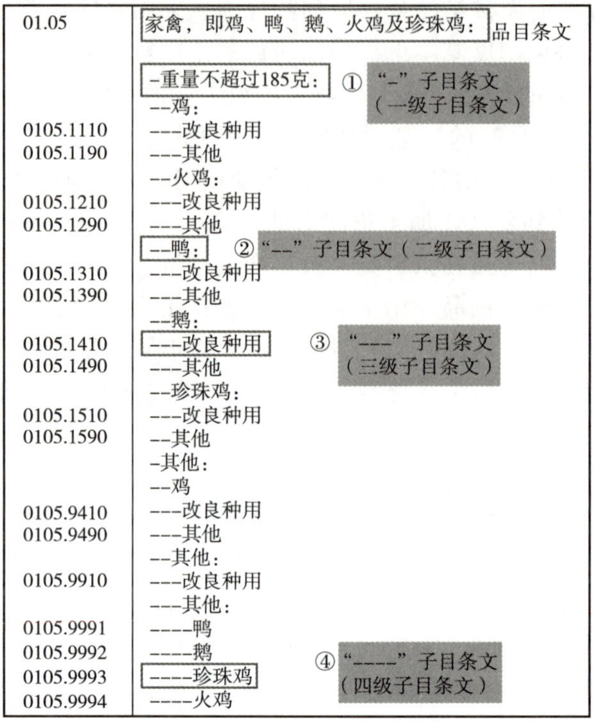

品目0105的分类结构也可解释如下：

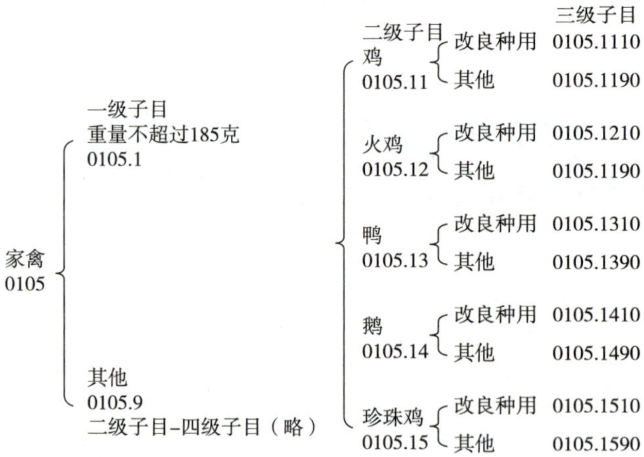

四、商品归类基本操作程序

商品归类的基本操作程序是以《进出口税则》提供的具有法律效力的商品归类为依据，对进出口货物进行商品归类的操作。具体操作程序如下：

1. 归类准备阶段

本阶段的主要任务是对商品归类信息的汇总和归纳整理。对于归类对象的进出口货物，一般应了解其名称（学名、别名等）、原材料（组分及含量等）、结构、规格、性能、制造原理、加工状况（方式、过程、程度等），以及功能和用途等相关信息，还应了解易混淆商品的区别等知识。商品归类信息获取的途径通常包括通过单证资料获取、通过看货取样获取、请教生产厂家、查询专业书籍以及浏览相关网站等。

2. 归类操作阶段

（1）确定品目。明确归类商品的基本特征，查阅类、章标题，列出可能归入的类、章标题，查阅相应的类、章中的注释和品目条文、品目注释，在运用规则一无法确定品目的情况下，运用规则二至规则四，依次适用，确定品目；涉及包装的归类，运用规则五加以确定。

（2）确定子目。查阅所属品目的一级子目（也称“一杠子目”）条文和适用的注释，如无法直接确定，可将规则二至规则五关于确定品目的规则稍加修改来确定子目。依次重复完成前述程序，确定二、三、四级子目即第六、七、八位数，最终完成归类。注意同一数级的子目才能进行比较。

五、申报要素填报

1. 申报要素概述

申报要素是海关规定的，在向海关进行进口或出口申报时，必须在《进口货物报关单》《出口货物报关单》或《补充申报单》上填报的信息要素。海关把申报要素分为归类要素、价格要素和审单及其他要素三大类。

（1）归类要素是在商品归类过程中所必需的信息要素。如果归类要素不全，就没法确定商品编码归类是否正确。海关电脑系统自动审单或海关人工审单时，主要根据所填报的归类要素信息来判断和确定商品编码是否正确。例如：品名、成分含量、制作或保存方法、加工方法、加工工艺、加工程度、功能、用途、包装（判断是否为零售包装）等。

（2）价格要素是要确定所申报的商品价格是否合理所必需的信息要素。如果价格要素不全，海关就没法确定所申报的价格是否合理。例如：品牌、包装规格等。

（3）审单及其他要素就是除了归类要素和价格要素之外的，海关认为需要的其他信息要素。例如：外观、结构、尺寸等。

2. 申报要素规范填报

规范申报是以满足海关监管、征税、统计等工作为目的，纳税义务人及其代理人依法向海关如实申报的行为，也是海关审单、依法监管的重要工作。申报要素的填报，须符合《中华人民共和国海关进出口货物报关单填制规范》《中华人民共和国海关进出口商品规范申报目录》的规定，满足海关归类、审价、贸易管制、监管的要求。

规范申报要素审核标准说明如下：

项号	要素分类	申报注意点	备注
1	成分含量	“成分含量”是指：“成分”指货品所构成的部分或要素，一般指所含物质的种类；“含量”一般指所含物质的数量	乙烯-丙烯共聚物的成分含量：乙烯-丙烯共聚物99%，炭黑1%；单体单元：乙烯8%；丙烯92%
2	规格型号	“规格型号”要素应同时申报货品的“规格”及“型号”；规格，主要表示大小尺寸等；型号，一般由一组字母和数字以一定规律编号组成，反映货品性质等级等	50章：丝线列明细度支数；织物列明幅宽；混纺产品列明丝含量。51章：丝线列明细度支数；织物列明幅宽；混纺产品列明成分含量，每平方米质量（克/平方米）

续表

项号	要素分类	申报注意点	备注
3	功能	货品的功效，与用途不能混淆	用途与功能应区分，如按摩器，用途：家用；功能：电动（脉冲）按摩肩部，促进血液循环等；切割机，用途：工业用；功能：数控切割金属
4	用途	是指货品在出入境后的应用场合或下游产品	用途主要指适用场合或下游产品，除非目录中用途后有特别标明：如用途（适用机型）、用途（食用）、用途（观赏用）、用途（制花束或装饰用），51章用途（仅指纱线是否用于零售）等 常见用途错误填写如下：自行车，错误填写为“交通工具”，应填写为竞赛用、山地用、越野用、家用等；椅子，错误填写为“坐具”，应填写汽车用、船舶用、家庭户内用、户外休闲用等，以满足归类及价格需要
5	原理	实现功能与用途的具体方式和规律	90138030液晶显示板，原理指显示屏工作原理，简单可分为：TFT\STN\OLED\TFD等（液晶技术类型，一般可分为IPS、VA、TN）
6	外观	货品的颜色、形状等	3915废塑料的要素“外观”包含颜色、尺寸，部分企业仅申报颜色未申报尺寸，正确填报如下：对于尺寸范围较固定的废塑料，外观应申报尺寸范围；对于无法判断尺寸的杂碎废塑料，外观应填“废碎料，尺寸杂乱”；对于无法判断尺寸的，应填“不规则，无固定尺寸”
7	材质	“材质”是指货品按《进出口税则》中的材质分类原则所确定的具体材料种类	玻璃\塑料等，材质尽量具体，如PVC
8	品牌	与同市场内其他企业产品区分开的货品名称符号	没有品牌，应注明“无品牌”或“无牌”
9	包装	盛装货物的容器、材料及辅助物品等。主要指货物的直接包装，非外包装（报关单表头部分已有一栏“包装种类”用以填报外包装）	根据《规范申报目录》注解要求，28、30、32、33、34、38等章节商品的要素“包装”内容应足以判断是否零售包装，如“50升/桶（非零售包装）”，笼统填写“纸箱”装或“桶”装均视为错误
10	签约日期	合同签订日，不同于定价日期	具体到日
11	拉丁名称	国际通用，动植物命名	勿填写成英文
12	来源	货品产生方式、场所	26章可填写矿砂产生源头，是天然开采，抑或冶钢产生，是否经筛选。采掘的应加填矿山名。例如：马尔科纳矿区天然开采，经筛选；74040000废铜来源应填写具体，如：“无壳废电机”“废发动机水箱”“带橡胶皮废铜电缆”“废紫铜裸线”“废黄铜管”等

续表

项号	要素分类	申报注意点	备注
13	加工方法	“加工方法”是指货品在出入境前的加工工艺或制造方法：是指改变原材料、毛坯或半成品的形状、尺寸、性质或表面状态，使之达到规定要求的各种形状的方法	50章：纤维纱线产品仅指梳理工艺，即粗梳或精梳；对织物则指染整方法（漂白、练白）以及织造方法（机织物）。51章：对纤维原料指梳理工艺，即粗梳或精梳及脱脂、处理；对织物则指梳理工艺（粗梳或精梳）以及织造方法（机织物）
14	（规格）尺寸	货品的大小尺寸等	“规格”要素应申报完整，如块状、板状物申报“长宽厚”，卷状申报“宽幅、单层厚度、长度”，管状物申报“外径内径长度”等；必须申报，不能申报为无尺寸
15	品名	货品具体商业名称	37章：商品申报的品名中应包括是否曝光、是否冲洗的内容。39、40章：品名包括标准命名法名称或工商业通用俗称。39章：商品有英文缩写的商品必须申报，如聚乙烯的缩写为PE。51章：应具体列出产品行业名称、种类，如剪羊毛、碳化羊毛、脱脂羊毛、兔毛、动物细毛、粗毛马毛织物等

进出口商品规范申报要素申报应重点注意以下事项：

（1）申报要素附带有“括号”，提示说明内容的，应根据实际商品判断其提示的说明内容之间是“或（or）”还是“和（and）”的关系，并准确申报。主要有以下三种情形：

① 说明内容之间是“或（or）”关系的，应选择实际对应的项目申报，如品目25. 19的申报要素“外观（粉末、粒状、块状等）”，应按实际申报“粉末”或“粒状”或“块状”或说明内容未列明的其他外观形状。

② 说明内容之间是“和（and）”关系的，应逐项具体申报，如品目48. 11的申报要素“规格（成条等、浸渍或涂布物、每平方米质量）”，应按实际逐项具体申报为“成条、浸渍甘油、300克/平方米”。

③ 说明内容之间既有“或（or）”又有“和（and）”关系的，应选择实际对应的项目分别申报，如品目08. 02的申报要素“制作或保存方法（鲜、干、去壳、未去壳）”，应按实际分别申报“鲜、未去壳”或“干、去壳”。

（2）申报要素的填报内容应能够满足归类、价格审核等要求。例如：品目8482项下滚珠轴承，申报要素“结构类型”应根据归类要求选择填写“调心球轴承”“深沟球轴承”“角接触轴承”“推力球轴承”等。

（3）对于针对某一级税号项下部分商品申报要求，如申报商品确属无须填报之特殊情形的，应填报为“无须报”，如税号28299000，其对应的申报要素2—如为高氯酸铵请注明粒度，如申报商品为溴酸盐、碘酸盐等，该要素的对应内容应填报为“无须报”。

（4）要求填写“中英文”的，应填写中文和英文。“拉丁学名”要素应填写国际通用的拉丁文或拉丁化的希腊文表达的正式学名，不应填写成英文名。

（5）“包装规格”要素，应注明具体包装和规格（单位包装容量×每包装单位数/包装单位），如750毫升×6瓶/箱。

（6）为了保证报关单规格型号栏显示的完整性，要素应填写明确，不能简单填报“是/否/有/无/非”等字样，如“是否野生”可填报“非野生”，没有品牌，应注明“无品牌”或“无牌”。

（7）48章纸张的“纤维种类及含量”“规格（成条等、浸渍或涂布物、每平方米克重）”应填写具体，如“机械方法制木纤维100%，硫酸盐化学制浆”“成条，甘油涂布，200克/平方米”。

（8）固体废物应结合总署2010年16号公告要求及《目录》要求填报。

（9）葡萄酒应结合总署2010年17号公告要求及《目录》要求填报。

（10）汽车零配件应结合总署2006年64公告要求及《目录》要求填报。

（11）品目“2710”项下的成品油申报应结合总署2013年10公告要求及《目录》要求填报。

以下是规范申报范例：

范例1　多美鲜脱脂牛奶

税则号列	商品名称	申报要素		
		归类要素	价格要素	审单及其他要素
0401.1000	按重量计脂肪含量不超过1%	1. 制作或保存方法（未浓缩及未加糖或其他甜物质）；2. 脂肪含量（按重量计）；3. 成分含量	4. 包装规格（如1升/盒）；5. 品牌	

申报示例：

申报税号	商品名称	要素申报		
		归类要素	价格要素	审单及其他要素
0401.1000	多美鲜脱脂牛奶	1. 未浓缩、未加糖或其他甜物质；2. 脂肪含量0.1%；3. 100%纯牛奶	4. 1升/盒；5. Suki（多美鲜）牌	

范例2　燕窝

税则号列	商品名称	申报要素		
		归类要素	价格要素	审单及其他要素
0410.0010	燕窝	1. 用途（食用）	2. 品种（燕子的品种）；3. 外形（燕盏或燕碎、燕条等）；4.含水量	

申报示例：

申报税号	商品名称	要素申报		
		归类要素	价格要素	审单及其他要素
0410.0010	燕窝	1. 食用	2. 楼燕；3. 燕碎	

范例3 未加糖或其他甜物质的可可粉

税则号列	商品名称	申报要素		
		归类要素	价格要素	审单及其他要素
1805.0000	未加糖或其他甜物质的可可粉	1. 制作或保存方法（粉末状、未加糖或其他甜物质）； 2. 可可脂含量	3. 包装规格	

申报示例：

申报税号	商品名称	要素申报		
		归类要素	价格要素	审单及其他要素
1805.0000	可可粉	1. 粉末状、未加糖或其他甜物质；2. 10%	3. 8盎司/罐	

范例4 加糖或其他甜物质的可可粉

税则号列	商品名称	申报要素		
		归类要素	价格要素	审单及其他要素
1806.1000	加糖或其他甜物质的可可粉	1. 制作或保存方法（粉末状、加糖或其他甜物质）；2. 容器包装或内包装每件净重	3. 品牌	

申报示例：

申报税号	商品名称	要素申报		
		归类要素	价格要素	审单及其他要素
1806.1000	可可粉	1. 粉末状、加糖或其他甜物质；2. 500克/袋	3.HERSHEY'S（好时）牌	

范例5 肉末冬阴功味方便面

税则号列	商品名称	申报要素		
		归类要素	价格要素	审单及其他要素
1902.3030	即食或快熟面条	1. 种类（即食面条、快熟面条）；2. 成分含量	3. 包装规格；4. 品牌	

申报示例：

申报税号	商品名称	要素申报		
		归类要素	价格要素	审单及其他要素
1902.3030	肉末冬阴功味方便面（杯面）	1. 即食面条；2. 小麦粉63%，棕榈油16%；调味粉原料：糖6.5%，盐4.5%，增味剂（E621）2%，辣椒粉1.5%，酸（E330）0.6%，酸橙味0.3%，干洋葱0.1%，人造肉味料0.1%；调味油原料：棕榈油3.3%，大蒜0.8%；配菜原料：脱水猪肉块1%，脱水洋葱0.3%	3. 60克×36杯/箱；4.NISSIN（日清）牌	

思政园地

归类是海关税收的基础，商品税号的不同，相应的税率也不尽相同。青岛海关对60万条报关数据进行了归类监控，结合商品特色以及近年来发现的各种形式的风险，梳理、归纳了7大类30种归类风险类型，以此为切入点开展归类监控工作。

全国海关加强综合治税，提高税收质量。海关总署公布数据，2009年1至11月累计归类纠错9.6万项、补税近13亿元，仅2009年11月份，全国海关归类纠错9697项、补税2亿多元。

技能实训

一、根据品目 02.03 的条文内容，编制其结构树状图（编制到第三级子目即可）

02.03	鲜、冷、冻猪肉： -鲜或冷的： --整头及半头：
02.03. 1110	---乳猪
02.03. 1110 10	鲜或冷藏的整头及半头野乳猪肉
02.03. 1110 90	其他鲜或冷藏的整头及半头乳猪肉
02.03. 1190	---其他
02.03. 1190 10	其他鲜或冷藏的整头及半头野猪肉
02.03. 1190 90	其他鲜或冷藏的整头及半头猪肉
02.03. 1200	--带骨的前腿、后腿及其肉块
02.03. 1200 10	鲜或冷的带骨野猪前腿、后腿及其肉块
02.03. 1200 90	鲜或冷的带骨猪前腿、后腿及其肉块
02.03. 1900	--其他
02.03. 1900 10	其他鲜或冷藏的野猪肉
02.03. 1900 90	其他鲜或冷藏的猪肉 -冻的 --整头及半头： ---乳猪
02.03. 2110	
02.03. 2110 10	冻整头及半头野乳猪肉
02.03. 2110 90	冻整头及半头乳猪肉
02.03. 2190	---其他
02.03. 2190 10	其他冻整头及半头野猪肉
02.03. 2190 90	其他冻整头及半头猪肉
02.03. 2200	--带骨的前腿、后腿及其肉块
02.03. 2200 10	冻带骨野猪前腿、后腿及其肉块
02.03. 2200 90	冻藏的带骨猪前腿、后腿及其肉块
02.03. 2900	--其他
02.03. 2900 10	冻藏野猪其他肉
02.03. 2900 90	其他冻藏猪肉

注：第9、10位为海关监管附加编码，是海关根据国家税收、贸易管制政策要求确定的。在填制报关单“商品编码”栏时，如果《进出口税则》对应有9、10位编码，就按照税则编码填；如果没有对应的10位编码，仅有8位商品编码，以“00”补足。

二、判断以下归类要素是否齐全（如果齐全，选择代码“9”；如果不齐全，填写缺损的归类要素代码），并进行商品归类

参考资料：

要素代码	归类要素	要素主要内容
1	来源	野生，养殖，天然，合成，回收
2	制作或保存方法（状态）	外观，新鲜、冷藏、冷冻、干的及其他制作或保存方法（限定在第一至四类商品）
3	包装	包装规格及状态，是否零售包装，成套货品
4	材质	材料属性、成分及含量、分子式、化学结构式
5	加工	加工程度，加工工艺，加工方法或方式
6	规格	商品本身的属性，如品牌、式样、种类、型号、尺寸、重量、体积、功率、电压
7	功能	原理、作用
8	用途	适用对象
9	齐全	不缺少影响归类的相关要素

题目：

序号	货物名称	商品描述	归类要素判断	税则号列
1	乳鸽	活的		
2	酸奶	瓶装，冷藏，内含少量蓝莓果肉		
3	氯化钾肥	按重量计含量85%，其余杂质		
4	鸡	已宰杀、生的、供食用，整只		
5	太平洋鳕鱼干	盐渍的		
6	冷水小虾	冷冻的		
7	调味香料	“已研磨的小茴香子（按重量计70%）与八角茴香（按重量计30%）的混合物”		
8	洗手液	主要成分：非离子表面活性剂、水、微量香料，液状，用于洁手		
9	胡萝卜素	用作着色料		
10	尼龙单丝	“尼龙66单丝，卷轴，截面直径1.2毫米”		
11	塑料硬管	圆形截面，城市自来水管道供水用		
12	垫圈	O型垫圈，用于阀门密封		
13	滤油器用过滤芯	用于点燃往复式活塞内燃发动机（汽车用）滤油器上，圆柱形		
14	厨房用杯垫	麻制，钩编		

续表

序号	货物名称	商品描述	归类要素判断	税则号列
15	机织真丝围巾	未经刺绣加工		
16	儿童服装	棉制，上衣，适用于身高不超过80厘米的婴幼儿		
17	防寒上衣	经PVC涂层处理的机织化纤织物作面料（用肉眼可以辨别其涂层），立领，前胸全开襟，长袖，腰部和下摆用抽带收紧，以弹性方式收紧袖口		
18	生丝	将蚕丝中的长丝通过缫丝制得，未加捻		
19	连衣裙	裙料按重量计含真丝50%，含涤纶丝50%		
20	衬衫	100%涤纶织物作面料，有领、短袖、领口下半开襟，门襟左压右		
21	钻探石油用无缝钻管	外径150毫米		
22	景泰蓝花瓶	用青铜做成器物的胎，把铜丝掐成各种花纹焊在铜胎上，再填上珐琅彩釉之后烧制，用于房间装饰		
23	锡箔	成卷，纸衬背，用于食品包装		
24	合金钢弹簧	装配于供修剪园林枝条用的剪刀上，能使手柄剪切后分开，剪切时用单手操作		
25	电力电缆	三芯铜导体，有接头		
26	机器用工件夹具	钢铁制		
27	密封垫	制冷压缩机螺杆泵用		
28	落地扇	家庭用落地式电风扇，全铜机芯，5片旋风扇叶		
29	电容器	非电力电容器，固定式，采用塑料介质		
30	照相机用直流电机	基座最大尺寸40毫米		
31	卤钨灯泡	功率50瓦，光色为白色		
32	拉链	全铜拉链，复古红铜色，安装于手提包开口处		
33	猪鬃	用于制作鞋刷		
34	互感器	其功能主要是将高电压或大电流按比例变换成标准低电压		

续表

序号	货物名称	商品描述	归类要素判断	税则号列
35	筷子	餐桌用的无漆无蜡的筷子，10双/盒		
36	车削工具	合金钢制的，车床用的锻模车削工具		
37	电冰箱壳体	家用电冰箱的壳体，冷冻设备用		
38	空调	大金牌挂壁式的空调，具有制热和制冷功能		
39	铜合金片	黄铜含量为5%，锌含量为1%，长宽为500毫米×130毫米，铜板厚度0.2毫米		
40	电梯	垂直升降式的		
41	布线组	有接头的布线组		
42	鱼粉	团粒状的，蛋白质含量为10%，其他为90%		
43	麻辣小虾	小虾油炸后放入辅料翻炒制成		
44	汽车雷达	结构组成：一个主机、报警器及多个发射/接收天线构成，工作原理：利用发射/接收无线电波工作		
45	电热蚊香液	带有小台灯，含有90%的灭蚊剂和10%的薰衣草精油，主要用于灭蚊		
46	雷达传感器	它能通过发射与接收微波来感应物体的存在、运动速度、静止距离、物体所处角度等		
47	两轮自平衡车	有双轮，用来作为代步工具、休闲娱乐的一种新型的绿色环保产物		
48	自行车	用于参加越野比赛		
49	生马皮	新鲜的未经任何处理的整张生马皮		
50	铝合金管	铝合金管，100%铝制		
51	显影剂	零售包装		
52	强化地板	以一层或多层专用纸浸渍固性氨基树脂，铺装在刨花板、高密度纤维板等人造板基层表层，背面加平衡层，正面加耐磨层，经热压，成型的地板，非辐射松制		
53	ABS电机	BOSCH牌直流电动机		
54	美洲桃花心木厚板材	刨切并经过砂光处理的		
55	不锈钢材	除轧制外未经进一步加工，截面为矩形的钢材的宽度为50毫米，厚度为5毫米		
56	成卷的糊墙品	表层塑料经压花加工，底层有衬纸，不宜作铺地材料		

续表

序号	货物名称	商品描述	归类要素判断	税则号列
57	土豆片	土豆片由添加食盐、味精等调味物质的土豆粉制成，供食用		
58	电影胶片	已曝光，已冲洗，宽度为40mm		
59	钢瓶	装压缩气体的钢瓶，钢铁制		
60	感光纸	成卷的未曝光的黑白摄影感光纸		
61	消防服	消防员灭火时穿的服装		
62	剪羊毛	未梳的羊毛		
63	牛皮	重量为20千克经退鞣处理的		
64	板栗	供食用		
65	零售的涤纶丝线	双股，捻度约600捻/米，终捻为Z捻，长度为5000米，总重量1000克		
66	“友声”吊秤	称重用		
67	布热图斯红葡萄酒	鲜葡萄酿，Chateau Brethous		
68	继电器	用于阀门控制器，自动控制电路		
69	弹簧片	材质：钢铁制，具有弹性的金属薄片		
70	锁头	材质：锌合金制，钥匙锁		
71	铝桶	材质：铝制的，盛装液体用		
72	调味罐	厨房用		
73	乌龙茶	半发酵的		
74	防伪标签	用于服装吊牌的纸质防伪标签，自粘，规格2厘米×1厘米		
75	游乐园宣传海报	纸质印刷，为节日活动做宣传		
76	熏香炉	铁制熏香炉，家庭装饰和家庭熏香用		
77	一次性筷子	裸装，用于餐饮业		
78	别克小轿车	装有汽油发动机的整车，排气量1400毫升，有5个座位		
79	望远镜	观赏旅游用		
80	奶油发泡器	加工食品用，不锈钢制成，重量为0.5千克		

续表

序号	货物名称	商品描述	归类要素判断	税则号列
81	温度计	由温度传感器，液晶显示器，纽扣电池，专用集成电路及其他电子元器件组成，利用温度传感器输出电信号，直接输出数字信号，然后通过显示器显示直接读数		
82	蓝牙迷你音箱	额定功率3瓦，有箱体，用于播放音乐用		
83	激光视盘播放机	使用媒介为光盘		
84	大理石块	正方形，一面突出的凹凸部分已切割掉，但仍有少数凹凸不平和开采留下的痕迹，另一面经磨光成平面，用于制作大理石台面		
85	巧克力	零售盒装，主要有以下几种：一是动植物造型，如海螺、扇贝、海马、鱼、虾蟹、花、叶子等形状；二是水滴、钻石、马蹄、贝壳、心形、五角星、浮雕造型等形状；三是立体几何造型，如球体、元宝形等形状		
86	热水器	额定功率：42瓦，尺寸：530毫米×335毫米×140毫米		
87	LED筒灯	LED筒灯主要由LED光源、铝基板、恒流驱动的变压器电源和铝灯罩等部件组成		
88	植物营养液	规格：5升/瓶，植物营养液是一种透明液体，加工方法：将硝酸盐、速效磷、水溶性钾、钙、镁和水等原材料经60℃以上的热处理，混合稀释成液态植物营养液。用途：适用于室内花卉水耕栽培，起调节植物生产加速的作用		
89	电子跳绳	由两个手柄（ABS塑胶外壳、LCD+电子元器件以及LR44碱性纽扣电池）和一条绳子（塑料制；直径为0.5厘米，长度为3米）组成		
90	混合果汁	规格：500毫升/瓶，8瓶/箱；玻璃瓶灌装。加工方法：按配方比例将各种原料加入到调配缸中进行充分均匀混合，过滤后，通过巴氏灭菌机进行灭菌，再通过灌装机将灭菌后的混合果汁灌装经洗瓶机清洗干净的玻璃瓶中，由封瓶机进行封瓶密封，最后通过喷淋机，将瓶身清洗干净并吹干瓶身，得到成品		

续表

序号	货物名称	商品描述	归类要素判断	税则号列
91	平板电脑	规格：195毫米×123毫米×10毫米，重量350克（含电池）带有通话功能		
92	交流稳压电源	用于产品供电用		
93	口香糖	6片/盒，胶基糖经挤压、冷却、再挤压、切片成型、老化、包装制成		
94	手机袋	规格：9×14厘米，用于保护手机，通常将手机放入手袋内，免受碰撞		
95	橡胶塞	规格：直径5mm×长10mm；橡胶塞外观呈圆柱形，材质为硫化橡胶		
96	工业用电动吸尘器	空气流量90升/秒，真空压20千帕，吸力540瓦，主过滤面积6600平方厘米，收集筒容量46升；重量28千克，（高）770毫米×（宽）470毫米×（长）700毫米		
97	乙丙橡胶	颗粒状乙丙橡胶		
98	非合金制地质钻管	圆形截面，天然气钻探用，长5米，外径8厘米，内径7.5厘米		
99	地毯	毡呢制，未植绒，铺地用		
100	电脑主机	DELL/7020MT，含CPU，主板等		

三、近似商品归类

商品类别名称	商品描述	税则号列
马铃薯	鲜马铃薯	
	冷冻薯条（油炸处理过）	
	冷冻土豆泥（仅蒸煮过）	
	食用生土豆片（由添加食盐、味精等调味物质的土豆粉制成）	
甘油	粗甘油	
	纯甘油（丙三醇）	
	医用甘油（零售包装）	
	甘油沥青	

续表

商品类别名称	商品描述	税则号列
均化食品	密封塑料袋装婴儿均化食品，罐头装，成分含量：30%牛肉（可见；肉块）、70%胡萝卜，净重260克	
	密封塑料袋装婴儿均化食品，成分：30%牛肉（可见；肉块）、65%胡萝卜、5%其他配料，净重为250克	
	由河鳗鱼肉45%、猪肉30%、牛肉25%组成的婴儿食用的食品，制成细腻糊状，零售包装，净重为250克	
	猪肝经精细均化制成的供幼儿食用的食品，200克/瓶	
灯	手提式巡夜灯，装有10瓦LED灯珠，电池可充电	
	庭院太阳能灯，用于花园庭院夜间照明，通过套在插入地面的下柱来固定该装置	
	电子蜡烛灯，采用5号电池作为能源，顶部为蜡烛火焰形状的LED灯泡	
	城市道路交通指挥信号灯	
茶	铁观音，一种半发酵的茶，包装每件净重4千克	
	马黛茶，用于泡制仅含少量咖啡的饮料	
	薄荷茶，一种草本植物的“茶”，用于消化肠胃，干制装于小袋中	
	人参茶，一种掺乳糖或葡萄糖的人参精混合品，用人参的新鲜果实，经科学方法提取浓缩精制而成	

四、机电商品归类

（1）电动多功能切片机，总量为58千克，应归入品目（　　）。

（2）塑料制水龙头，应归入品目（　　）。

（3）扣式碱性锌锰一次性电池，应归入品目（　　）。

（4）家用揉面机，总重5千克，应归入品目（　）。

（5）扩音设备，应归入品目（　）。

（6）轿车上安装的GPS导航仪用天线，应归入品目（　）。

（7）自动空气开关，又称自动空气断路器，当严重过载或欠电压等情况下，自动切断电源，以便保护设备和电路，额定电压为380伏，应归入品目（　）。

（8）太阳能电池片，应归入品目（　）。

（9）生产液晶显示器所用的偏光片，应归入品目（　）。

（10）电动按摩椅，利用机械的滚动力作用和机械挤压力进行按摩，应归入品目（　）。

（11）电动修枝机，应归入八位税则号列（　）。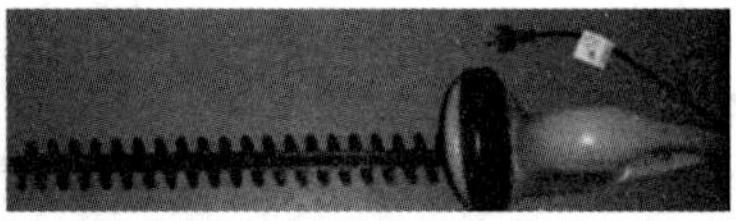

（12）ATM机用出钞器，由上、下两层模块组成：上层为验钞、送钞及废钞回收模块；下层为存钞箱及挖钞模块，应归入八位税则号列（　）。

（13）超声波清洗机，应归入八位税则号列（　）。

（14）风力发电机组用齿轮变速箱（增速箱），应归入八位税则号列（　）。

（15）直流发电机用集电环，应归入八位税则号列（　）。

（16）用于时速300千瓦/小时的电力机车用牵引变流器，应归入八位税则号列（　）。

（17）光电式烟雾报警器，内含光源和感光元件，无烟时光源的光线照射不到感光元件，当有烟雾时光线在烟雾中产生散射，从而有部分光线射到感光元件上，烟雾越浓，散射到感光元件上的光线就越多，感光元件再把光信号通过专用电路转换为电信号输出报警，应归入八位税则号列（　）。

（18）电梯用控制柜，应归入八位税则号列（　）。

（19）自行车用配件，应归入八位税则号列（　）。

（20）助行车，应归入八位税则号列（　）。

五、根据背景资料，撰写归类意见书

归类意见书范例1：

该产品尺寸为55英寸，重量为40千克；在同一机壳内装有触摸屏，可通过屏幕上的虚拟键盘执行输入功能；具有一个INTEL CPU，主频：2. 8吉赫，且仅支持一个CPU工作；配有主板、硬盘、内存和显卡，预装系统 Windows 10，作为办公室、商店等场所的交互设备。其可根据用户需要处理程序及编程，符合第八十四章章注五关于自动数据处理设备的定义，属于微型计算机；并且符合《税则》税目84. 71及其子目条文的描述。根据归类总规则一及六，建议将其归入税则号列8471. 4140。

归类意见书范例2：

该商品为钢化玻璃保护膜，尺寸为153. 8毫米×74. 6毫米×0.22毫米，由防刮疏水疏油涂层、超强钢化膜层、防爆隔离层、吸附层和护眼涂层组成。

该商品主要成分为钙钠钢化玻璃和塑料，主要用于乐视Max2手机显示屏起到保护屏幕的作用，符合税则税目70.07钢化安全玻璃的加工工艺及其子目条文的描述。

根据归类总规则一及六，建议将其按其他钢化安全玻璃归入税则号列7007. 1900。

（1）安婴儿A+无糖婴儿配方奶粉，该商品主要成分为：玉米糖浆固体53. 62%、精炼植物油27. 81%、牛奶分离蛋白13. 16%、矿物质3. 88%以及维生素等。其中牛奶分离蛋白是经物理过滤去除脱脂鲜奶中的乳糖后，经高温灭菌、高压固化及喷雾干燥而获得，主要成分为天然牛奶蛋白（含酪蛋白和乳清蛋白）等，无乳糖配方，适合患乳糖不耐受症的婴儿食用。

____

____

____

（2）品客薯片是一种由马铃薯粉（42%±8%）、植物油（33%±12%）、玉米粉（6%±2%）、小麦淀粉（4%±1%）、糊精（3%±1%）、乳化剂（2%±1. 5%）、食用盐（1%±1%）、葡萄糖（1%±1%）、香辣味调味粉（5. 5%±2%）等配制而成的经油炸后可即食的薄片，其加工流程为生马铃薯→用清水洗净→加热煮熟→将马铃薯加工成粉末→加入小麦淀粉、玉米粉、糊精、调料、葡萄糖→制成团状→将面团压制成片状→切割成薯片→将薯片在食用植物油中烹炸→将薯片撒上盐和调味料→将薯片装入罐中→装箱。

____

____

____

（3）“五菱V1观光车”有四种车型：一是型号WLQ2080，8座内燃机（汽油）型，排气量为797毫升；二是型号WLQ2110，11座内燃机（汽油）型，排气量为797毫升；三是型号WLD1080，8座电动型；四是型号WLD1110，11座电动型。上述观光车的最高车速为45千米/小时，用于观光旅游、楼盘参观、公园观光、县城公交运输等。

____

____

____

六、案例分析

（1）苏州医疗公司向海关申报进口一批原产于新加坡的管状金属针头，申请适用中国–东盟自由贸易区协定税率并提交中国–东盟自由贸易区项下的优惠原产地证书。

该原产地证书第7栏所列商品编码为90183990，企业按照海关确定的编码90183210进行申报，出现了证书上商品编码与报关单商品编码仅前5位一致，不能满足中国–东盟自由贸易区项下"货物的实际税则号列与原产地证书所列货物前6位应当相同"的规定。由此判断，本案例中的原产地证书不符合协定税率适用要求，该批进口货物不能凭此原产地证书适用协定税率。

请你谈谈对上面案例的理解。

（2）某企业进口锂电池（商品编码：8506500000）的申报要素是：一是品名；二是用途；三是品牌；四是材质；五是型号；六是容量；七是是否含汞。企业在报关时申报如下：

锂电池，供电用，SAFT，P4-01-0021，600毫安时，不含汞。

企业认为已经按照《进出口规范申报目录》的要素填写报关单，却在海关审单时被退单，请分析原因。

（3）某企业进口放大镜（商品编码：9013801000）的申报要素是：一是品名；二是用途；三是品牌；四是原理；五是型号。企业在报关时申报如下：放大镜，品牌PEAK，规格4.5厘米×4. 8厘米×4厘米。

企业认为已经按照《进出口规范申报目录》的要素填写报关单，却在海关审单时被退单，请分析原因。

任务二　关检融合"单一窗口"货物申报

任务导入

为推进新一代海关信息系统（互联网+海关）和中国国际贸易单一窗口的建设，提升用户体验，提高服务能力，中国电子口岸预录入客户端（QP系统）中保税担保、金二加工贸易手册管理、金二加工贸易账册管理、金二特殊监管区域管理、金二加工贸易保税物流管理、展览品申报、减免税等模块的应用，自2019年6月30日起停止使用。企业用户可直接登录"单一窗口"标准版进行相关业务操作。

四通物流报关有限公司报关员李铭同，日常工作就是登陆"单一窗口"，向海关申报进出口货物，最近按照公司统一安排，他调岗至审核岗，需要审核新入职同事预录入的报关单。

相关知识

一、关检融合报关单填制改革

2018年4月，按照机构改革有关方案，原出入境检验检疫业务全部整合融入海关业务，海关总署制定下发了《全国通关一体化关检业务全面融合框架方案》，全面推进关检业务全面融合改革。作为目前报关报检的主要服务平台，国际贸易"单一窗口"报关报检业务同步进行整合改革，按照海关总署统计司、稽查司、监管司、通关司等业务司局有关工作方案，通过合并共有项、删除少数使用项，将原报关报检单共计229个申报录入项减少到105个。

关检融合后的报关单填报，新增“境外收发货人”“货物存放地点”“启运港”“入境口岸/离境口岸”和“自报自缴”5个栏目的填制要求，修改4个栏目的名称，将“收发货人”改为“境内收发货人”，将“进口口岸/出口口岸”改为“进境关别/出境关别”，将“装货港/指运港”改为“经停港/指运港”，将“随附单证”改为“随附单证及编号”。

二、中国国际贸易单一窗口

1. 单一窗口概述

联合国贸易便利化与电子商务中心（UN/CEFACT）在21世纪初公布了33号建议书《建立国际贸易单一窗口及指南》和35号建议书《建立国际贸易单一窗口的法律框架》。目前世界上50多个国家和经济体已引进了这一措施。

国际贸易单一窗口被定义为使国际贸易和运输相关各方在单一登记点递交满足全部进口、出口和转口相关监管规定的标准资料和单证的一项措施。如果是电子报文，则只需一次性地提交各项数据。

中国国际贸易“单一窗口”实现申报人通过电子口岸平台一点接入、一次性提交满足口岸管理和国际贸易相关部门要求的标准化单证和电子信息，相关部门通过电子口岸平台共享数据信息、实施职能管理，处理状态（结果）统一通过“单一窗口”反馈给申报人。通过持续优化整合使“单一窗口”功能范围覆盖到国际贸易链条各主要环节，逐步成为企业面对口岸管理相关部门的主要接入服务平台。通过“单一窗口”提高国际贸易供应链各参与方系统间的互操作性，优化通关业务流程，提高申报效率，缩短通关时间，降低企业成本，促进贸易便利化。

2. 单一窗口“货物申报”

货物申报是指进出口货物的收发货人及其代理人依照有关法律、行政法规和规章的要求，在规定的期限、地点，采用规定的形式，向海关（出入境检验检疫）报告实际进出口货物的情况。货物申报是整个进出口业务的中心环节，也是“单一窗口”标准版重要组成部分。

根据业务模式不同，“单一窗口”系统主要为用户提供进/出口货物关检数据关联录入、导入、保存、查询、打印等。

3. 货物申报操作

（1）登录“单一窗口”系统。打开“单一窗口”标准版门户网站（https：//www.singlewindow.cn），在页面顶端点击“登录”字样；或选择“标准应用”页签，在应用列表中点击“货物申报”。此外，也可选择“我要办事”页签，选择相应地区进入地方单一窗口网站，找到标准版登录入口。

（2）进口货物整合申报。一般货物的进口申报业务，点击左侧菜单栏“货物申报—进口整合申报”，展开业务菜单。

对进口货物的报关数据进行一次录入、关联调取与暂存、删除、打印等操作。在左侧菜单中点击“进口整合申报—进口报关单整合申报”，右侧显示录入界面，包括基本信息、商品信息、集装箱、随附单证、涉检信息等部分。

（3）出口货物整合申报。涉检的出境货物，可向海关业务主管部门进行出境检验检疫数据申请。可对出境检验检疫申请数据进行录入、暂存、删除、打印、申报等操作。

在左侧菜单中点击“出口整合申报—出境检验检疫申请”，右侧显示录入界面，包括基本信息、商品信息、基本信息（其他）、集装箱信息等部分。

出境检验检疫申请，审核通过之后即电子底账，可以在出口报关单申报时被调用。在出口整合申报界面顶端，可见“引用电子底账”蓝色按钮，点击后弹出界面，录入电子底账号码，点击“引用”按钮，触发调用电子底账数据。根据电子底账调用出的数据，返填到报关单表头数据字段，包括“申报地海关、境内收发货人代码、境内收发货人名称、合同协议号、提运单号、运抵国、运输工具名称”等数据，减少录入操作。

对出口货物的报关数据进行一次录入（非法检货物）、关联调取（先报检后报关）与暂存、删除、打印等操作。在左侧菜单中点击“出口整合申报—出口报关单整合申报”，右侧显示录入界面，包括基本信息、商品信息、集装箱、随附单证、涉检信息等部分。

三、进出口货物报关单填报

1. 进出境关别（原进/出口口岸）

填报实际进出境海关的口岸海关名称及代码。无实际进出境，填报接受申报海关名称及代码。通过提单等运输单据判断进出境海关信息。

在“单一窗口”系统中，报关人员可以录入关区代码或输入关区中文名称。关区代码为4位数字，直属海关的关区代码一般为“**00”（如深圳海关5300），一般不直接受理申报。具体接受申报办理业务的隶属海关，如“蛇口海关5304”中的“大鹏海关5316”中的“53”为直属海关深圳关区代码。从深圳盐田港出口的货物，填报“大鹏海关”或录入代码5316，不能填报“深圳海关5300”。特殊情况下没有隶属海关的直属海关，如西宁关区（9700），填报时应填写西宁海关现场（9701）。

限定进出口口岸：甘草限定天津海关、上海海关、大连海关为出口报关口岸；甘草制品限定天津海关、上海海关为出口报关口岸；稀土出口报关限定口岸分别为青岛、天津、上海、黄埔、呼和浩特、南昌、宁波、南京和厦门口岸；红松子（仁）、松茸应严格按照《允许出口证明书》规定的出口口岸办理验放手续；限定固定废物进口口岸目录，详见海关总署2018年第79号《关于发布限定固体废物进口口岸的公告》。

2. 入境口岸/离境口岸

入境口岸是进境货物从跨境运输工具卸离的第一个境内口岸。出境口岸是装运出境货物的跨境运输工具离境的第一个境内口岸。

“单一窗口”系统中，报关人员可以在本栏目的下拉菜单中选择应填报的入境口岸/离境口岸，或者参考国内口岸编码表录入中文、代码。例如：“470601盐田”“470201皇岗”“470301罗湖”“470401文锦渡”“470501沙头角”“471001深圳宝安国际机场”。

3. 货物存放地点

填报货物进境后存放的场所或地点，包括海关监管作业场所、分拨仓库、定点加工厂、隔离检疫场、企业自有仓库等。本栏目为原报检栏目“存放地点”。

进口报关单，本栏目为必填项；出口报关单，本栏目为选填项。货物进境存放地点，可使用港口、船代、货代的网络公示信息或电话查询，通常为货物进境分拨堆存的堆场、仓库。

在“单一窗口”系统中，该栏无代码，需要自行录入文本信息。

4. 进口日期/出口日期

进口日期是运输工具申报进境日期，人工录入8位数字（年月日），如运输工具申报进境日期为2019年8月15日，本栏目填报“20190815”，可使用海关总署舱单信息系统查询准确日期；出口日期在申报时免于填报。

中华人民共和国海关总署
General Administration of Customs of the People's Republic of China
12360 海关热线
当前位置： 舱单信息查询　海空舱单信息查询　公路舱单信息查询　公路舱单确报查询
关区代码: 5304 蛇口海关　运输方式: 海运　进出境标志: 进口
运输工具: UN9131022　航班\航次: 1810W
总提运单号:　提运单号: 220810066496
【海空舱单-提运单信息】　查询

关区代码	运输方式	提运单类型	运输工具名称	航班\航次	提运单号	进出境日期	件数	重量	进口抵港确报标志	理货状态	出口运抵状态
5304	海运	进口	UN9131022	1810W	220810066496	2018/3/12 0:00:00	202	24532.80	确报动态	正常理货	未运抵

（资料来源：海关总署舱单信息系统查询http：//query.customs.gov.cn/MNFTQ/MQuery.aspx）

5. 申报日期

海关接受进出口货物收发货人、报关企业申报数据的日期。以电子数据申报的情况下，申报日期为海关计算机系统接受申报数据时记录的日期。以纸质申报的，申报日期为海关接受纸质报关单并对报关单进行登记处理的日期。

该栏目无须手动填报。申报日期在计算进口滞报金的时候起重要作用，应在产生滞报金的时间之前发送报关单，避免产生滞报金。滞报金仅限进口货物，起征点为50元人民币。

$$滞报金=完税价格\times 0.5‰\times 滞报天数$$

6. 备案号

本栏目填写加工贸易备案或征、减、免税备案等手续，海关核发的加工贸易手册（账册）、征免税证明或其他备案审批文件的编号。

海关给予的备案审批文件的编号是有规律的，备案号长度为12位：第1位是标记代码，第2～5位是备案地海关的关区代码，第6位表示的是年份，第7～12位是序列号。以下是第1位标记代码的含义：

B：表示进口的料件和出口加工产品使用的来料加工《加工贸易手册》编号。

C：表示进口的料件和出口加工产品使用的进料加工《加工贸易手册》编号。

Z：表示进口的享受特定减免税的设备物品使用的《征免税证明》编号。

D：表示使用《加工贸易不作价设备登记手册》进口的外商免费提供的用于加工贸易的不作价设备。

E：表示使用加工贸易联网企业使用的电子账册。

H：出口加工区电子账册。

7. 境内收发货人

填报在海关备案的对外签订并执行进出口贸易合同的中国境内法人、其他组织名称及编码。编码填报18位法人和其他组织统一社会信用代码，没有统一社会信用代码的，填报其在海关的10位备案编码。

海关注册编码由10位数字（部分代码含英文大写字母）组成，第1~4位为企业注册地行政区划代码，第5位为企业注册地经济区划代码（见下左表），第6位为企业经济类型代码（见下右表），第7位为企业注册用海关经营类别代码，第8~10位为企业注册流水账号。

代码	经济区划名称
1	经济特区
2	经济技术开发区
3	高新技术产业开发区
4	保税区
5	出口加工区/珠海跨境工业园区
6	保税港区/综合保税区
7	保税物流园区
9	其他
W	保税物流中心

企业性质代码	企业性质简称
1	国有
2	合作
3	合资
4	独资
5	集体
6	私营
7	个体工商户
8	报关
9	其他

在“单一窗口”系统中，本栏目分为四格：18位社会信用代码、10位海关编码、10位检验检疫编码、企业名称（中文）。报关人员可录入以上任意一种信息，“单一窗口”将自动补齐其他信息。

8. 境外收发货人

境外收货人通常指签订并执行出口贸易合同中的买方或合同指定的收货人，境外发货人通常指签订并执行进口贸易合同中的卖方。

在“单一窗口”系统中，分为两栏录入：企业名称（外文）、境外收发货人代码。在“企业名称（外文）”，录入英文全称；在“境外收发货人代码”，录入AEO编码（与中国AEO互认的国家的AEO认证企业，才需要填报，否则为空），填报样式为“国别（地区代码）+海关企业编码”，如新加坡AEO企业，录入“SG123456789012”。

特殊情况下无境外收发货人的（例如：从特殊监管区二线出区），名称及编码填报“NO”。

9. 消费使用单位/生产销售单位

消费使用单位是已知的进口货物在境内的最终消费、使用单位名称。生产销售单位是出口货物在境内的生产或销售单位的名称。

在“单一窗口”系统中，分为三栏录入：18位社会信用代码、10位海关代码、10位检验检疫编码。报关人员可录入以上任意一种信息，“单一窗口”将自动补齐其他信息。

无18位统一社会信用代码的，社会信用代码栏填报“NO”。

10. 运输方式

运输方式包括实际运输方式和海关规定的特殊运输方式，前者指货物实际进出境的运输方式，按进出境所使用的运输工具分类；后者指货物无实际进出境的运输方式，按货物在境内的流向分类。在“单一窗口”系统中，本栏目可以录入运输方式名称或代码。

常用运输方式说明如下：

代码	名称	说明
2	水路运输	实际进出境
3	铁路运输	实际进出境
4	公路运输	实际进出境
5	航空运输	实际进出境
6	邮件运输	实际进出境
L	旅客携带	进出境旅客随身携带的货物
G	固定设施运输	以固定设施（包括输油、输水管道和输电网等）运输的货物
0	非保税区	境内非保税区运入保税区货物和保税区退区货物
7	保税区	保税区运往境内非保税区货物
1	监管仓库	境内存入出口监管仓库和出口监管仓库退仓货物
W	物流中心	境内保税物流中心外运入中心或从中心运往境内中心外
X	物流园区	境内保税物流园区外运入园区或从园区内运往境内园区外
Y	保税港区	保税港区、综合保税区与境内（区外）（非海关特殊监管区域、保税监管场所）之间进出的货物
Z	出口加工区	出口加工区、珠澳跨境工业区（珠海园区）、中哈霍尔果斯边境合作中心（中方配套区）与境内（区外）（非海关特殊监管区域、保税监管场所）之间进出的货物
9	其他运输	海关特殊监管区域内的流转、调拨货物，海关特殊监管区域、保税监管场所之间的流转货物，海关特殊监管区域与境内区外之间进出的货物，海关特殊监管区域外的加工贸易余料结转、深加工结转、内销货物，以及其他境内流转货物

11. 运输工具名称及航次号

填报载运货物进出境的运输工具名称或编号及航次号。填报内容应与运输部门向海关申报的舱单（载货清单）所列相应内容一致。报关单电子数据发送后，如本栏目填报错误，海关系统会做退单处理，须修改本栏信息与舱单系统数据一致后，重新发送。

境外中转货物（货物由启运地甲地装上A船，运到乙地后卸下再装上B船运入我国港口，这样运输的货物叫中转货物），应填写进入我国关境的二程提单上的船舶编号或船舶英文名称、航次号。

在纸质报关单上，“运输工具名称”与“航次号”合并填报在“运输工具名称”一个栏目。在“单一窗口”中，“运输工具名称”与“航次号”为两个栏目，需要分开录入。

（1）运输工具名称的常见填报。

① 水路运输：填报船舶编号（来往港澳小型船舶为监管簿编号）或者船舶英文名称。船舶

编号（IMO CODE）一般在提单右上方的显著位置可查找到。提单中“Vessel”后面接的英文名称就是船名，如：“Vessel：East Express”，即“East Express”为船名，“Vessel”有时简写成“VSL.”；有的提单中用S/S（Steam Ship）、M/S（Motor Ship）、M/V（Motor Vessel）后接船名，如“S/S East Express”“M/V East Express”；还有用Ocean Vessel、Carrier、Name of Vessel、Name of Steamer后面跟船名。

② 公路运输：免予填报。提前报关要填“车牌”+“/”+“提前报关”。

③ 铁路运输：填报车厢编号或交接单号。

④ 航空运输：填报航班号。

⑤ 其他运输：填报具体运输方式名称，如管道、驮畜等。

采用“集中申报”通关方式办理报关手续的，报关单本栏目填报“集中申报”。

无实际进出境的报关单，本栏目免予填报。

（2）航次号的常见填报。

① 水路运输：填报船舶的航次号。如果提单显示航次号信息“V.N226”（V是“Voyage No.”的简写形式），只填报“N226”。

② 公路运输：填报货物运输批次号。

③ 铁路运输：填报列车的进出境日期，如20200305。

④ 航空运输：免予填报。

⑤ 邮件运输：填报运输工具的进出境日期。

⑥ 其他运输方式：免予填报。

无实际进出境的报关单：本栏目免予填报。

12. 提运单号

本栏目填写进出口货物的提单或运单的编号。

一份报关单只允许填报一个提单或运单号，一票货物对应多个提单或运单时，应分单填报。

① 水路运输：填报进出口提单号。如有分提单的，填报进出口总提单号+“*”+分提单号。

② 公路运输：填报进出口总运单号。

③ 铁路运输：填报运单号。

④ 航空运输：填报总运单号+“—”+分运单号，无分运单的填报总运单号。

航空运输分运单号用“HAWB（House Air Waybill）：××××××××”表示，一般由8位数字组成，位于航空分运单的右上方。

总运单号用“MAWB：×××—×××× ××××”或“M：×××—×××× ××××”表示，由11位数字组成，填写时，总运单号只填数字，其中的“—”和空格不填。

邮件运输：填报邮运包裹单号。

集中申报：采用“集中申报”通关方式办理报关手续的，报关单填报归并的集中申报清单的进出口起止日期。例如：2018010120180131（起止日期之间不加任何符号）。

无实际进出境的：本栏目免予填报。

13. 监管方式

监管方式是以国际贸易中进出口货物的交易方式为基础，结合海关对进出口货物的征税、统计及监管条件综合设定的海关对进出口货物的管理方式。监管方式代码由4位数字构成，前两位是按照海关监管要求和计算机管理需要划分的分类代码，后两位是参照国际标准编制的贸易方式代码。

根据实际对外贸易情况按海关规定的《监管方式代码表》选择填报相应的监管方式简称及代码。一份报关单只允许填报一种监管方式。

14. 征免性质

根据实际情况按海关规定的《征免性质代码表》选择填报相应的征免性质简称及代码，持有海关核发的《征免税证明》的，按照《征免税证明》中批注的征免性质填报。一份报关单只允许填报一种征免性质。

加工贸易货物报关单按照海关核发的《加工贸易手册》或《加工贸易账册》中批注的征免性质简称及代码填报。

15. 征免

按照海关核发的《征免税证明》或有关政策规定，对报关单所列每项商品选择海关规定的《征减免税方式代码表》中相应的征减免税方式填报。

加工贸易货物报关单根据《加工贸易手册》或《加工贸易账册》中备案的征免规定填报；《加工贸易手册》或《加工贸易账册》中备案的征免规定为“保金”或“保函”的，填报“全免”。

报关单主要监管方式、备案号与征免性质的逻辑关系对应如下表所示。

监管方式	有无备案文件及备案号首位	征免性质	征免（方式）	常见的适用情况
一般贸易 0110	无	一般征税101	照章征税	按照一般进出口货物监管的进出口货物
	有（Z）	科研院所901	全免	科研院所、高等学校，征免税证明进口的直接用于科研和教学的货物
		高等学校902	全免	
	有（Z）	鼓励项目789	特案	内资企业进口报关时提交征免性质栏批注为“鼓励项目”的征免税证明
	有（Z）	自有资金799	特案	投资总额外凭证免税证明进口的设备
	有（Z）	集成电路422	特案	集成电路生产企业进口货物
来料加工 0214	有（B）或（E）	来料加工502	全免	来料加工项下凭加工贸易手册（或E账册）进口料件、出口成品
进料对口 0615	有（C）或（E）	进口加工503	全免	进料加工项下凭加工贸易手册（或E账册）进口料件、出口成品
进料深加工	有（C）或（E）	免于填报	全免	进料深加工结转货物
合资合作设备 2025	有（Z）	鼓励项目789	特案	适用于中外合资、中外合作企业，进口报关时提交征免性质栏批注为“鼓励项目”的征免税证明
外资设备物品 2225	有（Z）	鼓励项目789	特案	适用于外商独资企业，进口报关时提交征免性质栏批注为“鼓励项目”的征免税证明
不作价设备 0320	有（D）	加工设备501	特案	加工贸易外商提供的不作价进口设备

16. 贸易国（地区）

发生商业性交易的进口填报购自国（地区），出口填报售予国（地区）。未发生商业性交易的填报货物所有权拥有者所属的国家（地区）。

按海关规定的《国别（地区）代码表》选择填报相应的贸易国（地区）中文名称及代码。

17. 启运国（地区）/运抵国（地区）

启运国（地区）填报进口货物起始发出直接运抵我国或者在运输中转国（地）未发生任何商业性交易的情况下运抵我国的国家（地区）。

运抵国（地区）填报出口货物离开我国关境直接运抵或者在运输中转国（地区）未发生任何商业性交易的情况下最后运抵的国家（地区）。

经过第三国（地区）转运的进出口货物，如在中转国（地区）发生商业性交易，则以中转国（地区）作为启运/运抵国（地区）。

按海关规定的《国别（地区）代码表》选择填报相应的启运国（地区）或运抵国（地区）中文名称及代码。

无实际进出境的货物，填报“中国”及代码。

18. 经停港 启运港/指运港

经停港填报进口货物在运抵我国关境前的最后一个境外装运港。

启运港填报进口货物在运抵我国关境前的第一个境外装运港。

指运港填报出口货物运往境外的最终目的港；最终目的港不可预知的，按尽可能预知的目的港填报。

根据实际情况，按海关规定的《港口代码表》选择填报相应的港口名称及代码。经停港、启运港、指运港在《港口代码表》中无港口名称及代码的，可选择填报相应的国家名称及代码。

无实际进出境的货物，填报“中国境内”及代码。

19. 境内目的地/境内货源地

境内目的地填报已知的进口货物在国内的消费、使用地或最终运抵地，其中最终运抵地为最终使用单位所在的地区。最终使用单位难以确定的，填报货物进口时预知的最终收货单位所在地。

境内货源地填报出口货物在国内的产地或原始发货地。出口货物产地难以确定的，填报最早发运该出口货物的单位所在地。

海关特殊监管区域、保税物流中心（B型）与境外之间的进出境货物，境内目的地 / 境内货源地填报本海关特殊监管区域、保税物流中心（B型）所对应的国内地区。

按海关规定的《国内地区代码表》选择填报相应的国内地区名称及代码。境内目的地还需根据《中华人民共和国行政区划代码表》选择填报其对应的县级行政区名称及代码。无下属区县级行政区的，可选择填报地市级行政区。

进口货物需同时“境内目的地”和“目的地代码”两个栏目录入相应的国内地区和县级行政区名称及代码；出口货物需同时在“境内货源地”和“产地代码”两个栏目录入相应的国内地区和县级行政区名称及代码。例如：从美国休斯敦进口一批货物，境内目的地是深圳前海综合保税区（位于深圳市南山区），入境口岸为蛇口。

在“境内目的地”栏下拉菜单选择“44031-深圳特区”，或按海关规定的《国内地区代码表》录入“44031”，栏目自动生成“44031-广州深圳特区”。在“目的地代码”栏下拉菜单选择“440305-深圳南山区”，或根据《中华人民共和国行政区划代码表》录入“440305”，栏目自动生成“深圳南山区”。

境内目的地	目的地代码	入境口岸
录入五位数字：44031	录入六位数字：440305	录入六位数字：470101
44031-广州深圳特区	深圳南山区	蛇口

20. 许可证号

填报进（出）口许可证、两用物项和技术进（出）口许可证、两用物项和技术出口许可证（定向）、纺织品临时出口许可证、出口许可证（加工贸易）、出口许可证（边境小额贸易）的编号。免税品经营单位经营出口退税国产商品的，免予填报。一份报关单只允许填报一个许可证号。

不能录入该栏目的许可证有：7自动进口许可证、O自动进口许可证（新旧机电产品）、P固体废物进口许可证、V自动进口许可证（加贸）、M密码产品和设备进口许可证。以上这些许可证的代码和编号填入“随附单证及编号”栏目。

21. 运费、保费、杂费

运费填报进口货物运抵我国境内输入地点起卸前的运输费用，出口货物运至我国境内输出地点装载后的运输费用。运费可按运费单价、总价或运费率三种方式之一填报，注明运费标记（运费标记“1”表示运费率，“2”表示每吨货物的运费单价，“3”表示运费总价），并按海关规定的《货币代码表》选择填报相应的币种代码。

保费填报进口货物运抵我国境内输入地点起卸前的保险费用，出口货物运至我国境内输出地点装载后的保险费用。保费可按保险费总价或保险费率两种方式之一填报，注明保险费标记（保险费标记“1”表示保险费率，“3”表示保险费总价），并按海关规定的《货币代码表》选择填报相应的币种代码。

海关需要计算进口货物的CIF价格，出口货物的FOB价格。如果进口货物是CIF价格、出口货物是FOB价格，运费栏、保费栏都为空，无须填报。

成交方式、运费、保费栏目逻辑关系如下表所示。

进/出口	成交方式	运费	保费
进口	CIF	不填	不填
	C&F	不填	填
	FOB\EXW	填	填
出口	FOB\EXW	不填	不填
	C&F	填	不填
	CIF	填	填

杂费填报成交价格以外的、按照《中华人民共和国进出口关税条例》相关规定应计入完税价格或应从完税价格中扣除的费用。可按杂费总价或杂费率两种方式之一填报，注明杂费标记（杂费标记“1”表示杂费率，“3”表示杂费总价），并按海关规定的《货币代码表》选择填报相应的币种代码。应计入完税价格的杂费填报为正值或正率，应从完税价格中扣除的杂费填报为负值或负率。

运费				保险费				杂费			

“单一窗口”中，右侧的三个录入框依次为标志代码、*费/费率、*费币制。

标志代码与*费/费率对应关系如下：

标志代码1—率。费率录入0.0001~99，代表费率是0.0001%~99%。

标志代码2—单价。整数最多录入10位，小数点后面最多录入4位。

标志代码3—总价。整数最多录入12位，小数点后面最多录入4位。

例如：运费费率是0.5%，则在运费栏右侧依次录入“1\0.5”，第三栏为空。

运费单价是10美元/吨，则在运费栏右侧依次录入“2\10\USD”。

运费总价是530美元，则在运费栏右侧依次录入“3\530\USD”。

22. 成交方式

根据进出口货物实际成交价格条款，按海关规定的《成交方式代码表》选择填报相应的成交方式代码。

无实际进出境的货物，进口填报CIF，出口填报FOB。

常用成交方式代码如下表所示。

成交方式代码	成交方式名称	贸易术语范围
1	CIF	CIF\CIP\D组贸易术语
2	C&F	CFR（CNF）\CPT
3	FOB	FOB\FCA\FAS
7	EXW	EXW

23. 合同协议号

填报进出口货物合同（包括协议或订单）编号。未发生商业性交易的免予填报。

免税品经营单位经营出口退税国产商品的，免予填报。

24. 件数、毛重、净重

件数栏目填报进出口货物运输包装的件数（按运输包装计）。毛重栏目填报货物及其包装材料的重量之和，计量单位为千克。净重栏目填报货物的毛重减去外包装材料后的重量，即货物的实际重量。

件数栏目填报：申报裸装货物，栏目填报为“1”；舱单件数为集装箱的，填报集装箱个数；舱单件数为托盘的，填报托盘数。

件数、毛重必须与舱单数据相符，报错将导致无法放行；件数、毛重、净重不得填报为零，毛重、净重不足1千克的报1千克；毛重可以等于净重，如无外包装的散装货物。

25. 包装种类

填报进出口货物的所有包装材料，包括运输包装和其他包装，按海关规定的《包装种类代码表》选择填报相应的包装种类名称及代码。运输包装指提运单所列货物件数单位对应的包装，其他包装包括货物的各类包装，以及植物性铺垫材料等。

在“单一窗口”系统中，“包装种类”栏目分为包装种类和其他包装两部分。依据包装种类代码表，报关人员可在“包装种类”栏目录入代码，或下拉菜单选择包装种类。

其他包装为选填栏目，当其他包装为动植物性包装时，必须填报。点击“其他包装”蓝色按钮，勾选填报。

编辑其他包装信息

□	序号	包装材料种类代码	包装材料种类名称
□	1	00	散装
□	2	01	裸装
□	3	22	球状罐类
□	4	23	包/袋
□	5	29	纸制或纤维板制盒/箱
□	6	32	木制或竹藤等植物性材料制盒/箱
□	7	33	其他材料制盒/箱
□	8	39	纸制或纤维板制桶
□	9	04	木制或竹藤等植物性材料制桶
□	10	06	其他材料制桶
□	11	92	再生木托
□	12	93	天然木托
□	13	98	植物性铺垫材料
□	14	99	其他包装

保存

26. 集装箱号

本栏目填报装载进出口货物（包括拼箱货物）集装箱的箱体信息。一个集装箱填一条记录，分别填报集装箱号（在集装箱箱体上标示的全球唯一编号）、集装箱的规格和集装箱的自重。集装箱号码，分为四个部分：第一部分是箱主代号（3个大写英文字母），第二部分是设备识别号（字母U），第三部分是顺序号（6位数字），第四部分是校验码（1位数字）。

商品项号关系是指单个集装箱对应的商品项号，半角逗号分隔。例如：报关单的前三项商品在该集装箱中，该栏目可手动录入“1，2，3”，也可点击“…”蓝色按钮勾选。

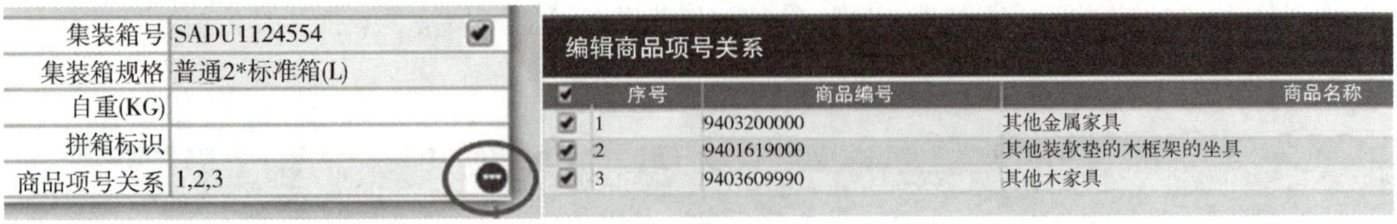

27. 随附单证及编号

根据海关规定的《监管证件代码表》和《随附单据代码表》选择填报除“许可证号”栏目填报以外的其他进出口许可证件或监管证件、随附单据代码及编号。

本栏目分为随附单证代码和随附单证编号两栏，其中代码栏按海关规定的《监管证件代码表》和《随附单据代码表》选择填报相应证件代码；随附单证编号栏填报证件编号。

> **小贴士**
>
> 根据海关总署2021年第34号公告，调整优惠贸易协定项下进出口货物报关单原产地栏目的填制和申报要求。取消报关单原随附单证栏原产地证（监管证件代码为“Y”）的录入，随附单证栏目不再提供Y证录入操作，原Y证录入和查询调整至商品表体“协定享惠”按钮栏内展示。

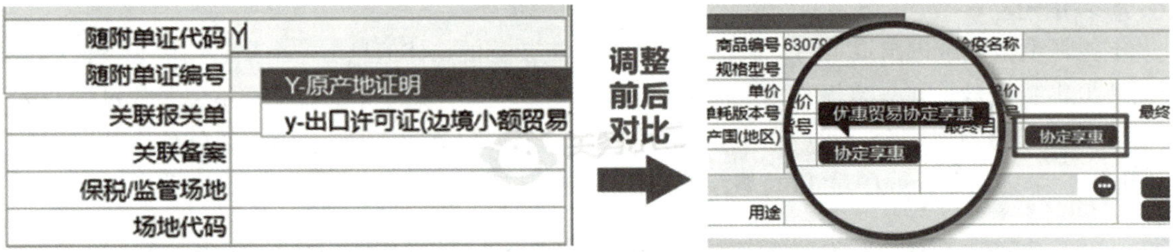

调整前：在“随附单证栏”填写原产地证　　　调整后：在报关单表体“协定享惠”栏填写

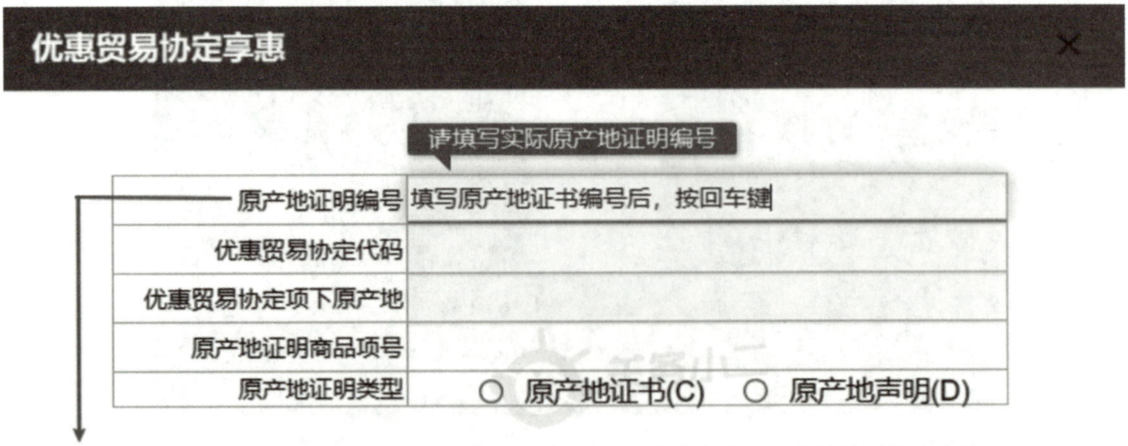

Tips：未联网的产地证，需要在原产地证要素申报系统录入并获得产地证书编号再填入此处。已联网的产地证，可直接输入产地证编号后按 Enter键。

优惠贸易协定名称	协定代码	是否联网	备注	是否有原产地申明模式
亚太贸易协定	01	部分	仅限韩国	否
中国-东盟自贸协定	02	部分	仅新加坡、印度尼西亚	否
内地与香港紧密经贸关系安排	03	是		否
内地与澳门紧密经贸关系安排	04	是		否
台湾农产品零关税措施	06	否		否
中国-巴基斯坦自贸协定	07	是		否
中国-智利自贸协定	08	是		否
中国-新西兰自贸协定	10	是	仅证书联网	是
中国-新加坡自贸协定	11	是	无须上传原产地证据文件	否
中国-秘鲁自贸协定	12	否	/	否
最不发达国家特别优惠关税待遇	13	部分	仅孟加拉人民共和国、尼日尔共和国、埃塞俄比亚联邦民主共和国、莫桑比克共和国、东帝汶民主共和国	是
海峡两岸经济合作框架协议	14	是		否
中国-哥斯达黎加自贸协定	15	否		否
中国-冰岛自贸协定	16	否		是
中国-瑞士自贸协定	17	否	无须上传原产地证据文件	是
中国-澳大利亚自贸协定	18	否		是
中国-韩国自贸协定	19	是		否
中国-格鲁吉亚自贸协定	20	是		否

28. 项号

纸质报关单分两行填报。第一行填报报关单中的商品顺序编号；第二行填报备案序号，专用于加工贸易及保税、减免税等已备案、审批的货物，填报该项货物在《加工贸易手册》或《征免税证明》等备案、审批单证中的顺序编号。

在“单一窗口”系统中，“项号”“备案序号”为同在一行的两栏。“项号”无须手动录入，录入报关单表体的商品信息，会自动生成序号。在加工贸易已经备案的情况下，录入“备案序号”，系统会根据监管方式和进出口情况，自动调取商品数据，例如某进料加工企业，要复出口一批料件，监管方式是“进料料件复出”，此时录入备案序号“1”调出来的是料件（塑胶粒）；而以“进料加工”出口，则备案序号“1”调出来的是成品（片材）。

29. 商品编码

本栏目填报的商品编号由10位数字组成。前8位为《进出口税则》确定的进出口货物的税则号列，同时也是《中华人民共和国海关统计商品目录》确定的商品编码；第9、10位为符合海关监管要求的附加编号。

以征免税证明或备案序号调出来的商品编号属于备案信息，如有错误（与客户资料不相符，与货物描述不相符），须及时通知客户变更手册备案。

关检融合后，申报进口法检货物时，需要自行勾选检验检疫名称。例如：录入商品编码“2715000000”，需要点击右侧“….”蓝色按钮，勾选检验检疫名称。

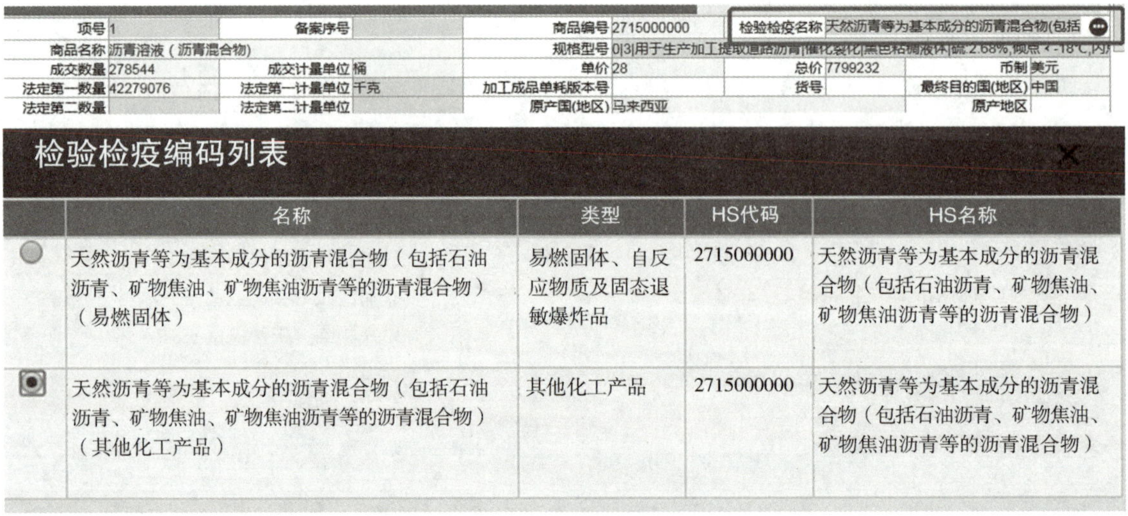

30. 商品名称、规格型号

商品名称是指进出口货物规范的中文名称。规格型号是指反映商品性能、品质和规格的一系列指标。商品名称及规格型号应据实填报，并与进出口货物收发货人或受委托的报关企业所提交的合同、发票等相关单证相符。

商品名称应当规范，规格型号应当足够详细，以能满足海关归类、审价及许可证件管理要求。参照《进出口商品规范申报目录》进行申报要素的填报。

品牌类型。品牌类型为必填项目。可选择“无品牌”（代码0）、“境内自主品牌”（代码1）、“境内收购品牌”（代码2）、“境外品牌（贴牌生产）”（代码3）、“境外品牌（其他）”（代码4）如实填报。其中，“境内自主品牌”是指由境内企业自主开发、拥有自主知识产权的品牌；“境内收购品牌”是指境内企业收购的原境外品牌；“境外品牌（贴牌生产）”是指境内企业代工贴牌生产中使用的境外品牌；“境外品牌（其他）”是指除代工贴牌生产以外使用的境外品牌。上述品牌类型中，除“境外品牌（贴牌生产）”仅用于出口外，其他类型均可用于进口和出口。

阅读资料

为什么要增加申报品牌类别？外贸品牌建设是推进贸易强国、培育外贸竞争新优势的战略举措。自2015年起，海关总署和商务部已着手研究品牌分类，广泛开展调研，不断优化实施方案。经过近3年的努力，“品牌类别”作为报关必填项目于2018年1月1日起正式启动。在报关单（含备案清单）上增加品牌类别，能够便于海关建立健全品牌统计制度，及时收集进出口商品的品牌信息，编制相应的海关统计资料，政府有关部门能够全面、详细地了解进出口商品的品牌情况，准确研判外贸形势，找准品牌政策着力点，引导地方政府和企业加强品牌建设工作。行业协会、企业也能够通过各类品牌进出口信息找差距、补短板，加快培育新的竞争优势和增长动能，积极适应新时代要求。

出口享惠情况。出口享惠情况为出口报关单必填项目。可选择“0出口货物在最终目的国（地区）不享受优惠关税”“1出口货物在最终目的国（地区）享受优惠关税”“2出口货物不能确定在最终目的国（地区）享受优惠关税”如实填报。进口货物报关单不填报该申报项“3 不适用于进口报关单”。

31. 数量及单位

“数量及单位”指进出口商品的成交计量单位及数量，法定计量单位及数量。法定数量以《中华人民共和国海关统计商品目录》中的计量单位为准（每个商品都有第一法定计量单位，部分商品还有第二法定计量单位）。成交数量是依据发票信息查找，成交数量与单价的乘积为货物总价，成交单位通常为英文，要注意翻译问题，如“SET”服装产品翻译成“套”、机电产品通常翻译成“台”；“PC”要根据实际货物情况，可以翻译成“个”“片”等。

纸质报关单，第一行填报法定第一计量数量及单位；第二行按照法定第二计量单位填报数量及单位，无法定第二计量单位的，第二行为空；成交计量单位及数量填报在第三行。

在“单一窗口”系统中，第一行为“成交数量”“成交数量计量单位”，第二行为“法定第一数量”“法定第一计量单位”，第三行为“法定第二数量”“法定第二计量单位”。

32. 原产国（地区）、最终目的国（地区）

原产国（地区）是货物的生产、开采或加工制造的国家或地区。最终目的国（地区）是已知的货物最终交付的国家或地区。

按海关规定的《国别（地区）代码表》选择填报相应的国家（地区）名称及代码。进出口货物原产国（地区）无法确定的，填报“701国别不详”。进出口货物不能确定最终目的国（地区）时，以尽可能预知的最后运往国（地区）为最终目的国（地区）。

33. 单价、总价、币制

单价是进出口货物实际成交的商品单位价格。总价是进出口货物实际成交的商品总价格。币制应按《货币代码表》选择货币名称及代码填报。

“单一窗口”系统操作时，可先录入总价，系统会自动核算单价，本栏目最多可录入19位数字。

34. 其他事项确认

本栏目出口货物免予填报，加工贸易及保税监管货物（内销保税货物除外）免予填报。

如果“特殊关系确认”“价格影响确认”“与货物有关的特许权使用费支付确认”等事项存在，本栏目填报“是”，反之填报“否”。

35. 标记唛码及备注

填报要求如下：

（1）标记唛码中除图形以外的文字、数字，无标记唛码的填报N/M。

（2）受外商投资企业委托代理其进口投资设备、物品的进出口企业名称。

（3）与本报关单有关联关系的，同时在业务管理规范方面又要求填报的备案号，填报在电子数据报关单中“关联备案”栏。

（4）与本报关单有关联关系的，同时在业务管理规范方面又要求填报的报关单号，填报在电子数据报关单中“关联报关单”栏。

（5）跨境电子商务进出口货物，填报“跨境电子商务”。

（6）公式定价进口货物填报公式定价备案号，格式为：“公式定价”+备案编号+“@”。对于同一报关单下有多项商品的，如某项或某几项商品为公式定价备案的，则备注栏内填报为：“公式定价”+备案编号+“#”+商品序号+“@”。

（7）进出口与《预裁定决定书》列明情形相同的货物时，按照《预裁定决定书》填报，格式为：“预裁定+《预裁定决定书》编号”（例如：某份预裁定决定书编号为R-2-0100-2018-0001，则填报为“预裁定R-2-0100-2018-0001”）。

（8）含归类行政裁定报关单，填报归类行政裁定编号，格式为：“c”+四位数字编号，如c0001。

（9）已经在进入特殊监管区时完成检验的货物，在出区入境申报时，填报“预检验”字样，同时在“关联报检单”栏填报实施预检验的报关单号。

（10）进口直接退运的货物，填报“直接退运”字样。

（11）属于修理物品的，填报“修理物品”字样。

（12）属于下列情况的，填报“压力容器”“成套设备”“食品添加剂”“成品退换”“旧机电产品”等字样。

（13）列入目录的进出口商品及法律、行政法规规定须经出入境检验检疫机构检验的其他进出口商品实施检验的，填报“应检商品”字样。

（14）申报时其他必须说明的事项。

36. 涉检基本信息

在报关单录入页面，填写基本信息后，如果需要填写涉检基本信息，点击左下角蓝色方向按钮，可弹出涉检报关信息录入区域。

（1）检验检疫受理机关、领证机关、口岸检验检疫机关、目的地检验检疫机关等栏目的录入在参数下拉表选择，也可录入代码、名称。

（2）企业资质。本栏目为涉检商品必填项，需点击右侧蓝色按钮进行编辑。本栏目包括企业资质类别和企业资质编号：企业资质类别的填报，可在参数下拉表选择，也可录入代码、名称；企业资质编号的填报，须手工录入。

按进出口货物种类及法律法规和相关规定要求，须在本栏选择填报货物的生产商/进出口商/代理商必须取得的资质类别。多个资质的须全部填写，具体包括如下各项：

①进口食品、食品原料填写：进口食品境外出口商代理商备案、进口食品进口商备案。

② 进口水产品填写：进口食品境外出口商代理商备案、进口食品进口商备案、进口水产品储存冷库备案。

③ 进口肉类填写：进口肉类储存冷库备案、进口食品境外出口商代理商备案、进口食品进口商备案、进口肉类收货人备案。

④ 进口化妆品填写：进口化妆品收货人备案。

⑤ 进口水果填写：进境水果境外果园/包装厂注册登记。

⑥ 进口非食用动物产品填写：进境非食用动物产品生产、加工、存放企业注册登记。

⑦ 进口饲料及饲料添加剂：饲料进口企业备案、进口饲料和饲料添加剂生产企业注册登记。

⑧ 进口可用作废料的固体废物：进口可用作原料的固体废物国内收货人注册登记、国外供货商注册登记号及名称，两者须对应准确。

⑨ 其他：进境植物繁殖材料隔离检疫圃申请、进出境动物指定隔离场使用申请、进境栽培介质使用单位注册、进境动物遗传物质进口代理及使用单位备案、进境动物及动物产品国外生产单位注册、进境粮食加工储存单位注册、境外医疗器械捐赠机构登记、进出境集装箱场站登记、进口棉花境外供货商登记注册、对出口食品包装生产企业和进口食品包装的进口商实行备案。

涉及以上检验检疫要求的进出口商品，报关人员参考企业资质类别填报企业资质类别代码，并录入企业资质编号。当进出口货物涉及多个资质时，都需要填报。

（3）启运日期栏目，进口涉检商品必填项，填报装载入境货物的运输工具离开启运口岸的日期。在日期弹出框中，选择日期，本栏目为8位数字，格式为“YYYYMMDD”。

（4）B/L号栏目，在进口时填报，在参数下拉表选择，也可录入代码、名称。填写入境货物的提货单或出库单号码。运输方式为“航空运输”时无须填写，其他运输方式时必填。

（5）关联号码及理由栏目，填写关联报关单号的关联理由，当有关联报关单号时填写。

（6）特殊业务标识栏目，界面中显示的字段为灰，不允许编辑，需点击蓝色圆形按钮，在弹出的界面中进行勾选，具体包括国际赛事、特殊进出军工物资、国际援助物资、国际会议、直通放行、外交礼仪、转关。勾选后点击“确定”，返填到“特殊业务标识”字段。

（7）所需单证栏，不允许编辑。点击“检验检疫签证申报要素”按钮，在弹出的界面中勾选并填写。录入保存后，返填到主界面“所需单证”字段内。

37. 涉检商品信息

先录入商品信息，如果需要填写涉检内容，点击左下角蓝色方向按钮，展开涉检商品信息的录入区域，所需单证包括：品质证书、重量级证书、数量证书、兽医卫生证书、健康证书、卫生证书、动物卫生证书、植物检疫证书、熏蒸消毒证书、出境货物换证凭单、入境货物检验检疫证明（申请出具）、出境货物不合格通知单、集装箱检验检疫结果单、入境货物检验检疫证明（申请不出具）、电子底账、入境货物调离通知单、出境货物检验检疫工作联系单等。

（1）检验检疫规格，界面中的字段为灰，不允许直接输入。点击字段右侧蓝色圆形按钮，弹出录入界面（下图）。录入后，点击“确定”按钮，系统自动将内容返填到该字段中，展示数据置灰不允许直接修改，如修改可点击录入字段右侧的蓝色圆形按钮，再次打开下图的检验检疫货物规格界面，重新录入。

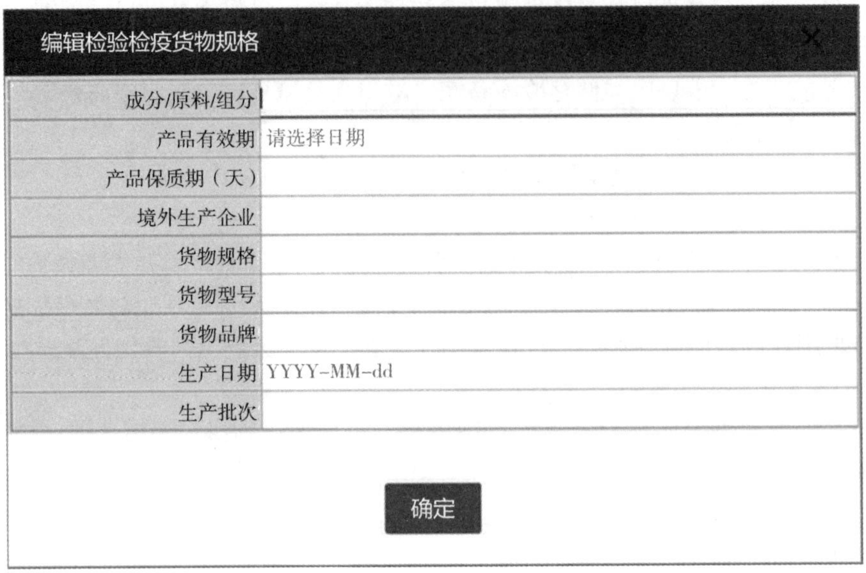

填报要求如下：

“成分/原料/组分”栏：填报货物含有的成分、货物原料或化学品组分，如特殊物品、化妆品、其他检疫物等所含的关注成分或者其他检疫物的具体成分、食品农产品的原料等。

“产品有效期”栏：有质量保证期的填写质量保证的截止日期。

“产品保质期”栏：有质量保证期的填写质量保证的天数，天数按照生产日期计算。

“境外生产企业”栏：填写入境货物的国外生产厂商名称，默认为境外发货人。

“货物规格”栏：输入货物的规格。

“货物型号”栏：填写本项报关货物的所有型号，多个型号的，以“；”分隔。

“货物品牌”栏：填写货物的品牌名称，品牌以合同或装箱单为准，需要录入中英文品牌的，录入方式为“中文品牌/英文品牌”。

“生产日期”栏：填写货物生产加工的日期，如2017-08-01（半角符号）。

“生产批次”栏：填写本批货物的生产批号，多个生产批号的，以“；”分隔。

（2）产品资质。申报法检目录内的商品且根据进出口货物种类及法律法规和相关规定要求，相关产品须取得必要资质的情况时为必填。

① 许可证类别。进出口货物取得了许可、审批或备案等资质时，应在“产品资质”项下的“许可证类别”中填报对应的许可、审批或备案证件类别和名称。同一商品涉及多个许可、审批或备案证件类别的，须全部录入相应的证件类别。

例如：进口化妆品，填写“进口化妆品产品备案”“进口化妆品收货人备案”。

② 许可证编号。进出口货物取得了许可、审批或备案等资质时，应在“产品资质”项下的“许可证编号”栏中填报对应的许可、审批或备案证件编号。同一商品有多个许可、审批或备案证件号码时，须全部录入。

③ 核销货物序号。进出口货物取得了许可。审批或备案等资质时，应在“产品资质”项下的“核销货物序号”栏中填报被核销文件中对应货物的序号。特殊物品审批单支持导入。

④ 核销数量。进出口货物取得了许可、审批或备案等资质时，应在“产品资质”项下的“产

品许可/审批/备案信息”中，填报被核销文件中对应货物的本次实际进出口数（重）量。

⑤ 核销数量单位。当在“编辑产品许可证/审批/备案信息”界面中填写“核销数量”时，必须填报“核销数量单位”。

⑥ 许可证VIN信息。申报进口已获3C认证的机动车辆时，填报机动车辆识别代码，包括VIN序号、车辆识别代码（VIN）、单价、底盘（车架号）、发动机号或电机号、发票所列数量、品名（英文名称）、品名（中文名称）、提运单日期、型号（英文）、质量保证期。

（3）货物属性。本栏目为涉检商品必填项。根据进出口货物的商品编码和货物的实际情况，报关人员按照海关规定的货物属性代码表在本栏下拉菜单中勾选货物属性的对应代码，有多种属性的要同时选择。

货物属性 ×

11-3C目录内	12-3C目录外	13-无须办理3C认证	14-预包装
15-非预包装	16-转基因产品	17-非转基因产品	18-首次进出口
19-正常	20-废品	21-旧品	22-成套设备
23-带皮木材/板材	24-不带皮木材/板材	25-A级特殊物品	26-B级特殊物品
27-C级特殊物品	28-D级特殊物品	29-V/W非特殊物品	30-市场采购

确定　取消

入境强制性认证产品必须在入境民用商品认证（11 3C目录内、12 3C目录外、13 无须办理3C认证）中勾选对应项。

食品、化妆品是否预包装、是否首次进口，必须在食品及化妆品（14 预包装、15 非预包装、18首次进出口）中勾选对应项。

凡符合原质检总局2004年第62号令规定含转基因成分须申报的，必须在转基因（16转基因产品、17非转基因产品）中勾选对应项。

“成套设备”“旧机电”产品，必须在货物属性（18首次进出口、19正常、20 废品、21旧品、22成套设备）中勾选对应项。

木材（含原木）板材是否带皮，必须在是否带皮木材（23 带皮木材/板材、24不带皮木材/板材）中勾选对应项。

特殊物品、化学试剂，必须在特殊物品（25~28 ABCD级特殊物品、29V/W非特殊物品）中勾选对应项。

（4）用途栏。根据进出境货物的使用范围或目的，按照海关规定的货物用途代码表在本栏下拉菜单中填报。例如：进口货物为核苷酸类食品添加剂（商品编码2934. 9990. 01），用于工业时，应在本栏选择“26仅工业用途”；用于食品添加剂时，应在本栏选择“21食品添加剂”。

（5）货物为危险货物时，需要填报“危险货物信息”项，具体包括UN编码、危险类别、包装类别以及UN标记四个子项。

思政园地

根据《中华人民共和国海关行政处罚实施条例》第十五条的规定，进出口货物的品名、税则号列、数量、规格、价格、贸易方式、原产地、启运地、运抵地、最终目的地或者其他应当申报的项目未申报或者申报不实的，分别依照规定予以处罚，有违法所得的，没收违法所得：影响国家税款征收的，处漏缴税款30%以上2倍以下罚款；影响国家外汇、出口退税管理的，处申报价格10%以上50%以下罚款。

技能实训

一、根据本项目任务二案例背景，审核下列报关单的错误，并分析错误原因。

（1）请审核《出口货物报关单》的填报错误，并分析错误原因。

中华人民共和国海关出口货物报关单

预录入编号：*********** 海关编号：**********

境内收发货人 ===========	出口口岸（5304） 蛇口海关		出口日期	申报日期
生产销售单位 ===========	运输方式 水路运输		运输工具名称 HUANGPUHAO	提运单号 A1234
申报单位 ===========	监管方式（0110） 一般贸易		征免性质(101) 一般征税	备案号
贸易国（地区）(JPN） 日本	运抵国（地区）(JPN） 日本		指运港（JPN384） 大阪	境内货源地（44039） 深圳其他
许可证号	成交方式（3） FOB	运费	保费	杂费
合同协议号	件数	包装种类	毛重（千克）	净重（千克）
集装箱号	随附单据 入境货物通关单，自动进口许可证（新旧机电产品）			生产厂家
标记唛码及备注 备注： 随附单证号：2141760113956，3456012345678901234				

____

____

（2）审核《出口货物报关单》草单时，没有发现错误，但是系统自动退单（运输工具名称与舱单数据不符），但是反复核对报关单草单和舱单数据，船名确实为“UN9708435”、航次号为

012W。查找单一窗口录入界面，能否发现问题？应如何修改？

运输方式	水路运输	运输工具名称	UN9708435/012W	航次号	
提运单号	E987567812	监管方式	一般贸易	征免性质	一般征税

____

____

____

（3）审核报关单表体部分的商品信息，并指出错误的地方。

① 以下是申报进口一批化肥（塑料编织袋装）的报关单，错误是：__________。

成交方式（1） CIF	运费	保费	杂费
件数 7200	包装种类（6） 包	毛重（千克） 181 080	净重（千克） 18 000
随附单据			

② 以下商品信息填报的错误是：__________。

项号	商品编码	商品名称、规格型号
1	3921139000	聚氨脂海绵 100%聚氨酯|卷状|未与其他材料

③ 以下商品信息填报的错误是：__________。

商品编码	货物名称	材料组成	货物规格（毫米）
9401619000	休闲椅	客厅用/布面+海绵+玻璃钢+ 桉木/BIN KARAM牌	60 × 71 × 92~110 × 88 × 111
9403300090	书柜	办公室用/黄杨木+玻璃制/PULASKI牌	101.6 × 40.64 × 193.04

④ 以下商品信息填报的错误是：__________。

项号	商品编号	商品名称、规格型号	数量及单位	最终目的国	单价	总价	币制	征免
1	8714910000	自行车避震前叉 铁质120	2859千克	土耳其 TUR	4. 3652	12 480.00	USD	*
2	8714910000	自行车避震前叉 铁质130	3504千克	土耳其 TUR	2. 6941	94 400.00	USD	*

（4）以下（　）东盟国家出具的原产地证书，在报关环节，无须先在中国电子口岸的原产地

要素申报系统向海关申报原产地电子信息，可直接在协定享惠栏录入原产地证书代码及编号。

A. 泰国　　B. 印度尼西亚　　C. 缅甸　　D. 新加坡

二、请根据下列背景资料及相关单证信息，录入“报关单信息”

（一）某公司委托A公司申报进口轴承箱外壳

成分及含量	聚氨酯制
品牌	HEIN牌
用途	用于煤炭筛分机，筛分煤炭颗粒用

1. 合同

ORDER

Item	ID	Specification of Goods	Quantity	Unit	Amount
1	5834119632-19633	flange housing LF3 1set flange housing consisting of right and left #Holes for clapping sleeves drilled out to d=12 mm #Paint spare parts with primer only	1	SET	*EUR
2	915000001 915013362	plastic screen mat 3 material type： light yellow3000x355x4. 5 mm nominal perforation：7x30mm	120	PC	*EUR
TOTAL AMOUNT：******					

Delivery time：approx.3 weeks

Terms of Delivery：FCA German airport

2. 装箱单

PACKING LIST

Number	Content	Quantity	Unit	Dimensions（CM）	Weight（KG） Gross	Net
1	flange housing LF3	1,0000	set	150 × 85 × 35	270,00	222,00
2	plastic screen mat 3	120,0000	pc	150 × 75 × 86	460,00	430,00

WEIGHT/VOLUME

TOTAL GROSS： 730,000 kg

TOTAL NET： 652,000 kg

TOTAL VOLUEME：1. 413 m^3

NUMEER AND KIND OF PACKING

1. HL-case

2. cardboardcase packed on HL-pal

USCI CODE 91202225783248884

注：部分欧洲国家使用逗号表示小数点。

3. 航空运单

DUS DUS 95197 882	999-5386 8021	DUS-9519	7882

Shipper's Name and Address	Shipper's Account Number	
******		Copies 1, 2 and 3 of this Air Waybill are originals and have the same validity.
Consignee's Name and Address	Consignee's Account Number	It is agreed that the goods described herein are accepted for carriage in apparent good order And condition (except as noted) and SUBJECT TO THE CONDITIONS OF CONTRACT ON THE REVERSE HEREOF. ALL GOODS MAY BE CARRIED BY AND OTHER MEANS INCLUDING ROAD OR ANY OTHER CARRIER UNLESS SPECIFIC CONTRARY INSTRUCTIONS ARE GIVEN HEREON BY THE SHIPPER. THE SHIPPER'S ATTENTION IS DRAWN TO THE NOTICE CONCERNING CARRIER'S LIMITATION OF LIABILITY. Shipper may increase such limitation of liability by declaring a higher value for carriage and paying a supplemental charge if required.
*********		
Issuing Carrier's Agent Name and City		Accounting Information
Agent's IATA Code	Account No.	E-FREIGHT: 2405900313
Airport of Departure (Address of First Carrier) and Requested Routing		
DUESSELDORF		

To	By First Carrier Routing & Destination	TO	BY	TO	BY	Currency	CHGS Code	WT/VAL PPD	WT/VAL COLL	Other PPD	Other COLL	Declared Value for Carriage	Declared Value for Customs
PEK	CA					EUR			CC		CC	NVD	NVC

Airport of Destination	Flight/Date		Amount of Insurance	INSURANCE - If Carrier offers insurance, and such insurance is requested in accordance with the conditions thereof, indicate amount to be insured in figures in box marked "Amount of Insurance."
TIANJIN	CA1042/09	JAN.17	X X X	

AS PER ATT.DOCUMENTS

(For USA only) These commodities licensed by U.S. for ultimate destination ....Diversion contrary to U.S. law is prohibited

No.of Pieces RCP	Gross Weight	Kg lb	Rate Class	Commodity Item No.	Chargeable Weight	Rate/ Charge	Total	Nature and Quantity of Goods (incl. Dimensions or Volume)
2	730.0	K	Q		730.0	1.85	1350.50	SCREEN MATS, FLANGE HOUSING -NOT RESTRICTED- DIMS 1/150*85*35CM 1/150*75*86CM 1.414 CBM
							1350.50	

Prepaid	Weight Charge COLLECT	Other Charges
	1350.50	PICK CHRG :109.50 A FOB CHRG:119.90 A
Valuation Charge		
Tax		
Total other Charges Due Agent		Shipper certifies that the particulars on the face hereof are correct and that **insofar as any part of the consignment contains dangerous goods, such part is properly described by name and is in proper condition for carriage by air according to the applicable Dangerous Goods Regulations.**
	229.40	
Total other Charges Due Carrier		
		Signature of Shipper or his Agent
Total Prepaid	Total Collect	
	1579.90	
Currency Conversion Rates	CC Charges in Dest. Currency	
		Executed on (date) at(place) Signature of Issuing Carrier or its Agent
For Carrier's Use only at Destination	Charges at Destination	Total Collect Charges 999-5386 8021 7882 DUS-9519

4. 出口货物报关单

中华人民共和国海关出口货物报关单

预录入编号：　　　　海关编号：　　　　页码/页数：

<table>
<tr><td>境内发货人</td><td colspan="2">出境关别</td><td colspan="2">出口日期</td><td>申报日期</td><td colspan="2">备案号</td></tr>
<tr><td>境外收货人</td><td colspan="2">运输方式</td><td colspan="2">运输工具名称及航次号</td><td colspan="3">提运单号</td></tr>
<tr><td>生产销售单位</td><td colspan="2">监管方式</td><td colspan="2">征免性质</td><td colspan="3">许可证号</td></tr>
<tr><td>合同协议号</td><td colspan="2">贸易国（地区）</td><td colspan="2">运抵国（地区）</td><td>指运港</td><td colspan="2">离境口岸</td></tr>
<tr><td>包装种类</td><td>件数</td><td>毛重（千克）</td><td>净重（千克）</td><td>成交方式</td><td>运费</td><td>保费</td><td>杂费</td></tr>
<tr><td colspan="8">随附单证及编号</td></tr>
<tr><td colspan="8">标记唛码及备注</td></tr>
<tr><td colspan="8">项号　商品编号　商品名称及规格型号　数量及单位　单价/总价/币制　原产国(地区)　最终目的国（地区）　境内货源地　征免</td></tr>
<tr><td colspan="8"></td></tr>
</table>

运输方式：________；运输工具名称：________；航次号：________；提运单号：________；

指运港：__________；成交方式：____________；运　费：__________；保险费：__________。

（二）某公司委托A公司申报进口蛋白纯化仪，客户提供外贸买卖合同、发票以及以下单证请填报单一窗口相关栏目。

中华人民共和国海关

进出口货物征免税证明

编号：Z02201801992

<table>
<tr><td colspan="7">减免税申请人名称：**　征免性质/代码：科研院所</td><td colspan="4">政策依据：财关税【2016】70号文</td></tr>
<tr><td colspan="4">主管单位名称：</td><td colspan="4">免税物资确认表编号:</td><td colspan="3">物资确认表有效期:</td></tr>
<tr><td colspan="4">发证日期：2018年11月16日</td><td colspan="7">有效期：　至2019年05月16日止</td></tr>
<tr><td colspan="4">进（出）口岸：津机场办</td><td colspan="7">合同号：***　项目性质/代码：</td></tr>
<tr><td>序号</td><td>商品名称</td><td>规格型号</td><td>商品编码</td><td>申报数量</td><td>申报计量单位</td><td>金额</td><td>币制</td><td colspan="3">征免意见</td></tr>
<tr><td rowspan="2">1</td><td rowspan="2">蛋白纯化仪器（以下空白）</td><td rowspan="2">境外品牌(其他)</td><td rowspan="2">8479899900</td><td rowspan="2">1</td><td rowspan="2">台</td><td rowspan="2">**</td><td rowspan="2">美元</td><td>关税</td><td>增值税</td><td>其他</td></tr>
<tr><td>全免</td><td>全免</td><td></td></tr>
<tr><td colspan="2">备注</td><td colspan="9">出口享惠情况;不适用进口报关单用途:生物催化剂的分离纯化以及蛋白分离纯化</td></tr>
<tr><td colspan="6">主管海关签章:

企业留存单，无须签章;如需海关签章，可前往主管海关领取</td><td colspan="5">注意事项及权利义务提示:
1. 除海关总署另有规定外，本证明使用一次有效；同一合同项下货物分批到货的，应向主管海关申明，并按到货日期分别申请此证明。
2. 除海关总署另有规定外，货物进口时应向海关交验本证明，复印件无效。
3. 本证明有效期应按照具体政策规定确定，但最长不得超过半年；如需延期，应在有效期内向原主管海关提出延期申请。
4. 规定由海关监管使用的减免税货物，在海关监管年限内，减免税申请人应按照特定用途、特定企业、特定地区使用;未经海关许可，不得擅自转让、抵押、质押、移作他用或者进行其他处置,否则，海关将依法处理。
5.如不服本证明决定，依照《中华人民共和国行政复议法》第九条、第十二条、第十六条,《中华人民共和国海关法》第六十四条之规定，可以在本证明送达之日起六十日内向上一级海关（海关总署）申请行政复议，对复议决定仍不服的，依照《中华人民共和国行政诉讼法》第三十八条第二款之规定，可以自收到复议决定书之日起六十日内，向人民法院提起诉讼。</td></tr>
</table>

监管方式:________；征免性质:________；征免:________。

（三）某公司委托A公司申报暂时出口塑料轴

请完成单一窗口出口报关操作。

品牌类型	境外品牌
出口享惠情况	0
用途	承装半导体原材料
材质	聚丙烯100%PP MOLDEC
直径	84CM

1. 发票

INVOICE

SHIPPED BY AIR	ON/ABOUT 2019/1/18	TERMS OF PAYMENT NO CO MMERCIAL VALUE	
FROM	TIANJIN，CHINA		
TO	OSAKA，JAPAN		

DESCRIPTION OF GOODS		QTY		CIF (JAPANESE YEN) UNIT PRICE	AMOUNT	REMARK
1 EMPTY PLASTIC REEL		18	PCS	¥	¥	
2 EMPTY PLASTIC BOX		2	PCS	¥	¥	
TOTAL	NCRW19-01Q01-J	20			¥	

ROHM MECHATECH
OSAKA
C/NO.LD 1-2
SHIPPED BY ZTJY

REMARK:
import INV.: RSC-18017; RSC-18019

2. 装箱单

PACKING LIST

SHIPPED BY AIR	ON/ABOUT 2019/1/18	TERMS OF PAYMENT NO COMMERCIAL VALUE
FROM	TIANJIN，CHINA	
TO	OSAKA，JAPAN	

C/NO.	DESCRIPTION OF COODS (packirg style)	Q TY（pcs）	N.W（KG）	G.W（KG）	CIF (JAPANESE YEN)	MEASUREMENT	REMARK
1–2	EMPTY PLASTIC REEL EMPTY PLASTIC BOX		18 2	122.40 174.20		2.484 M3	
TOTAL			20	296.60	299	2.484 M3	

N.WEIGHT: 296.600 KG
G.WEIGHT: 299 KG

REMARKS:

EMPTY PLASTIC BOX NO：0579；0533

ROHM MECHATECH
OSAKA
C/NO.LD 1–2
SHIPPED BY ZTJY

3. 情况说明

情况说明

尊敬的××机场海关：

兹有 一票出口货物（发票号：NCRW19–01Q01–J），

目的地：日本，因公司生产需求，以暂时进出口的贸易方式申报使用包装物：塑料轴，蓝色包装箱，承装半导体原材料，具体明×如下，特向贵关予以说明。

具体明细如下：

名称	英文品名	总出口数量	总出口金额（日元）
塑料轴	EMPTY PLASTIC REEL	18PCS	
蓝色包装箱	EMPTY PLASTIC BOX	2PCS	

序号	品名	数量	金额	原进报关单号	银行总担保备案号	暂时进出口期限
1	塑料轴 蓝色包装箱	12PCS 1PCS	JPY JPY	020320181000026445	141208300000029	20180817–20190217
2	塑料轴 蓝色包装箱	6PCS 1PCS	JPY JPY	020320181000029187	141208300000029	20180909–20190309

4. 航空运单

999 TSN 52980373 | 999-5298 0373

Shipper's Name and Address	Shipper's Account Number
******	

Copies 1, 2 and 3 of this Air Waybill are originals and have the same validity.

Consignee's Name and Address	Consignee's Account Number
*********	

It is agreed that the goods described herein are accepted for carriage in apparent good order And condition (except as noted) and SUBJECT TO THE CONDITIONS OF CONTRACT ON THE REVERSE HEREOF. ALL GOODS MAY BE CARRIED BY AND OTHER MEANS INCLUDING ROAD OR ANY OTHER CARRIER UNLESS SPECIFIC CONTRARY INSTRUCTIONS ARE GIVEN HEREON BY THE SHIPPER. THE SHIPPER'S ATTENTION IS DRAWN TO THE NOTICE CONCERNING CARRIER'S LIMITATION OF LIABILITY. Shipper may increase such limitation of liability by declaring a higher value for carriage and paying a supplemental charge if required.

Issuing Carrier's Agent Name and City

Accounting Information

FREIGHT PREPAID

Agent's IATA Code	Account No.
0830117/0021	

Airport of Departure (Addr. of First Carrier) and Requested Routing

TIANJIN

To	By First Carrier Routing and Destination	to	by	to	by	Currency	CHGS Code	WT/VAL PPD	WT/VAL COLL	Other PPD	Other COLL	Declared Value for Carriage	Declared Value for Customs
PEK	CA												
		KIX				CNY		X		X		NVD	

Airport of Destination	Flight/Date		Amount of Insurance	INSURANCE - If Carrier offers insurance, and such insurance is requested in accordance with the conditions thereof, indicate amount to be insured in figures in box marked "Amount of Insurance."
KANSAI INTERNATIONAL	CA927	JAN.17	xxx	

(For USA only) These commodities licensed by U.S. for ultimate destination ....Diversion contrary to U.S. law is prohibited

No of Pieces RCP	Gross Weight	Kg lb	Rate Class	Commodity Item No.	Chargeable Weight	Rate Charge	Total	Nature and Quantity of Goods (incl. Dimensions or Volume)
2	299.0	K	Q		500.0	28.13	14065.00	EMPTY PLASTIC REELEMPTY PLASTIC 8OXROHM MECHATECHOSAKA CNO.LD 1-2 SHIPPED BY ZTJY INVOICE NO. NCRW19-01Q01-J112x112x114 CM x 2 2.860M3 NOT RESTRICTED
							14065.00	

COLLECT **Prepaid** Weight Charge	
14065.00	
Valuation Charge	
Tax	
Total other Charges Due Agent	
Total other Charges Due Carrier	
1525.00	
Total Prepaid	Total Collect
15590.00	
Currency Conversion Rates	CC Charges in Dest. Currency
For Carrier's Use only at Destination	Charges at Destination

Other Charges

MYC: 875.00
SCC: 600.00
AWC:50.00

Shipper certifies that the particulars on the face hereof are correct and that **insofar as any part of the consignment contains dangerous goods, such part is properly described by name and is in proper condition for carriage by air according to the applicable Dangerous Goods Regulations.**

....
Signature of Shipper or his Agent

....
Executed on (Date) at(Place) Signature of Issuing Carrier or its Agent

Total Collect Charges

999-52980373

（1）填报单一窗口相关项目。

① 运输方式：__________

② 运输工具名称：__________

③ 监管方式：__________

④ 征免性质：__________

⑤ 征免方式：__________

（2）货物出口申报，通过海关审核，货物复出境后，还需要办理什么手续？

（四）请根据业务单证办理大理石（2515.1200.00）通关手续，填制申报内容

1. 进口采购合同

平叶石材（广州）有限公司 PINGYE STONE [GUANGZHOU] CO., LTD.
Purchase Confirmation 购货确认书

P/O Number 订单号码 :YT03/08/10

Date 日期:2019-08-12

Seller:

卖方

SAN. VE LTD.

A BLOK NO. 203K. D.3 NILUFER/BURSA

TEL 电话号码: FAX 传真号码:

Description of Order:

MARBLE BLOCKS 大理石

3000 TONS OF GOLD BEIGE MRBLE BLOCKS AT USD200.00/TON

CIF NANJING

TOTAL AMOUNT USD 600,000.00

Remarks:

Purchase Terms:

a. **Transshipments:** ALLOWED
转运：允许

b. **Partial Shipments:** ALLOWED
分批装运：允许

c. **Latest Shipment** :2019-12-16
最迟装运日期

d. **Port of Loading:** ANY PORT OF TURKEY
装运港

e. **Port of Final Destination:** Any port of China
目的港

f. **Payments:** Payment at SIGHT by irrevocable letter of credits opened in favor of Seller
支付方式：以卖方为受益人的即期不可撤销信用证

g. **Document:**
单据条款

- Full set of 3/3 Original Shipped On Board Ocean Bills of Lading marked freight collect
  全套正本（3 个正本）已装船提单，注明运费到付
- Commercial Invoices in 5 copies
  商业发票一式五份
- Detailed Packing List in 5 copies
  详细装箱单一式五份
- Shipment Advice
  装船通知
- Certificate of Origin in 2 copies
  原产地证书一式两份

h. Both quantity and amount 10 % more or less are allowed
数量和金额允许上下浮动 10%（允许 10%溢短装）

For and on Behalf of
PINGYE STONE [GUANGZHOU] CO.,LTD.

For and on Behalf of
SAN. VE LTD.

2. 商业发票

DATE：8. 01. 2019
LC NO.：LC45A1002710
信用证号码
P/O NO.：YT03/08/10
订单号码

COMMERCIAL INVOICE
商业发票

Marks and numbers 唛头和号码	Description of goods 商品描述	Quantity 数量	Unit price 单价	Amount 总价
	GOLD BELGE MARBLE 24. 7 TONS ** ***** BLOCKS TOTAL PACKING：1 CONTAINER			

PAYMENT TERMS：LC AT SIGHT
支付条款
BANK NAME：GARANTIBANK A.S.
开户行名称
BRANCH：BESEVLER KSS
分行名称
SWIFT CODE：TGBATRISXX
银行国际代码
BRANCH CODE：526
分行代码
ACCOUNT NO.USD：9086844
账号
IBAN NO：TR89 0006 20005260 0009 086844
国际银行账户号码
TOLERANCE：-/+10% in QUANTITY and AMOUNT
溢短装条款
SHIPPING TERM：CIF GUANGZHOU
贸易术语
COUNTRY OF ORIGIN：TURKEY REPUBLIC
原产国

3. 装箱单

PACKING LIST

NO. OF CONTAINER 集装箱数量	QTY PCS 数量 件	BLOCK 大理石	DESCRIPTION OF GOODS 货物描述	CONTAINER NO. 集装箱号码	G.W.MT 毛重吨	N.W.MT 净重吨	M^3 立方米
1	9	BSC-1	GOLD BELGE MARBLE BLOCKS	ZIMU1192714	11.25	11.25	4.45
	10	BSC-2			6.05	6.05	2.23
	5	BSC-3			4.30	4.30	1.61
	5	BSC-4			3.1	3.1	1.05
TOTAL					24.7	24.7	9.34
*SHIPMENT IS EFECTED BY WOODEN CRATES 木箱运输							
**SHIPMENT IS EFFECED BY CONTAINERS 集装箱运输							

4. 提单

Shipper Insert Name, Address and Phone 托运人（填写名称、地址和电话） **		B/L No.
Consignee Insert Name, Address and Phone 收货人（填写名称、地址和电话） **	ZIM	ZIM CONTAINER LINES CO., LTD. **Port to Port or Combined Transport** **BILL OF LADING** **海运提单** FRIST ORIGINAL　正本（第一份）
Notify Party Insert Name, Address and Phone (It is agreed that no responsibility shall attach to the Carrier or his agents for failure to notify) 被通知人（填写名称、地址和电话） **	RECEIVER the foods in apparent good order and condition as specified below unless otherwise stated herein. THE Carrier, in accordance with the provisions contained in this document 1) undertakes to perform or to procure the performance of the entire transport form the place at which the goods are taken in charge to the place designated for delivery in this document, and 2) assumes liability as prescribed in this document for such transport One of the bills of Lading must be surrendered duty indorsed in exchange for the goods or delivery order	

Pre - carriage by 前程运输		Place of Receipt 收货地点	
Ocean Vessel Voy. No. 船名　航次		Port of Loading 启运港	
ZIM JAMAICA/53w		GEMLIK	
Port of Discharge 卸货港		Combined Transport *	
SHENZHEN-DACHAN BAY		Place of Delivery 交货地点	

Marks & Nos. Container / Seal No. 唛头 集装箱号码/封箱号	No. of Containers or Packages; Description of Goods 集装箱或包装的数量　货物描述	Gross Weight KGS 毛重　公斤	Measurement M^3 体积
ZIMU1192714	AS PER ATTACHED LIST 1CONT TOT.TARE:23,300 CARGO W:TOTAL	2,4700.00	9.340
		Description of Contents for Shipper's Use Only (Not part of This B/L Contract)	

Total Number of containers and/or packages (in words) SAY ONE (1) CONTAINER ONLY
集装箱或包装的数量总计（大写）

Freight & Charges	Revenue Tons	Rate	Per	Prepaid	Collect
Declared Value Charge					

Ex. Rate:	Prepaid at 预付运费地点	Payable at	Place and date of issue 提单签发的地点和日期
	ISTANBUL		ISTANBUL on 08/01/2020
	Total Prepaid	No. of Original B(S)/L 正本数量	Signet for the Carrier
		3	
LADEN ON BOARD THE VESSEL			

5. 提货单

深圳运星国际船务代理有限公司

Shanghai SINO-STAR Internationa1 Shipping Agency Shenzhen Branch

提 货 单

致：ZIM 港区、场、站 DELIVERY ORDER

收货人/通知人： TO ORDER/平叶石材(广州）有限公司

船名ZIM JAMAICA 以星牙买加	航次53W	起运港 GEMLIK		目的港 大铲湾	船舶预计到港时间
提单号 ZIMUIT1119387	交付条款		到付海运费		
卸货地点 大铲湾	预/到达日期 2020-02-20	进库场日期		第一程运输	
标记与集装箱	货名	集装箱数	件数	重量(KGS)	体积 (m^3)
ZIMU119271420GP	大理石石块		29	G.W. 24700	

TOTAL：SEVEN(1 × 20′) CONTAINERS ONLY

请核对并将货物放给下列收货人
凡属法定检验，检疫的进口商品，必须向有关监督机构申报。

6. 退货报告

平叶石材（广州）有限公司

PINGYE STONE(GUANGZHOU)CO，LTD.

Bantian Buji Town Longgang District Guangzhou P.R.CHINA

Te1：86 20-28778896 Fax：86 720-28777015-8896

退运报告

大铲湾海关：

我司平叶石材（广州）有限公司，1998年成立，从事进口石材的生产和经营，注册资金港币2500万元，在龙岗区布吉坂田有自建的生产基地75000平方米。

我司2020年2月19日向贵关申报1个小柜的土耳其进口大理石石块，报关单号：进口提单号为ZIMUIST1119387，货物毛重24700KGS，货物因在商检局查验过程中发现货柜带有泥土，商检科要求进口货物作直接退运处理。

由此给贵关带来的工作麻烦，我司深感歉意!

此致

敬礼

平叶石材（广州）有限公司

2020 年 03 月 07 日

7. 退运协议

退货协议CARGO RETURN AGREEMENT

发货人：2E MADENCILIK NAKLIAT PAZARLAMA SAN.VE TIC.LTD STI. (Short as 2E)
UCEVLER MAH.AHISKA CAD.CETINKAYA STT.
A BLOK NO.203 K.2 D.3 NILUFER/BURSA, TURKEY
TEL： FAX：

收货人：平叶石材（广州）有限公司（简称平叶）
PINGYE STONE(GUANGZHOU) CO.,LTD.(Short as
PINGYE) BANTIAN,BUJI TOWN,LONG GANG
DISTRICT, SHANZHEN P.R.CHINA
TEL： FAX：

该协议由发货人2E和收货人PINGYE签订，双方同意按如下条款退运该协议提及的货物：
THIS AGREEMENT IS MADE BETWEEN SHIPPER 2E AND CONSIGNEE PINGYE,BOTH PARTY AGREE TO SHIP BACK THE CONTRACTED CARGO ACCRDING TO TERMS AND CONDITONS BELOW：

品名：大理石荒料 DESCRIPTION OF GOODS：MARBLE BLOCKS
数量24.7吨，QUANTITY：24.7TONS
货物原产地：土耳其 ORIGIN：TURKEY
提单号：MESIZM0000024 BLNO：ZIMUIST1119387
目的港：深圳大铲湾，DESTINATION PORT: DA CHAN WAN PORT, SHENZHEN, CHINA

上述货物与2020年2月19日到港，经目的港海关商检科查检发现集装箱内携泥土，按照中国检验检疫相关规定，“境外泥土不得入内”，要求收货人安排货物退运。
THE ABOVE MENTIONED CARGO ARRIVED AT DA CHANWAN PORT ON 19th FEB 2011，IT WAS FOUND BY CHINA INSPECTION AND QUARANTINE DEPARTMENT OF DESTINATION PORT THAT ALL CONTAINERS COME WITH MUD NSIDE, WHICH IS FORBIDDEN BY RELATED STIPULATION OF CHINA.
货物买卖双方商量后同意海关要求，将尽快安排退运事宜。
BOTH SHIPPER AND CONSIGNEE ARGEE TO RETURN THE CARGO AS REQUEST OF CHINA CUSTOMS AND WILL ARRANGE RELATED PROCEDURE ASAP.

SHIPPER：2E MADENCILIK NAKLIYAT CONSIGNEE:PINGYE STONE
(GUANGZHOU) CO.LTD.
PAZARLAMA SAN.VE TIC.
LTD.STI.

① 该业务属于什么退运（一般退运、直接退运）？请简述基本通关流程。

____

____

____

____

② 在单一窗口完成填报，生成正确的报关单信息。

中华人民共和国海关进口货物报关单

预录入编号： 海关编号： 页码/页数：

境内收货人	进境关别		进口日期		申报日期	备案号	
境外发货人	运输方式		运输工具名称及航次号		提运单号	货物存放地点	
消费使用单位	监管方式		征免性质		许可证号	启运港	
合同协议号	贸易国（地区）		启运国（地区）		经停港	入境口岸	
包装种类	件数	毛重（千克）	净重(千克)	成交方式	运费	保费	杂费
随附单证及编号							
标记唛码及备注							

项号	商品编号	商品名称及规格型号	数量及单位	单价/总价/币制	原产国(地区)	最终目的国（地区）	境内目的港

报关人员 报关人员证号 电话 兹申明对以上内容承担如实申报、依法纳税之法律责任 申报单位 申报单位（签章）	海关批注及签章

中华人民共和国海关出口货物报关单

预录人编号：　　　　　　　　海关编号：　　　　　　　　页码/页数：

境内发货人	出境关别		出口日期		申报日期	备案号	
境外收货人	运输方式		运输工具名称及航次号		提运单号		
生产销售单位	监管方式		征免性质		许可证号		
合同协议号	贸易国（地区）		运抵国（地区）		指运港	离境口岸	
包装种类	件数	毛重（千克）	净重(千克)	成交方式	运费	保费	杂费
随附单证及编号							
标记唛码及备注							

项号	商品编号	商品名称及规格型号	数量及单位	单价/总价/币制	原产国(地区)	最终目的国（地区）	境内货源地	征免

报关人员　　报关人员证号　　电话　　兹申明对以上内容承担如实申报、依法纳税之法律责任 申报单位　　　　申报单位（签章）	海关批注及签章

附录

中华人民共和国海关进出口货物报关单填制规范

《中华人民共和国海关进（出）口货物报关单》在本规范中采用“报关单”“进口报关单”“出口报关单”的提法。报关单各栏目的填制规范如下：

一、预录入编号

预录入编号指预录入报关单的编号，一份报关单对应一个预录入编号，由系统自动生成。

报关单预录入编号为18位，其中第1~4位为接受申报海关的代码（海关规定的《关区代码表》中相应海关代码），第5~8位为录入时的公历年份，第9位为进出口标志（“1”为进口，“0”为出口；集中申报清单“I”为进口，“E”为出口），后9位为顺序编号。

二、海关编号

海关编号指海关接受申报时给予报关单的编号，一份报关单对应一个海关编号，由系统自动生成。

报关单海关编号为18位，其中第1~4位为接受申报海关的代码（海关规定的《关区代码表》中相应海关代码），第5~8位为海关接受申报的公历年份，第9位为进出口标志（“1”为进口，“0”为出口；集中申报清单“I”为进口，“E”为出口），后9位为顺序编号。

三、境内收发货人

填报在海关备案的对外签订并执行进出口贸易合同的中国境内法人、其他组织名称及编码。编码填报18位法人和其他组织统一社会信用代码，没有统一社会信用代码的，填报其在海关的备案编码。

特殊情况下填报要求如下：

（一）进出口货物合同的签订者和执行者非同一企业的，填报执行合同的企业。

（二）外商投资企业委托进出口企业进口投资设备、物品的，填报外商投资企业，并在标记唛码及备注栏注明“委托某进出口企业进口”，同时注明被委托企业的18位法人和其他组织统一社会信用代码。

（三）有代理报关资格的报关企业代理其他进出口企业办理进出口报关手续时，填报委托的进出口企业。

（四）海关特殊监管区域收发货人填报该货物的实际经营单位或海关特殊监管区域内经营

企业。

（五）免税品经营单位经营出口退税国产商品的，填报免税品经营单位名称。

四、进出境关别

根据货物实际进出境的口岸海关，填报海关规定的《关区代码表》中相应口岸海关的名称及代码。

特殊情况填报要求如下：

进口转关运输货物填报货物进境地海关名称及代码，出口转关运输货物填报货物出境地海关名称及代码。按转关运输方式监管的跨关区深加工结转货物，出口报关单填报转出地海关名称及代码，进口报关单填报转入地海关名称及代码。

在不同海关特殊监管区域或保税监管场所之间调拨、转让的货物，填报对方海关特殊监管区域或保税监管场所所在的海关名称及代码。

其他无实际进出境的货物，填报接受申报的海关名称及代码。

五、进出口日期

进口日期填报运载进口货物的运输工具申报进境的日期。出口日期指运载出口货物的运输工具办结出境手续的日期，在申报时免予填报。无实际进出境的货物，填报海关接受申报的日期。

进出口日期为8位数字，顺序为年（4位）、月（2位）、日（2位）。

六、申报日期

申报日期指海关接受进出口货物收发货人、受委托的报关企业申报数据的日期。以电子数据报关单方式申报的，申报日期为海关计算机系统接受申报数据时记录的日期。以纸质报关单方式申报的，申报日期为海关接受纸质报关单并对报关单进行登记处理的日期。本栏目在申报时免予填报。

申报日期为8位数字，顺序为年（4位）、月（2位）、日（2位）。

七、备案号

填报进出口货物收发货人、消费使用单位、生产销售单位在海关办理加工贸易合同备案或征、减、免税审核确认等手续时，海关核发的《加工贸易手册》、海关特殊监管区域和保税监管场所保税账册、《征免税证明》或其他备案审批文件的编号。

一份报关单只允许填报一个备案号。具体填报要求如下：

（一）加工贸易项下货物，除少量低值辅料按规定不使用《加工贸易手册》及以后续补税监管方式办理内销征税的外，填报《加工贸易手册》编号。

使用异地直接报关分册和异地深加工结转出口分册在异地口岸报关的，填报分册号；本地直接报关分册和本地深加工结转分册限制在本地报关，填报总册号。

加工贸易成品凭《征免税证明》转为减免税进口货物的，进口报关单填报《征免税证明》编号，出口报关单填报《加工贸易手册》编号。

对加工贸易设备、使用账册管理的海关特殊监管区域内减免税设备之间的结转，转入和转出企业分别填制进、出口报关单，在报关单“备案号”栏目填报《加工贸易手册》编号。

（二）涉及征、减、免税审核确认的报关单，填报《征免税证明》编号。

（三）减免税货物退运出口，填报《中华人民共和国海关进口减免税货物准予退运证明》的编号；减免税货物补税进口，填报《减免税货物补税通知书》的编号；减免税货物进口或结转进口（转入），填报《征免税证明》的编号；相应的结转出口（转出），填报《中华人民共和国海关进口减免税货物结转联系函》的编号。

（四）免税品经营单位经营出口退税国产商品的，免予填报。

八、境外收发货人

境外收货人通常指签订并执行出口贸易合同中的买方或合同指定的收货人，境外发货人通常指签订并执行进口贸易合同中的卖方。

填报境外收发货人的名称及编码。名称一般填报英文名称，检验检疫要求填报其他外文名称的，在英文名称后填报，以半角括号分隔；对于AEO互认国家（地区）企业的，编码填报AEO编码，填报样式为：“国别（地区）代码+海关企业编码”，例如：新加坡AEO企业SG123456789012（新加坡国别代码+12位企业编码）；非互认国家（地区）AEO企业等其他情形，编码免予填报。

特殊情况下无境外收发货人的，名称及编码填报“NO”。

九、运输方式

运输方式包括实际运输方式和海关规定的特殊运输方式，前者指货物实际进出境的运输方式，按进出境所使用的运输工具分类；后者指货物无实际进出境的运输方式，按货物在境内的流向分类。

根据货物实际进出境的运输方式或货物在境内流向的类别，按照海关规定的《运输方式代码表》选择填报相应的运输方式。

（一）特殊情况填报要求如下：

1. 非邮件方式进出境的快递货物，按实际运输方式填报。

2. 进口转关运输货物，按载运货物抵达进境地的运输工具填报；出口转关运输货物，按载运货物驶离出境地的运输工具填报。

3. 不复运出（入）境而留在境内（外）销售的进出境展览品、留赠转卖物品等，填报“其他运输”（代码9）。

4. 进出境旅客随身携带的货物，填报“旅客携带”（代码L）。

5. 以固定设施（包括输油、输水管道和输电网等）运输货物的，填报“固定设施运输”（代码G）。

（二）无实际进出境货物在境内流转时填报要求如下：

1. 境内非保税区运入保税区货物和保税区退区货物，填报“非保税区”（代码0）。

2. 保税区运往境内非保税区货物，填报“保税区”（代码7）。

3. 境内存入出口监管仓库和出口监管仓库退仓货物，填报“监管仓库”（代码1）。

4. 保税仓库转内销货物或转加工贸易货物，填报“保税仓库”（代码8）。

5. 从境内保税物流中心外运入中心或从中心运往境内中心外的货物，填报“物流中心”（代码W）。

6. 从境内保税物流园区外运入园区或从园区内运往境内园区外的货物，填报“物流园区”（代码X）。

7. 保税港区、综合保税区与境内（区外）（非海关特殊监管区域、保税监管场所）之间进出的货物，填报“保税港区/综合保税区”（代码Y）。

8. 出口加工区、珠澳跨境工业区（珠海园区）、中哈霍尔果斯边境合作中心（中方配套区）与境内（区外）（非海关特殊监管区域、保税监管场所）之间进出的货物，填报“出口加工区”（代码Z）。

9. 境内运入深港西部通道港方口岸区的货物以及境内进出中哈霍尔果斯边境合作中心中方区域的货物，填报“边境特殊海关作业区”（代码H）。

10. 经横琴新区和平潭综合实验区（以下简称综合试验区）二线指定申报通道运往境内区外或从境内经二线指定申报通道进入综合试验区的货物，以及综合试验区内按选择性征收关税申报的货物，填报“综合试验区”（代码T）。

11. 海关特殊监管区域内的流转、调拨货物，海关特殊监管区域、保税监管场所之间的流转货物，海关特殊监管区域与境内区外之间进出的货物，海关特殊监管区域外的加工贸易余料结转、深加工结转、内销货物，以及其他境内流转货物，填报“其他运输”（代码9）。

十、运输工具名称及航次号

填报载运货物进出境的运输工具名称或编号及航次号。填报内容应与运输部门向海关申报的舱单（载货清单）所列相应内容一致。

（一）运输工具名称具体填报要求如下：

1. 直接在进出境地或采用全国通关一体化通关模式办理报关手续的报关单填报要求如下：

（1）水路运输：填报船舶编号（来往港澳小型船舶为监管簿编号）或者船舶英文名称。

（2）公路运输：启用公路舱单前，填报该跨境运输车辆的国内行驶车牌号，深圳提前报关模式的报关单填报国内行驶车牌号+“/”+“提前报关”。启用公路舱单后，免予填报。

（3）铁路运输：填报车厢编号或交接单号。

（4）航空运输：填报航班号。

（5）邮件运输：填报邮政包裹单号。

（6）其他运输：填报具体运输方式名称，例如：管道、驮畜等。

2. 转关运输货物的报关单填报要求如下：

（1）进口。

A. 水路运输：直转、提前报关填报“@”+16位转关申报单预录入号（或13位载货清单号）；中转填报进境英文船名。

B. 铁路运输：直转、提前报关填报“@”+16位转关申报单预录入号；中转填报车厢编号。

C. 航空运输：直转、提前报关填报“@”+16位转关申报单预录入号（或13位载货清单号）；

中转填报“@”。

D. 公路及其他运输：填报“@”+16位转关申报单预录入号（或13位载货清单号）。

E. 以上各种运输方式使用广东地区载货清单转关的提前报关货物填报“@”+13位载货清单号。

（2）出口。

A. 水路运输：非中转填报“@”+16位转关申报单预录入号（或13位载货清单号）。如多张报关单需要通过一张转关单转关的，运输工具名称字段填报“@”。

中转货物，境内水路运输填报驳船船名；境内铁路运输填报车名（主管海关4位关区代码+“TRAIN”）；境内公路运输填报车名（主管海关4位关区代码+“TRUCK”）。

B. 铁路运输：填报“@”+16位转关申报单预录入号（或13位载货清单号），如多张报关单需要通过一张转关单转关的，填报“@”。

C. 航空运输：填报“@”+16位转关申报单预录入号（或13位载货清单号），如多张报关单需要通过一张转关单转关的，填报“@”。

D. 其他运输方式：填报“@”+16位转关申报单预录入号（或13位载货清单号）。

3. 采用“集中申报”通关方式办理报关手续的，报关单填报“集中申报”。

4. 免税品经营单位经营出口退税国产商品的，免予填报。

5. 无实际进出境的货物，免予填报。

（二）航次号具体填报要求如下：

1. 直接在进出境地或采用全国通关一体化通关模式办理报关手续的报关单

（1）水路运输：填报船舶的航次号。

（2）公路运输：启用公路舱单前，填报运输车辆的8位进出境日期〔顺序为年（4位）、月（2位）、日（2位），下同〕。启用公路舱单后，填报货物运输批次号。

（3）铁路运输：填报列车的进出境日期。

（4）航空运输：免予填报。

（5）邮件运输：填报运输工具的进出境日期。

（6）其他运输方式：免予填报。

2. 转关运输货物的报关单

（1）进口。

A. 水路运输：中转转关方式填报“@”+进境干线船舶航次。直转、提前报关免予填报。

B. 公路运输：免予填报。

C. 铁路运输：“@”+8位进境日期。

D. 航空运输：免予填报。

E. 其他运输方式：免予填报。

（2）出口。

A. 水路运输：非中转货物免予填报。中转货物：境内水路运输填报驳船航次号；境内铁路、公路运输填报6位启运日期〔顺序为年（2位）、月（2位）、日（2位）〕。

B. 铁路拼车拼箱捆绑出口：免予填报。

C. 航空运输：免予填报。

D. 其他运输方式：免予填报。

3. 免税品经营单位经营出口退税国产商品的，免予填报。

4. 无实际进出境的货物，免予填报。

十一、提运单号

填报进出口货物提单或运单的编号。一份报关单只允许填报一个提单或运单号，一票货物对应多个提单或运单时，应分单填报。

具体填报要求如下：

（一）直接在进出境地或采用全国通关一体化通关模式办理报关手续的

1. 水路运输：填报进出口提单号。如有分提单的，填报进出口提单号+“*”+分提单号。

2. 公路运输：启用公路舱单前，免予填报；启用公路舱单后，填报进出口总运单号。

3. 铁路运输：填报运单号。

4. 航空运输：填报总运单号+“_”+分运单号，无分运单的填报总运单号。

5. 邮件运输：填报邮运包裹单号。

（二）转关运输货物的报关单

1. 进口

（1）水路运输：直转、中转填报提单号。提前报关免予填报。

（2）铁路运输：直转、中转填报铁路运单号。提前报关免予填报。

（3）航空运输：直转、中转货物填报总运单号+“_”+分运单号。提前报关免予填报。

（4）其他运输方式：免予填报。

（5）以上运输方式进境货物，在广东省内用公路运输转关的，填报车牌号。

2. 出口

（1）水路运输：中转货物填报提单号；非中转货物免予填报；广东省内汽车运输提前报关的转关货物，填报承运车辆的车牌号。

（2）其他运输方式：免予填报。广东省内汽车运输提前报关的转关货物，填报承运车辆的车牌号。

（三）采用“集中申报”通关方式办理报关手续的，报关单填报归并的集中申报清单的进出口起止日期〔按年（4位）月（2位）日（2位）年（4位）月（2位）日（2位）〕。

（四）无实际进出境的货物，免予填报。

十二、货物存放地点

填报货物进境后存放的场所或地点，包括海关监管作业场所、分拨仓库、定点加工厂、隔离检疫场、企业自有仓库等。

十三、消费使用单位/生产销售单位

（一）消费使用单位填报已知的进口货物在境内的最终消费、使用单位的名称，包括：

1. 自行进口货物的单位。

2. 委托进出口企业进口货物的单位。

（二）生产销售单位填报出口货物在境内的生产或销售单位的名称，包括：

1. 自行出口货物的单位。

2. 委托进出口企业出口货物的单位。

3. 免税品经营单位经营出口退税国产商品的，填报该免税品经营单位统一管理的免税店。

（三）减免税货物报关单的消费使用单位/生产销售单位应与《中华人民共和国海关进出口货物征免税证明》（以下简称《征免税证明》）的“减免税申请人”一致；保税监管场所与境外之间的进出境货物，消费使用单位/生产销售单位填报保税监管场所的名称［保税物流中心（B型）填报中心内企业名称］。

（四）海关特殊监管区域的消费使用单位/生产销售单位填报区域内经营企业（“加工单位”或“仓库”）。

（五）编码填报要求：

1. 填报18位法人和其他组织统一社会信用代码。

2. 无18位统一社会信用代码的，填报“NO”。

（六）进口货物在境内的最终消费或使用以及出口货物在境内的生产或销售的对象为自然人的，填报身份证号、护照号、台胞证号等有效证件号码及姓名。

十四、监管方式

监管方式是以国际贸易中进出口货物的交易方式为基础，结合海关对进出口货物的征税、统计及监管条件综合设定的海关对进出口货物的管理方式。其代码由4位数字构成，前两位是按照海关监管要求和计算机管理需要划分的分类代码，后两位是参照国际标准编制的贸易方式代码。

根据实际对外贸易情况按海关规定的《监管方式代码表》选择填报相应的监管方式简称及代码。一份报关单只允许填报一种监管方式。

特殊情况下加工贸易货物监管方式填报要求如下：

（一）进口少量低值辅料（即5000美元以下，78种以内的低值辅料）按规定不使用《加工贸易手册》的，填报“低值辅料”。使用《加工贸易手册》的，按《加工贸易手册》上的监管方式填报。

（二）加工贸易料件转内销货物以及按料件办理进口手续的转内销制成品、残次品、未完成品，填制进口报关单，填报“来料料件内销”或“进料料件内销”；加工贸易成品凭《征免税证明》转为减免税进口货物的，分别填制进、出口报关单，出口报关单填报“来料成品减免”或“进料成品减免”，进口报关单按照实际监管方式填报。

（三）加工贸易出口成品因故退运进口及复运出口的，填报“来料成品退换”或“进料成品退换”；加工贸易进口料件因换料退运出口及复运进口的，填报“来料料件退换”或“进料料件退换”；加工贸易过程中产生的剩余料件、边角料退运出口，以及进口料件因品质、规格等原因退运出口且不再更换同类货物进口的，分别填报“来料料件复出”“来料边角料复出”“进料料件复出”“进料边角料复出”。

（四）加工贸易边角料内销和副产品内销，填制进口报关单，填报“来料边角料内销”或“进料边角料内销”。

（五）企业销毁处置加工贸易货物未获得收入，销毁处置货物为料件、残次品的，填报“料件销毁”；销毁处置货物为边角料、副产品的，填报“边角料销毁”。

企业销毁处置加工贸易货物获得收入的，填报为“进料边角料内销”或“来料边角料内销”。

（六）免税品经营单位经营出口退税国产商品的，填报“其他”。

十五、征免性质

根据实际情况按海关规定的《征免性质代码表》选择填报相应的征免性质简称及代码，持有海关核发的《征免税证明》的，按照《征免税证明》中批注的征免性质填报。一份报关单只允许填报一种征免性质。

加工贸易货物报关单按照海关核发的《加工贸易手册》中批注的征免性质简称及代码填报。特殊情况填报要求如下：

（一）加工贸易转内销货物，按实际情况填报（如一般征税、科教用品、其他法定等）。

（二）料件退运出口、成品退运进口货物填报“其他法定”。

（三）加工贸易结转货物，免予填报。

（四）免税品经营单位经营出口退税国产商品的，填报“其他法定”。

十六、许可证号

填报进（出）口许可证、两用物项和技术进（出）口许可证、两用物项和技术出口许可证（定向）、纺织品临时出口许可证、出口许可证（加工贸易）、出口许可证（边境小额贸易）的编号。

免税品经营单位经营出口退税国产商品的，免予填报。

一份报关单只允许填报一个许可证号。

十七、启运港

填报进口货物在运抵我国关境前的第一个境外装运港。

根据实际情况，按海关规定的《港口代码表》填报相应的港口名称及代码，未在《港口代码表》列明的，填报相应的国家名称及代码。货物从海关特殊监管区域或保税监管场所运至境内区外的，填报《港口代码表》中相应海关特殊监管区域或保税监管场所的名称及代码，未在《港口代码表》中列明的，填报“未列出的特殊监管区”及代码。

其他无实际进境的货物，填报“中国境内”及代码。

十八、合同协议号

填报进出口货物合同（包括协议或订单）编号。未发生商业性交易的免予填报。

免税品经营单位经营出口退税国产商品的，免予填报。

十九、贸易国（地区）

发生商业性交易的进口填报购自国（地区），出口填报售予国（地区）。未发生商业性交易的填报货物所有权拥有者所属的国家（地区）。

按海关规定的《国别（地区）代码表》选择填报相应的贸易国（地区）中文名称及代码。

二十、启运国（地区）/运抵国（地区）

启运国（地区）填报进口货物启始发出直接运抵我国或者在运输中转国（地）未发生任何商业性交易的情况下运抵我国的国家（地区）。

运抵国（地区）填报出口货物离开我国关境直接运抵或者在运输中转国（地区）未发生任何商业性交易的情况下最后运抵的国家（地区）。

不经过第三国（地区）转运的直接运输进出口货物，以进口货物的装货港所在国（地区）为启运国（地区），以出口货物的指运港所在国（地区）为运抵国（地区）。

经过第三国（地区）转运的进出口货物，如在中转国（地区）发生商业性交易，则以中转国（地区）作为启运/运抵国（地区）。

按海关规定的《国别（地区）代码表》选择填报相应的启运国（地区）或运抵国（地区）中文名称及代码。

无实际进出境的货物，填报“中国”及代码。

二十一、经停港/指运港

经停港填报进口货物在运抵我国关境前的最后一个境外装运港。

指运港填报出口货物运往境外的最终目的港；最终目的港不可预知的，按尽可能预知的目的港填报。

根据实际情况，按海关规定的《港口代码表》选择填报相应的港口名称及代码。经停港/指运港在《港口代码表》中无港口名称及代码的，可选择填报相应的国家名称及代码。

无实际进出境的货物，填报“中国境内”及代码。

二十二、入境口岸/离境口岸

入境口岸填报进境货物从跨境运输工具卸离的第一个境内口岸的中文名称及代码；采取多式联运跨境运输的，填报多式联运货物最终卸离的境内口岸中文名称及代码；过境货物填报货物进入境内的第一个口岸的中文名称及代码；从海关特殊监管区域或保税监管场所进境的，填报海关特殊监管区域或保税监管场所的中文名称及代码。其他无实际进境的货物，填报货物所在地的城市名称及代码。

离境口岸填报装运出境货物的跨境运输工具离境的第一个境内口岸的中文名称及代码；采取多式联运跨境运输的，填报多式联运货物最初离境的境内口岸中文名称及代码；过境货物填报货物离境的第一个境内口岸的中文名称及代码；从海关特殊监管区域或保税监管场所离境的，填报海关特殊监管区域或保税监管场所的中文名称及代码。其他无实际出境的货物，填报货物所在地的城市名称及代码。

入境口岸/离境口岸类型包括港口、码头、机场、机场货运通道、边境口岸、火车站、车辆装卸点、车检场、陆路港、坐落在口岸的海关特殊监管区域等。按海关规定的《国内口岸编码表》选择填报相应的境内口岸名称及代码。

二十三、包装种类

填报进出口货物的所有包装材料，包括运输包装和其他包装，按海关规定的《包装种类代码表》选择填报相应的包装种类名称及代码。运输包装指提运单所列货物件数单位对应的包装，其他包装包括货物的各类包装，以及植物性铺垫材料等。

二十四、件数

填报进出口货物运输包装的件数（按运输包装计）。特殊情况填报要求如下：

（一）舱单件数为集装箱的，填报集装箱个数。

（二）舱单件数为托盘的，填报托盘数。

不得填报为零，裸装货物填报为“1”。

二十五、毛重（千克）

填报进出口货物及其包装材料的重量之和，计量单位为千克，不足一千克的填报为“1”。

二十六、净重（千克）

填报进出口货物的毛重减去外包装材料后的重量，即货物本身的实际重量，计量单位为千克，不足一千克的填报为“1”。

二十七、成交方式

根据进出口货物实际成交价格条款，按海关规定的《成交方式代码表》选择填报相应的成交方式代码。

无实际进出境的货物，进口填报CIF，出口填报FOB。

二十八、运费

填报进口货物运抵我国境内输入地点起卸前的运输费用，出口货物运至我国境内输出地点装载后的运输费用。

运费可按运费单价、总价或运费率三种方式之一填报，注明运费标记（运费标记“1”表示运费率，“2”表示每吨货物的运费单价，“3”表示运费总价），并按海关规定的《货币代码表》选择填报相应的币种代码。

免税品经营单位经营出口退税国产商品的，免予填报。

二十九、保费

填报进口货物运抵我国境内输入地点起卸前的保险费用，出口货物运至我国境内输出地点装载后的保险费用。

保费可按保险费总价或保险费率两种方式之一填报，注明保险费标记（保险费标记“1”表示保险费率，“3”表示保险费总价），并按海关规定的《货币代码表》选择填报相应的币种代码。

免税品经营单位经营出口退税国产商品的，免予填报。

三十、杂费

填报成交价格以外的、按照《中华人民共和国进出口关税条例》相关规定应计入完税价格或应从完税价格中扣除的费用。可按杂费总价或杂费率两种方式之一填报，注明杂费标记（杂费标记“1”表示杂费率，“3”表示杂费总价），并按海关规定的《货币代码表》选择填报相应的币种代码。

应计入完税价格的杂费填报为正值或正率，应从完税价格中扣除的杂费填报为负值或负率。

免税品经营单位经营出口退税国产商品的，免予填报。

三十一、随附单证及编号

根据海关规定的《监管证件代码表》和《随附单据代码表》选择填报除本规范第十六条规定的许可证件以外的其他进出口许可证件或监管证件、随附单据代码及编号。

本栏目分为随附单证代码和随附单证编号两栏，其中代码栏按海关规定的《监管证件代码表》和《随附单据代码表》选择填报相应证件代码；随附单证编号栏填报证件编号。

（一）加工贸易内销征税报关单（使用金关二期加贸管理系统的除外），随附单证代码栏填报“c”，随附单证编号栏填报海关审核通过的内销征税联系单号。

（二）一般贸易进出口货物，只能使用原产地证书申请享受协定税率或者特惠税率（以下统称优惠税率）的（无原产地声明模式），“随附单证代码”栏填报原产地证书代码“Y”，在“随附单证编号”栏填报“<优惠贸易协定代码>”和“原产地证书编号”。可以使用原产地证书或者原产地声明申请享受优惠税率的（有原产地声明模式），“随附单证代码”栏填写“Y”，“随附单证编号”栏填报“<优惠贸易协定代码>”“C”（凭原产地证书申报）或“D”（凭原产地声明申报），以及“原产地证书编号（或者原产地声明序列号）”。一份报关单对应一份原产地证书或原产地声明。各优惠贸易协定代码如下：

“01”为“亚太贸易协定”；

“02”为“中国—东盟自贸协定”；

“03”为“内地与香港紧密经贸关系安排”（香港CEPA）；

“04”为“内地与澳门紧密经贸关系安排”（澳门CEPA）；

“06”为“台湾农产品零关税措施”；

“07”为“中国—巴基斯坦自贸协定”；

“08”为“中国—智利自贸协定”；

“10”为“中国—新西兰自贸协定”；

“11”为“中国—新加坡自贸协定”；

“12”为“中国—秘鲁自贸协定”；

“13”为“最不发达国家特别优惠关税待遇”；

“14”为“海峡两岸经济合作框架协议（ECFA）”；

“15”为“中国—哥斯达黎加自贸协定”；

“16”为“中国—冰岛自贸协定”；

“17”为“中国—瑞士自贸协定”；

“18”为“中国—澳大利亚自贸协定”；

“19”为“中国—韩国自贸协定”；

“20”为“中国—格鲁吉亚自贸协定”。

海关特殊监管区域和保税监管场所内销货物申请适用优惠税率的，有关货物进出海关特殊监管区域和保税监管场所以及内销时，已通过原产地电子信息交换系统实现电子联网的优惠贸易协定项下货物报关单，按照上述一般贸易要求填报；未实现电子联网的优惠贸易协定项下货物报关单，“随附单证代码”栏填报“Y”，“随附单证编号”栏填报“<优惠贸易协定代码>”和“原产地证据文件备案号”。“原产地证据文件备案号”为进出口货物的收发货物人或者其代理人录入原产地证据文件电子信息后，系统自动生成的号码。

向香港或者澳门特别行政区出口用于生产香港CEPA或者澳门CEPA项下货物的原材料时，按照上述一般贸易填报要求填制报关单，香港或澳门生产厂商在香港工贸署或者澳门经济局登记备案的有关备案号填报在“关联备案”栏。

“单证对应关系表”中填报报关单上的申报商品项与原产地证书（原产地声明）上的商品项之间的对应关系。报关单上的商品序号与原产地证书（原产地声明）上的项目编号应一一对应，不要求顺序对应。同一批次进口货物可以在同一报关单中申报，不享受优惠税率的货物序号不填报在“单证对应关系表”中。

（三）各优惠贸易协定项下，免提交原产地证据文件的小金额进口货物“随附单证代码”栏填报“Y”，“随附单证编号”栏填报“<优惠贸易协定代码>XJE00000”，“单证对应关系表”享惠报关单项号按实际填报，对应单证项号与享惠报关单项号相同。

三十二、标记唛码及备注

填报要求如下：

（一）标记唛码中除图形以外的文字、数字，无标记唛码的填报N/M。

（二）受外商投资企业委托代理其进口投资设备、物品的进出口企业名称。

（三）与本报关单有关联关系的，同时在业务管理规范方面又要求填报的备案号，填报在电子数据报关单中“关联备案”栏。

保税间流转货物、加工贸易结转货物及凭《征免税证明》转内销货物，其对应的备案号填报在“关联备案”栏。

减免税货物结转进口（转入），“关联备案”栏填报本次减免税货物结转所申请的《中华人民共和国海关进口减免税货物结转联系函》的编号。

减免税货物结转出口（转出），“关联备案”栏填报与其相对应的进口（转入）报关单“备案号”栏中《征免税证明》的编号。

（四）与本报关单有关联关系的，同时在业务管理规范方面又要求填报的报关单号，填报在电子数据报关单中“关联报关单”栏。

保税间流转、加工贸易结转类的报关单，应先办理进口报关，并将进口报关单号填入出口报关单的“关联报关单”栏。

办理进口货物直接退运手续的，除另有规定外，应先填制出口报关单，再填制进口报关单，并将出口报关单号填报在进口报关单的“关联报关单”栏。

减免税货物结转出口（转出），应先办理进口报关，并将进口（转入）报关单号填入出口（转出）报关单的“关联报关单”栏。

（五）办理进口货物直接退运手续的，填报“<ZT”+“海关审核联系单号或者《海关责令进口货物直接退运通知书》编号”+“>”。办理固体废物直接退运手续的，填报“固体废物，直接退运表XX号/责令直接退运通知书XX号”。

（六）保税监管场所进出货物，在“保税/监管场所”栏填报本保税监管场所编码［保税物流中心（B型）填报本中心的国内地区代码］，其中涉及货物在保税监管场所间流转的，在本栏填报对方保税监管场所代码。

（七）涉及加工贸易货物销毁处置的，填报海关加工贸易货物销毁处置申报表编号。

（八）当监管方式为“暂时进出货物”（代码2600）和“展览品”（代码2700）时，填报要求如下：

1. 根据《中华人民共和国海关暂时进出境货物管理办法》（海关总署令第233号，以下简称《管理办法》）第三条第一款所列项目，填报暂时进出境货物类别，如：暂进六，暂出九。

2. 根据《管理办法》第十条规定，填报复运出境或者复运进境日期，期限应在货物进出境之日起6个月内，如：20180815前复运进境，20181020前复运出境。

3. 根据《管理办法》第七条，向海关申请对有关货物是否属于暂时进出境货物进行审核确认的，填报《中华人民共和国XX海关暂时进出境货物审核确认书》编号，如：<ZS海关审核确认书编号>，其中英文为大写字母；无此项目的，无须填报。

上述内容依次填报，项目间用“/”分隔，前后均不加空格。

4. 收发货人或其代理人申报货物复运进境或者复运出境的：

货物办理过延期的，根据《管理办法》填报《货物暂时进/出境延期办理单》的海关回执编号，如：<ZS海关回执编号>，其中英文为大写字母；无此项目的，无须填报。

（九）跨境电子商务进出口货物，填报“跨境电子商务”。

（十）加工贸易副产品内销，填报“加工贸易副产品内销”。

（十一）服务外包货物进口，填报“国际服务外包进口货物”。

（十二）公式定价进口货物填报公式定价备案号，格式为：“公式定价”+备案编号+“@”。对于同一报关单下有多项商品的，如某项或某几项商品为公式定价备案的，则备注栏内填报为：“公式定价”+备案编号+“#”+商品序号+“@”。

（十三）进出口与《预裁定决定书》列明情形相同的货物时，按照《预裁定决定书》填报，格式为："预裁定+《预裁定决定书》编号"（例如：某份预裁定决定书编号为R-2-0100-2018-0001，则填报为"预裁定R-2-0100-2018-0001"）。

（十四）含归类行政裁定报关单，填报归类行政裁定编号，格式为："c"+四位数字编号，例如c0001。

（十五）已经在进入特殊监管区时完成检验的货物，在出区入境申报时，填报"预检验"字样，同时在"关联报检单"栏填报实施预检验的报关单号。

（十六）进口直接退运的货物，填报"直接退运"字样。

（十七）企业提供ATA单证册的货物，填报"ATA单证册"字样。

（十八）不含动物源性低风险生物制品，填报"不含动物源性"字样。

（十九）货物自境外进入境内特殊监管区或者保税仓库的，填报"保税入库"或者"境外入区"字样。

（二十）海关特殊监管区域与境内区外之间采用分送集报方式进出的货物，填报"分送集报"字样。

（二十一）军事装备出入境的，填报"军品"或"军事装备"字样。

（二十二）申报 HS为3821000000、3002300000的，属于下列情况的，填报要求为：属于培养基的，填报"培养基"字样；属于化学试剂的，填报"化学试剂"字样；不含动物源性成分的，填报"不含动物源性"字样。

（二十三）属于修理物品的，填报"修理物品"字样。

（二十四）属于下列情况的，填报"压力容器""成套设备""食品添加剂""成品退换""旧机电产品"等字样。

（二十五）申报HS为2903890020（入境六溴环十二烷），用途为"其他（99）"的，填报具体用途。

（二十六）集装箱体信息填报集装箱号（在集装箱箱体上标示的全球唯一编号）、集装箱规格、集装箱商品项号关系（单个集装箱对应的商品项号，半角逗号分隔）、集装箱货重（集装箱箱体自重+装载货物重量，千克）。

（二十七）申报HS为3006300000、3504009000、3507909010、3507909090、3822001000、3822009000，不属于"特殊物品"的，填报"非特殊物品"字样。"特殊物品"定义见《出入境特殊物品卫生检疫管理规定》（国家质量监督检验检疫总局令第160号公布，根据国家质量监督检验检疫总局令第184号、海关总署令第238号、第240号、第243号修改）。

（二十八）进出口列入目录的进出口商品及法律、行政法规规定须经出入境检验检疫机构检验的其他进出口商品实施检验的，填报"应检商品"字样。

（二十九）申报时其他必须说明的事项。

三十三、项号

分两行填报。第一行填报报关单中的商品顺序编号；第二行填报备案序号，专用于加工贸易及保税、减免税等已备案、审批的货物，填报该项货物在《加工贸易手册》或《征免税证明》等备案、审批单证中的顺序编号。有关优惠贸易协定项下报关单填制要求按照海关总署相关规定执行。其中第二行特殊情况填报要求如下：

（一）深加工结转货物，分别按照《加工贸易手册》中的进口料件项号和出口成品项号填报。

（二）料件结转货物（包括料件、制成品和未完成品折料），出口报关单按照转出《加工贸易手册》中进口料件的项号填报；进口报关单按照转进《加工贸易手册》中进口料件的项号填报。

（三）料件复出货物（包括料件、边角料），出口报关单按照《加工贸易手册》中进口料件的项号填报；如边角料对应一个以上料件项号时，填报主要料件项号。料件退换货物（包括料件、不包括未完成品），进出口报关单按照《加工贸易手册》中进口料件的项号填报。

（四）成品退换货物，退运进境报关单和复运出境报关单按照《加工贸易手册》原出口成品的项号填报。

（五）加工贸易料件转内销货物（以及按料件办理进口手续的转内销制成品、残次品、未完成品）填制进口报关单，填报《加工贸易手册》进口料件的项号；加工贸易边角料、副产品内销，填报《加工贸易手册》中对应的进口料件项号。如边角料或副产品对应一个以上料件项号时，填报主要料件项号。

（六）加工贸易成品凭《征免税证明》转为减免税货物进口的，应先办理进口报关手续。进口报关单填报《征免税证明》中的项号，出口报关单填报《加工贸易手册》原出口成品项号，进、出口报关单货物数量应一致。

（七）加工贸易货物销毁，填报《加工贸易手册》中相应的进口料件项号。

（八）加工贸易副产品退运出口、结转出口，填报《加工贸易手册》中新增成品的出口项号。

（九）经海关批准实行加工贸易联网监管的企业，按海关联网监管要求，企业需申报报关清单的，应在向海关申报进出口（包括形式进出口）报关单前，向海关申报“清单”。一份报关清单对应一份报关单，报关单上的商品由报关清单归并而得。加工贸易电子账册报关单中项号、品名、规格等栏目的填制规范比照《加工贸易手册》。

三十四、商品编号

填报由10位数字组成的商品编号。前8位为《中华人民共和国进出口税则》和《中华人民共和国海关统计商品目录》确定的编码；9、10位为监管附加编号。

三十五、商品名称及规格型号

分两行填报。第一行填报进出口货物规范的中文商品名称，第二行填报规格型号。具体填报要求如下：

（一）商品名称及规格型号应据实填报，并与进出口货物收发货人或受委托的报关企业所提交的合同、发票等相关单证相符。

（二）商品名称应当规范，规格型号应当足够详细，以能满足海关归类、审价及许可证件管理要求为准，可参照《中华人民共和国海关进出口商品规范申报目录》中对商品名称、规格型号的要求进行填报。

（三）已备案的加工贸易及保税货物，填报的内容必须与备案登记中同项号下货物的商品名称一致。

（四）对需要海关签发《货物进口证明书》的车辆，商品名称栏填报“车辆品牌+排气量（注明cc）+车型（如越野车、小轿车等）”。进口汽车底盘不填报排气量。车辆品牌按照《进口机动车辆制造厂名称和车辆品牌中英文对照表》中“签注名称”一栏的要求填报。规格型号栏可填报“汽油型”等。

（五）由同一运输工具同时运抵同一口岸并且属于同一收货人、使用同一提单的多种进口货物，按照商品归类规则应当归入同一商品编号的，应当将有关商品一并归入该商品编号。商品名称填报一并归类后的商品名称；规格型号填报一并归类后商品的规格型号。

（六）加工贸易边角料和副产品内销，边角料复出口，填报其报验状态的名称和规格型号。

（七）进口货物收货人以一般贸易方式申报进口属于《需要详细列名申报的汽车零部件清单》（海关总署2006年第64号公告）范围内的汽车生产件的，按以下要求填报：

1. 商品名称填报进口汽车零部件的详细中文商品名称和品牌，中文商品名称与品牌之间用“/”相隔，必要时加注英文商业名称；进口的成套散件或者毛坯件应在品牌后加注“成套散件”“毛坯”等字样，并与品牌之间用“/”相隔。

2. 规格型号填报汽车零部件的完整编号。在零部件编号前应当加注“S”字样，并与零部件编号之间用“/”相隔，零部件编号之后应当依次加注该零部件适用的汽车品牌和车型。汽车零部件属于可以适用于多种汽车车型的通用零部件的，零部件编号后应当加注“TY”字样，并用“/”与零部件编号相隔。与进口汽车零部件规格型号相关的其他需要申报的要素，或者海关规定的其他需要申报的要素，如“功率”“排气量”等，应当在车型或“TY”之后填报，并用“/”与之相隔。汽车零部件报验状态是成套散件的，应当在“标记唛码及备注”栏内填报该成套散件装配后的最终完整品的零部件编号。

（八）进口货物收货人以一般贸易方式申报进口属于《需要详细列名申报的汽车零部件清单》（海关总署2006年第64号公告）范围内的汽车维修件的，填报规格型号时，应当在零部件编号前加注“W”，并与零部件编号之间用“/”相隔；进口维修件的品牌与该零部件适用的整车厂牌不一致的，应当在零部件编号前加注“WF”，并与零部件编号之间用“/”相隔。其余申报要求同上条执行。

（九）品牌类型。品牌类型为必填项目。可选择“无品牌”（代码0）、“境内自主品牌”（代码1）、“境内收购品牌”（代码2）、“境外品牌（贴牌生产）”（代码3）、“境外品牌（其他）”（代码4）如实填报。其中，“境内自主品牌”是指由境内企业自主开发、拥有自主知识产权的品牌；“境内收购品牌”是指境内企业收购的原境外品牌；“境外品牌（贴牌生产）”是指境内企业代工贴牌生产中使用的境外品牌；“境外品牌（其他）”是指除代工贴牌生产以外使用的境外品牌。上述品牌类型中，除“境外品牌（贴牌生产）”仅用于出口外，其他类型均可用于进口和出口。

（十）出口享惠情况。出口享惠情况为出口报关单必填项目。可选择“出口货物在最终目的国（地区）不享受优惠关税”“出口货物在最终目的国（地区）享受优惠关税”“出口货物不能确定在最终目的国（地区）享受优惠关税”如实填报。进口货物报关单不填报该申报项。

（十一）申报进口已获3C认证的机动车辆时，填报以下信息：

1. 提运单日期。填报该项货物的提运单签发日期。

2. 质量保质期。填报机动车的质量保证期。

3. 发动机号或电机号。填报机动车的发动机号或电机号，应与机动车上打刻的发动机号或电机号相符。纯电动汽车、插电式混合动力汽车、燃料电池汽车为电机号，其他机动车为发动机号。

4. 车辆识别代码（VIN）。填报机动车车辆识别代码，须符合国家强制性标准《道路车辆 车辆识别代号（VIN）》（GB 16735）的要求。该项目一般与机动车的底盘（车架号）相同。

5. 发票所列数量。填报对应发票中所列进口机动车的数量。

6. 品名（中文名称）。填报机动车中文品名，按《进口机动车辆制造厂名称和车辆品牌中英文对照表》（原质检总局2004年52号公告）的要求填报。

7. 品名（英文名称）。填报机动车英文品名，按《进口机动车辆制造厂名称和车辆品牌中英文对照表》（原质检总局2004年52号公告）的要求填报。

8. 型号（英文）。填报机动车型号，与机动车产品标牌上整车型号一栏相符。

（十二）进口货物收货人申报进口属于实施反倾销反补贴措施货物的，填报“原厂商中文名称”“原厂商英文名称”“反倾销税率”“反补贴税率”和“是否符合价格承诺”等计税必要信息。

格式要求为：“|< >< >< >< >< >”“|”“<”和“>”均为英文半角符号。第一个“|”为在规格型号栏目中已填报的最后一个申报要素后系统自动生成或人工录入的分割符（若相关商品税号无规范申报填报要求，则需要手工录入“|”），“|”后面5个“< >”内容依次为“原厂商中文名称”“原厂商英文名称（如无原厂商英文名称，可填报以原厂商所在国或地区文字标注的名称，具体可参照商务部实施贸易救济措施相关公告中对有关原厂商的外文名称写法）”“反倾销税率”“反补贴税率”、“是否符合价格承诺”。其中，“反倾销税率”和“反补贴税率”填写实际值，例如，税率为30%，填写“0.3”“是否符合价格承诺”填写“1”或者“0”“1”代表“是”“0”代表“否”。填报时，5个“< >”不可缺项，如第3、4、5项“< >”中无申报事项，相应的“< >”中内容可以为空，但“< >”需要保留。

三十六、数量及单位

分三行填报。

（一）第一行按进出口货物的法定第一计量单位填报数量及单位，法定计量单位以《中华人民共和国海关统计商品目录》中的计量单位为准。

（二）凡列明有法定第二计量单位的，在第二行按照法定第二计量单位填报数量及单位。无法定第二计量单位的，第二行为空。

（三）成交计量单位及数量填报在第三行。

（四）法定计量单位为“千克”的数量填报，特殊情况下填报要求如下：

1. 装入可重复使用的包装容器的货物，按货物扣除包装容器后的重量填报，如罐装同位素、罐装氧气及类似品等。

2. 使用不可分割包装材料和包装容器的货物，按货物的净重填报（即包括内层直接包装的净重重量），如采用供零售包装的罐头、药品及类似品等。

3. 按照商业惯例以公量重计价的商品，按公量重填报，如未脱脂羊毛、羊毛条等。

4. 采用以毛重作为净重计价的货物，可按毛重填报，如粮食、饲料等大宗散装货物。

5. 采用零售包装的酒类、饮料、化妆品，按照液体/乳状/膏状/粉状部分的重量填报。

（五）成套设备、减免税货物如需分批进口，货物实际进口时，按照实际报验状态确定数量。

（六）具有完整品或制成品基本特征的不完整品、未制成品，根据《商品名称及编码协调制度》归类规则按完整品归类的，按照构成完整品的实际数量填报。

（七）已备案的加工贸易及保税货物，成交计量单位必须与《加工贸易手册》中同项号下货物的计量单位一致，加工贸易边角料和副产品内销、边角料复出口，填报其报验状态的计量单位。

（八）优惠贸易协定项下进出口商品的成交计量单位必须与原产地证书上对应商品的计量单位一致。

（九）法定计量单位为立方米的气体货物，折算成标准状况（即摄氏零度及1个标准大气压）下的体积进行填报。

三十七、单价

填报同一项号下进出口货物实际成交的商品单位价格。无实际成交价格的，填报单位货值。

三十八、总价

填报同一项号下进出口货物实际成交的商品总价格。无实际成交价格的，填报货值。

三十九、币制

按海关规定的《货币代码表》选择相应的货币名称及代码填报，如《货币代码表》中无实际成交币种，需将实际成交货币按申报日外汇折算率折算成《货币代码表》列明的货币填报。

四十、原产国（地区）

原产国（地区）依据《中华人民共和国进出口货物原产地条例》《中华人民共和国海关关于执行〈非优惠原产地规则中实质性改变标准〉的规定》以及海关总署关于各项优惠贸易协定原产地管理规章规定的原产地确定标准填报。同一批进出口货物的原产地不同的，分别填报原产国（地区）。进出口货物原产国（地区）无法确定的，填报“国别不详”。

按海关规定的《国别（地区）代码表》选择填报相应的国家（地区）名称及代码。

四十一、最终目的国（地区）

最终目的国（地区）填报已知的进出口货物的最终实际消费、使用或进一步加工制造国家（地区）。不经过第三国（地区）转运的直接运输货物，以运抵国（地区）为最终目的国（地区）；经过第三国（地区）转运的货物，以最后运往国（地区）为最终目的国（地区）。同一批进出口货物的最终目的国（地区）不同的，分别填报最终目的国（地区）。进出口货物不能确定最终目的国（地区）时，以尽可能预知的最后运往国（地区）为最终目的国（地区）。

按海关规定的《国别（地区）代码表》选择填报相应的国家（地区）名称及代码。

四十二、境内目的地/境内货源地

境内目的地填报已知的进口货物在国内的消费、使用地或最终运抵地，其中最终运抵地为最终使用单位所在的地区。最终使用单位难以确定的，填报货物进口时预知的最终收货单位所在地。

境内货源地填报出口货物在国内的产地或原始发货地。出口货物产地难以确定的，填报最早发运该出口货物的单位所在地。

海关特殊监管区域、保税物流中心（B型）与境外之间的进出境货物，境内目的地／境内货源地填报本海关特殊监管区域、保税物流中心（B型）所对应的国内地区。

按海关规定的《国内地区代码表》选择填报相应的国内地区名称及代码。境内目的地还需根据《中华人民共和国行政区划代码表》选择填报其对应的县级行政区名称及代码。无下属区县级行政区的，可选择填报地市级行政区。

四十三、征免

按照海关核发的《征免税证明》或有关政策规定，对报关单所列每项商品选择海关规定的《征减免税方式代码表》中相应的征减免税方式填报。

加工贸易货物报关单根据《加工贸易手册》中备案的征免规定填报；《加工贸易手册》中备案的征免规定为“保金”或“保函”的，填报“全免”。

四十四、特殊关系确认

根据《中华人民共和国海关审定进出口货物完税价格办法》（以下简称《审价办法》）第十六条，填报确认进出口行为中买卖双方是否存在特殊关系，有下列情形之一的，应当认为买卖双方存在特殊关系，应填报“是”，反之则填报“否”：

（一）买卖双方为同一家族成员的。

（二）买卖双方互为商业上的高级职员或者董事的。

（三）一方直接或者间接地受另一方控制的。

（四）买卖双方都直接或者间接地受第三方控制的。

（五）买卖双方共同直接或者间接地控制第三方的。

（六）一方直接或者间接地拥有、控制或者持有对方5%以上（含5%）公开发行的有表决权的股票或者股份的。

（七）一方是另一方的雇员、高级职员或者董事的。

（八）买卖双方是同一合伙的成员的。

买卖双方在经营上相互有联系，一方是另一方的独家代理、独家经销或者独家受让人，如果符合前款的规定，也应当视为存在特殊关系。

出口货物免予填报，加工贸易及保税监管货物（内销保税货物除外）免予填报。

四十五、价格影响确认

根据《审价办法》第十七条，填报确认纳税义务人是否可以证明特殊关系未对进口货物的成交价格产生影响，纳税义务人能证明其成交价格与同时或者大约同时发生的下列任何一款价格相近的，应视为特殊关系未对成交价格产生影响，填报“否”，反之则填报“是”：

（一）向境内无特殊关系的买方出售的相同或者类似进口货物的成交价格。

（二）按照《审价办法》第二十三条的规定所确定的相同或者类似进口货物的完税价格。

（三）按照《审价办法》第二十五条的规定所确定的相同或者类似进口货物的完税价格。

出口货物免予填报，加工贸易及保税监管货物（内销保税货物除外）免予填报。

四十六、支付特许权使用费确认

根据《审价办法》第十一条和第十三条，填报确认买方是否存在向卖方或者有关方直接或者间接支付与进口货物有关的特许权使用费，且未包括在进口货物的实付、应付价格中。

买方存在需向卖方或者有关方直接或者间接支付特许权使用费，且未包含在进口货物实付、应付价格中，并且符合《审价办法》第十三条的，在“支付特许权使用费确认”栏目填报“是”。

买方存在需向卖方或者有关方直接或者间接支付特许权使用费，且未包含在进口货物实付、应付价格中，但纳税义务人无法确认是否符合《审价办法》第十三条的，填报“是”。

买方存在需向卖方或者有关方直接或者间接支付特许权使用费且未包含在实付、应付价格中，纳税义务人根据《审价办法》第十三条，可以确认需支付的特许权使用费与进口货物无关的，填报“否”。

买方不存在向卖方或者有关方直接或者间接支付特许权使用费的，或者特许权使用费已经包含在进口货物实付、应付价格中的，填报“否”。

出口货物免予填报，加工贸易及保税监管货物（内销保税货物除外）免予填报。

四十七、自报自缴

进出口企业、单位采用“自主申报、自行缴税”（自报自缴）模式向海关申报时，填报“是”；反之则填报“否”。

四十八、申报单位

自理报关的，填报进出口企业的名称及编码；委托代理报关的，填报报关企业名称及编码。编码填报18位法人和其他组织统一社会信用代码。

报关人员填报在海关备案的姓名、编码、电话，并加盖申报单位印章。

四十九、海关批注及签章

供海关作业时签注。

相关用语的含义：

报关单录入凭单：指申报单位按报关单的格式填写的凭单，用作报关单预录入的依据。该凭单的编号规则由申报单位自行决定。

预录入报关单：指预录入单位按照申报单位填写的报关单凭单录入、打印由申报单位向海关申报，海关尚未接受申报的报关单。

报关单证明联：指海关在核实货物实际进出境后按报关单格式提供的，用作进出口货物收发货人向国税、外汇管理部门办理退税和外汇核销手续的证明文件。

本规范所述尖括号（< >）、逗号（,）、连接符（-）、冒号（：）等标点符号及数字，填报时都必须使用非中文状态下的半角字符。

效力说明：根据海关总署2019年第58号公告，自2019年5月1日起，海关总署2019年第18号公告附件《中华人民共和国海关进出口货物报关单填制规范》第四十六条“支付特许权使用费确认”的规定同时停止执行，按照58号公告规定执行。海关总署2021年第34号公告，附件中“三十一、随附单证及编号”项下的（二）、（三）项内容停止执行。

参考文献

［1］章艳华，张援越．报关综合实训［M］．4版．北京：中国海关出版社，2017．

［2］张援越．报关基础与实务［M］．北京：中国海关出版社，2017．

［3］宗慧民．进出口商品归类习题集［M］．北京：中国海关出版社，2015．

［4］宗慧民．进出口商品归类［M］．北京：中国海关出版社，2014．

［5］关务通监管通关系列编委会．通关实务操作与技巧［M］．北京：中国海关出版社，2013．

［6］郑俊田．中国海关通关实务［M］．7版．北京：中国商务出版社，2014．

［7］中国海关报关专业教材编写组．中国海关报关专业教材：2020［M］．北京：中国海关出版社，2020．

［8］中国报关协会．关务基础知识：2020版［M］．北京：中国海关出版社，2020．

［9］中国报关协会．关务基本技能：2020版［M］．北京：中国海关出版社，2020．

［10］徐炜．报关单填制规范及案例解析［M］．北京：中国海关出版社，2019．

［11］郑俊田．报关单填制与商品归类技巧专项训练［M］．北京：对外经济贸易大学出版社，2013．

［12］杨鹏强．报关实务［M］．3版．北京：中国海关出版社，2011．

［13］天津海关． 商品归类关键要素［M］．北京：中国海关出版社，2015．

［14］天津海关． 出口退税商品归类差错案例选［M］．北京：中国海关出版社，2014．